한국의 과학과 문명 010

근현대 한국 쌀의 사회사

"이 저서는 2010년도 대한민국 교육부와 한국학중앙연구원(한국학진흥사업단)을 통해 한국학 특정분야 기획연구(한국과학문명사) 사업의 지원을 받아 수행된 연구임."(AKS-2010-AMZ-2101)

근현대 한국 쌀의 사회사

ⓒ 전북대학교 한국과학문명학연구소 2017

초판 1쇄	2017년 4월 25일
초판 3쇄	2022년 3월 10일

지은이	김태호

출판책임	박성규	펴낸이	이정원
편집주간	선우미정	펴낸곳	도서출판 들녘
편집	이동하·이수연·김혜민	등록일자	1987년 12월 12일
디자인	김정호	등록번호	10-156
마케팅	전병우	주소	경기도 파주시 회동길 198
경영지원	김은주·나수정	전화	031-955-7374 (대표)
제작관리	구법모		031-955-7381 (편집)
물류관리	엄철용	팩스	031-955-7393
		이메일	dulnyouk@dulnyouk.co.kr
		홈페이지	www.dulnyouk.co.kr

ISBN	979-11-5925-215-0 (94910)
	979-11-5925-113-9 (세트)

한국의 과학과 문명 010

근현대 한국 쌀의 사회사

김태호 지음

들녘

지은이 김태호 金兌豪

서울대학교 화학과를 졸업하고 같은 학교 대학원 과학사 및 과학철학 협동과정에서 한국 과학기술사를 전공했다. 식민지 시기 일본에서 합성섬유 "비날론"을 발명하고 뒷날 북한에서 그 공업화를 주도한 화학공학자 리승기에 대해 석사논문을 썼고, "통일벼"의 개발 과정과 한국의 쌀 증산운동에 대해 박사논문을 썼다. 미국 존스홉킨스대학 방문연구생, 싱가포르국립대학 및 미국 컬럼비아대학 박사후연구원, 서울대학교병원 의학역사문화원 연구교수, 한양대학교 비교역사문화연구소 HK교수 등을 거쳐 현재 전북대학교 한국과학문명학연구소에서 연구와 교육에 주력하고 있다. 과학기술을 빼놓고 근현대 한국사를 바라본다면 그 온전한 모습을 이해할 수 없다는 신념 아래, 학위논문들에서 다룬 주제에 더해 한글타자기, 기능올림픽, 식품영양학 등 다양한 주제들을 발굴하여 그 역사를 논문으로 정리하고 있다.

<한국의 과학과 문명> 총서

기획편집위원회
연구책임자_ 신동원
전근대팀장_ 전용훈
근현대팀장_ 김근배
전 임 교 수_ 문만용
　　　　　　　김태호
전임연구원_ 전종욱
　　　　　　　신향숙

〈한국의 과학과 문명〉 총서를 펴내며

우리나라는 현재 세계 최고 수준의 메모리 반도체, 스마트폰, 디스플레이, 철강, 선박, 자동차 생산국으로서 과학기술 분야의 경이적인 발전으로 세계의 주목을 받고 있다. 그것을 가능케 한 요인의 하나가 한국이 오랜 기간 견지해온 우수한 과학기술 문화와 역사 속에 있다고 우리는 생각한다.

문명이 시작된 이래 한국은 항상 높은 수준을 굳건히 지켜온 동아시아 문명권의 일원으로서 그 위치를 잃은 적이 없었다. 우리는 한국이 이룩한 과학기술 문화와 역사의 총체를 '한국의 과학문명'이라 부르려 한다. 금속활자·고려청자 등으로 대표되는 한국 과학문명의 창조성은 천문학·기상학·수학·지리학·의학·양생술·농학·박물학 등 과학 분야를 비롯하여 금속제련·방직·염색·도자·활자·인쇄·종이·기계·화약·선박·건축 등 기술 분야에서도 다양하게 분명히 드러난다.

우리는 이런 내용을 종합하는 〈한국의 과학과 문명〉 총서를 발간하고자 한다. 이 총서의 제목은 중국의 과학문명에 대한 새로운 인식의 지평을 연 조지프 니덤(Joseph Needham)의 『중국의 과학과 문명』을 염두에 두고 만들었다. 그러나 니덤이 전근대에 국한한 반면 우리는 전근대와 근현대를 망라하여 한국 과학문명의 총체적 가치와 의미를 온전히 담은 총서의 발간을 목표로 한다. 나아가 한국의 과학과 문명이 지닌 보편적 가치를 세계에 발신하고자 한다. 지금까지 한국은 세계 과학문명의 일원으로 정당한 가치를 인정받지 못한 채, 중국의 아류로 인식되어왔다. 이 총서에서는 한국 과학문명이 지닌 보편성과 독자성을 함께 추적하여 그것이 독자적인 과학문명이자 세계 과학문명의 당당한 일원임을 입증하고자 한다. 우리는 이 총서에서 근현대 한국 과학기술 발전의 역사와 구조를 밝힐 것이며, 이로써 인류의 과학기술 발전사를 새로이 해명하는 데에 기여할 것이다.

이 총서에서는 한국의 과학문명이 역사적으로 독자적인 가치와 의미를 상실하지 않았던 생명력에 주목한다. 이를 위해 전근대 시기에는 중국 중심의 세계 질서 아래서도 한국의 과학문명이 독자성을 유지하면서 발전을 지속한 동력을 탐구한다. 근현대 시기에는 강대국 중심 세계체제의 강력한 흡인력 아래서도 한국의 과학기술이 놀라운 발전과 성장을 이룩한 요인을 탐구한다.

우리는 이 총서에서 국수적인 민족주의나 근대 지상주의를 동시에 경계하며, 과거와 현재가 대화하고 내부와 외부가 부단히 교류하는 가운데 형성되고 발전되어온 열린 과학문명사를 기술하고자 한다. 이 총서를 계기로 한국 과학 문명에 대한 관심과 이해가 더욱 깊어지기를 기대한다.

마지막으로 〈한국의 과학과 문명〉 총서의 발간은 교육부와 한국학중앙연구원 한국학진흥사업단의 지원에 크게 힘입었음을 밝히며 이에 감사를 표한다.

〈한국의 과학과 문명〉 총서 기획편집위원회

나는 1975년 서울에서 태어나서 농사와는 거리가 먼 전형적인 도시의 책상물림으로 자라났다. 이 책에서 큰 역할을 맡고 있는 통일벼와는 시간적으로나 공간적으로나 별로 인연이 없다. 통일벼의 역사를 연구한다고 했을 때 가장 많이 받았던 질문도 통일쌀 밥을 먹어본 적이 있느냐, 또는 통일벼 농사짓는 것을 본 적이라도 있느냐 등이었다.

그럼에도 불구하고 겁 없이 이 주제를 물고 늘어지기로 작정했던 것은, 내 눈에는 한국 현대 과학기술사에서 이만큼 중요한 주제가 없는 것처럼 보였기 때문이다. 더욱이 이렇게 중요한 주제를 과학사학계뿐 아니라 국사학계 전체에서도 본격적으로 다루지 않고 있었다는 것을 알게 되자, 나의 보잘것없는 연구가 학문의 숲에 조그마한 샛길이라도 새로이 낼 수 있으리라는 기대와 함께 일종의 책임감마저 느끼게 되었다.

하지만 공부를 하면 할수록, 흙과 떨어져 살아온 이가 농사에 대해 말하는 것이 온당한 일인가 고민도 깊어졌다. 통일벼가 진지한 학문적 탐구의 대상이 되지 못하고 독재정권기의 수많은 사건 가운데 하나 정도로 이야기되는 데 그쳤던 것에서도 알 수 있듯이, 한국이 빠르게 공업사회로 탈바꿈한 뒤로 농업과 농민은 사회경제적으로 소외되었을 뿐 아니라 학문적 담론의 세계에서도 소외되었다. 나와 같은 도시의 젊은 연구자가 종이에 적힌 자료들만 보고 통일벼가 어떠했다느니 1970년대의 한국 농업이 어떠했다느니 쉽게 입을 놀린다면 너무 염치없는 일이 되지 않겠는가.

고민의 결론은, 진부하게 들리겠지만, 그만큼 좋은 글을 쓰자는 것이었다. 철저하게 사료에 입각하고, 국제적 관점을 견지하여, 엄정한 평가를 내리되, 그럼에도 불구하고 글자로 적힌 사건들의 뒤에 깔려 있는 사람들의 땀과 눈물에 대해서는 예의를 잃지 말자고 다짐했다. 박정희 시대 농정의 공과에 대한 학문적 판단과는 별개로, 이 시기의 농민과 농업행정가와 농촌운동가들은 자신의 처지를 개선할 수 있다는 긍정적 믿음과 열정을 안고 자신의 자리에서 헌신했다. 잘살아보자는 구호 아래 자신의 개인적 안녕과 가족의 행복, 때로는 목숨까지도 희생하는 역설적인 일들이 자주 일어났지만 그것이 결코 헛된 일은 아니었다. 과거에 대한 일방적인 미화로도 전면적인 부정으로도 흐르지 않고, 이 시대에 땀 흘려 일했던 이들의 목소리를 균형을 잃지 않고 되살려내는 일, 그것이 도시에서 고도성장기의 과실을 따 먹으며 아쉬움 없이 자란 뒤 세대의 연구자가 앞 세대의 선배들에게 바칠 수 있는 최선의 선물이라고 믿고 싶다.

이 책의 뼈대는 서울대학교 대학원 과학사 및 과학철학 협동과정에서 쓴 박사학위논문『'통일벼'와 1970년대 쌀 증산 체제의 형성』에 바탕을 두고 있다. 나라는 사람의 뼈대도 십 년 반 동안 협동과정에 몸담으면서 오늘날과 같은 모습을 갖게 되었다. 산만한 원고가 학위기가 부끄럽지 않은 논문이 될 수 있도록 지도해주신 협동과정의 홍성욱 교수, 김영식 교수, 전북대학교의 김근배 교수, 서울대학교 농업생명과학대학의 고희종 교수, 동 국제대학원의 박태균 교수 등께 감사드린다. 그 밖에도 대학원의 모든 선생님과 동학들이 거듭되는 수업과 토론을 통해 나를 단련시켜주셨고 나의 학문 세계를 형성하는 데 힘이 되어주셨다. 여기에서 한 분 한 분 거명하지 못하는 것이 송구할 뿐이다. 전상운 교수, 송상용 교수, 박성래 교수 등은 평생에 걸쳐 한국 과학사라는 새로운 분야를 개척하여 후학이 새로운 항해를 떠날 수 있는 기반을 만들어주셨으며, 귀한 자료를 나누어 주시고 인터뷰 대상을 소개해주시는 등 본 연구에 직접적인 도움을 주셨다.

통일벼의 연구와 보급이 최근세에 일어난 역사적 사건이므로, 생존한 당사자들을 인터뷰하는 것은 연구에서 대단히 중요한 비중을 차지했다. 지금은 돌아가신 허문회 교수를 만날 수 있었던 것은 한국의 벼의 역사를 연구하는 이로서는 진정한 행운이었다. 그리고 고희종 교수, 김성수 교수, 임무상 박사, 최해춘 박사, 강기갑 의원, 서해성 작가 등, 서로 다른 입장과 역할로 통일벼와 증산운동을 기억하는 분들과 인터뷰를 할 수 있었던 것도 이 기회를 빌려 감사드린다. 이렇게 많은 분의 도움을 받았음에도 불구하고 이 책에 남아 있는 오류나 한계는 전적으로 나의 고민과 공부가 모자란 데서 비롯된 것이며, 나중에 더 나은 연구로 갚기를 기약할 따름이다.

한국 과학기술사를 전공했음에도 불구하고, 나는 대학원 공부를 마칠 무렵부터 해외 학계의 문을 두드리기 시작했다. 나의 연구가 과학사 또는 이른바 "한국학"이라는 울타리를 벗어나서도 보편적인 역사 연구로서의 가치를 지닐 수 있는가 스스로 답을 찾고 싶었기 때문이다. 그 모색이 헛되지 않아서, 해외 학계와의 교류를 통해 귀중한 인연들을 새롭게 맺을 수 있었다. 우선 이승준(이하 직위 생략), 후지하라 다츠시, 이이다 카오리, 자크 프롤리히, 수잔 문, 프란체스카 브레이 등과 만나면서 농업과 식량이라는 주제가 과학기술사에서, 또 역사 일반에서 충분히 의미 있는 주제일 뿐 아니라 전도유망한 주제라는 것을 새삼 깨닫고 한층 보람을 느끼며 연구할 수 있게 되었다. 그리고 존 디모야, 손민서, 스튜어트 레슬리, 소냐 킴, 시어도어 준 유, 히로미 미즈노, 토드 헨리, 찰스 암스트롱, 그레고리 클랜시, 제인 킴, 애런 무어, 빅터 서 등과 교류하면서, 한국의 일반인 독자에게도 생소한 "한국 근현대 과학기술사"라는 세부 분야에서도 얼마든지 국제적으로 흥미로운 연구 결과들을 내놓을 수 있다는 확신을 갖게 되었다. 학위를 마치고 뒤늦게나마 지적 편력에 나설 수 있게 해준 디 킴 재단 (D. Kim Foundation)의 지원이 없었다면 이런 깨달음을 얻을 수 없었을 것이다. 나의 눈과 귀 그리고 마음을 열어준 이분들께 다시 한번 감사드린다.

이렇게 얻은 자신감을 바탕으로, 귀국 후에는 과학기술사 전공자뿐 아니라 역사학계 전반에 걸쳐 나의 연구를 알리고 동시에 새로운 연구를 적극적으로 배우겠다는 욕심을 내게 되었다. 박태균 교수, 백영경 교수, 임지현 교수, 윤해동

교수, 박찬승 교수, 김상현 교수 등 여러분들이 이것을 젊은 변방 연구자의 객기로 치부하지 않고 격려해주신 분들 덕분에 용기를 잃지 않고 역사학계와의 교류를 확대해나갈 수 있었다. 이제는 젊은 세대 역사 연구자들과 세부 분야를 따지지 않고 서로 의지하며 교감할 수 있게 되었다. 최형섭 교수, 정준영 교수, 김시덕 교수, 김효민 교수, 오제연 교수, 정다함 교수, 오경환 교수, 하비에르 차 교수 등으로부터 받은 영감과 지적 자극에 대해 이 기회에 감사드린다.

그러나 〈한국의 과학과 문명〉 총서가 없었다면 지금까지 해온 연구를 책으로 펴내어 더 많은 독자에게 보여주고 싶다는 꿈조차 꾸지 못했을지도 모른다. 전례 없는 학술 사업을 지원하기로 결단을 내린 한국학중앙연구원과, 그 사업을 통해 나와 같은 신진 연구자들에게 출판의 기회를 제공해주었으며 지금은 나의 일터가 되어준 전북대학교 한국과학문명학연구소에 감사드린다. 작년까지 필자와 사업 운영진의 관계로 신동원 소장, 문만용, 전종욱, 신향숙 교수 등께 신세만 많이 끼쳤는데, 이제는 동료로서 동고동락하며 이 뜻 깊은 사업을 이어갈 수 있다고 생각하니 기대도 크지만 새삼 어깨가 무거워진다.

마지막으로, 이 모든 것은 결국 나를 믿고 지원을 아끼지 않은 가족들 덕택이며, 또 그들을 위한 것이다. 취직은 애초에 안중에도 없는 아들을 묵묵히 믿어주신 부모님, 그리고 늘 탐구와 새로운 시도를 게을리하지 않아 지적인 자극을 주신 형님에게 감사드린다. 그리고 남의 역사를 시시콜콜 캐고 다니느라 정작 마흔이 넘어서도 자기 앞가림은 변변치 못한 나와 함께하며 희로애락을 주고받아준 아내 수정과 딸 차윤과 함께 이 책을 읽고 싶다.

2017년 이른 봄, 전주에서
김태호

차례

제5장 녹색혁명이 지나간 자리

제6장 양, 질 그리고 꿈: 식량을 둘러싼 다양한 기대들과 식생활의 변화

사람이
바꾼 쌀

벼의 기원, 벼농사의 기원

야생벼(Oryza nivara)가 어디에서 처음 나타났는지는 아직도 확실하게 알려져 있지 않다. 유전자를 추적한 결과 인도 서부에서 중국 남부에 이르는 넓은 지역 어딘가의 습지에서 야생벼의 조상이 진화했을 것이라고 추측할 뿐이다.[1] 야생벼의 씨앗은 습지를 흘러 지나가는 물을 따라 손쉽게 퍼져나갈 수 있었다. 오늘날도 동남아시아의 습지에는 수면 위와 아래로 각각 사람 키만큼 크게 자라는 야생벼가 자생하고 있다.

습지 부근에 터 잡고 살던 인간 중 누군가가 야생벼의 길쭉한 낟알에 눈독을 들였으리라. 인간의 눈에 띄게 된 야생벼는 또 한 차례의 변신을 겪었다. 오랜 세월에 거쳐 더 크고 많은 낟알이 열리는 개체를 분리해내다 보니, 오늘날 재배벼 또는 그냥 "벼(Oryza sativa)"라고 부르는 다른 종으로 갈라져 나간 것이다. 재배벼의 씨앗은 물길 따라 퍼져나간 야생벼의 씨앗과는 달리 사람의 호주머니에 실려 문명과 함께 퍼져나갔다. 벼는 그때까지 인간이 키워오던 다른 작물보다 수확량이 월등히 많았을 뿐 아니라, 물에서 자라기 때문에 마른 땅에서 자라는 다른 풀들(인간이 흔히 "잡초"라고 부르곤 하는)과 경쟁하지 않아도 된다는 점에서 키우기도 쉬웠다. 따라서 벼농사를 받아들인 거의 모든 문명에서 벼는 작물의 왕좌를 차지했다. 벼농사 지대의 문명에는 예외 없이 벼와 관련된 신화가 있다. 벼는 때로는 신의 선물로, 때로는 신 그 자체로 묘사된다는 것은 벼에 대한 이 지역 사람들의 애정과 경외감을 보여주는 사례 중 하나일 것이다.

오래전 인간이 살았던 유적을 발굴해보면 탄화미, 즉 땅에 묻혀 굳어진 볍씨가 발견되는 경우가 있다. 아시아 곳곳에서 출토되는 탄화미 가운데 현재까지 가장 오래된 것은 우리나라에서 발견된 것이다. 충청북도 청원군 소로리 유적에서 1998년 출토된 고대 볍씨는 야생이 아니라 뚜렷한 재배의 흔적을 보여주고 있는데, 방사성동위원소 측정 결과 약 1만2천5백 년 전에 땅에 묻힌 것으로 밝혀졌다. 중국에서 발견된 가장 오래된 탄화미가 1만1천 년 전 것인데 그것보다도 천여 년 먼저 땅에 묻힌 것이다.[2] 물론 이 단편적인 사례를 가지고 한반도 벼농사의 역사가 중국보다도 오래되었다고 주장하는 것은 억지일 것이다. 언제 어디서 더 오래된 탄화미가 출토될지는 아무도 모르는 일일 뿐더러, 고고학적 자료 외의 다른 문헌자료들을 보면 우리나라의 벼농사는 인도와 중국을 거쳐 들어온 것으로 추정하는 것이 타당하기 때문이다. 예컨대 "쌀"이라는 이름은 인도어에서 온 것으로 보이고, 벼농사에 필수적인 수리, 관개, 논밭갈이와 그에 필요한 농기구 등의 기술적 요소들은 중국의 영향을 받은 부분이 많다. 그럼에도 불구하고 소로리 볍씨는 한반도 중부 내륙에 살던 사람들이 아주 옛날부터 벼농사를 지었고, 한반도를 거쳐 일본과 같은 주변 지역으로 벼농사가 전파되었을 가능성에 힘을 실어주는 귀중한 유물이다.

하여간 우리나라에 뿌리를 내린 벼농사는 다시 일본으로 건너갔다. 오랜 세월 농부의 손을 타면서 한국, 일본, 중국 중북부 등에서는 점점 쌀알은 짧고 통통하며 맛은 점성이 강한 쪽으로 종자가 개량되었다. 이 쌀은 남아시아와 동남아시아에서 오늘날까지 재배하고 있는 길고 가늘며 점성이 적은 쌀과는 워낙 많이 달라져서, 두 계통의 벼를 서로 교배시켜도 씨앗이 쉽사리 영글지 않는다. 생물학적으로 교배하여 자손을 번식할 수 있느냐가 종(種)을 구분하는 기준이 되므로 북방계 벼와 남방계 벼는 거의 다른 종이 되었다 해도 크게 틀린 말은 아니다. 오늘날의 농학에서는 벼(*Oryza sativa*)라는 종 아래 북방계(*Oryza sativa* subspecies *japonica*)와 남방계(*Oryza sativa* ssp. *indica*)를 비롯하여 몇 개의 아종(亞種)이 나뉜다고 보고 있다(대체로 두 아종으로 분류하지만, 학자에 따라 세 개, 또는 네 개의 아종을 이야기하기도 한다).

품종에 새겨진 인간의 욕구와 의지

북방계 벼의 학명 끄트머리에 "일본의"라는 뜻의 라틴어 수식어 "야포니카(japonica)"가 붙은 것이 의아해 보일 수도 있다. 일본은 동북아시아 세 나라 가운데 가장 늦게 벼농사를 받아들인 나라가 아닌가? 어째서 일본뿐 아니라 한국, 중국, 대만의 십수억 명이 먹는 쌀이 통틀어 "야포니카"라는 이름으로 불릴까?

　이것은 생물의 학명을 붙이는 국제적 규칙 때문이다. 잘 알려져 있다시피 오늘날 쓰이는 대표적인 생물의 학명 체계는 린네(Carl von Linné, 1707~1778)가 고안한 이명법(二名法)이다. 우리가 주소를 쓸 때 시, 군, 구 이름을 앞에 쓰고 그 뒤에 길 이름을 쓰듯이, 이명법은 생물의 속(屬) 이름 다음에 종(種) 이름을 씀으로써 그 생물이 생물계에서 차지하는 위치를 알려주는 명명법이다. 린네는 속명과 종명 뒤에 그 생물을 처음 학계에 보고했거나 그 생물의 학명을 처음 지은 사람의 이름을 붙이도록 했다. 린네가 자신의 책『식물의 종』(1753)에서 이 규칙을 제안하면서 여러 가지 생물의 학명을 같이 제안했기 때문에, 자연히 "린네의(Linne)"라는 꼬리표를 단 학명이 매우 많이 받아들여지게 되었다. 벼도 린네가 제안한 그대로 오늘날까지 "오리자 사티바 린네(*Oryza sativa Linne*)"로 불린다.

그런데 린네는 벼의 아종까지는 알지 못했고, 벼의 아종을 최초로 구분하고 이름을 붙인 것은 일본의 세계적인 육종학자 가토 시게모토(加藤茂苞, 1868~1949)였다. 가토는 1920년대 후반 북방계 벼와 남방계 벼를 교잡해도 후손이 잘 나오지 않는다는 것을 알아내고, 이들을 별도의 아종으로 구분해야 한다고 주장했다. 그는 북방계 벼와 남방계 벼에 각각 일본과 인도에서 자라는 벼라는 뜻으로 "오리자 사티바 야포니카 가토(*Oryza sativa* subspecies *japonica Kato*)"와 "오리자 사티바 인디카 가토(*Oryza sativa* subspecies *indica Kato*)"라는 이름을 붙여 학계에 보고하였다. 국제 학계는 가토의 주장을 받아들여 벼라는 종 아래에 아종을 구분하기 시작했고, 오늘날에는 학자에 따라 두어 가지의 아종을 더 나누기는 하지만, 거의 백년이 지난 지금도 가토의 학설은 그가 붙인 이름과 함께 살아남아 있다.

일본인인 가토가 자신들의 주식인 북방계 벼에 "일본의"라는 수식어를 붙인 것은 그로서는 당연한 일이었을 것이다. 한 세기 가까이 시간이 흐른 지금에 와서 그의 처사를 탓하는 것은 너무 심한 일일지도 모른다. 그러나 가토의 아종 구분이 "북방계 벼는 곧 일본형 벼"라는 인식을 심어준다는 데 대해 한국과 중국의 농학자들은 못내 불편해하고 있다. 중국 학자들은 실제로 북방계 벼가 중국에서 비롯되어 한국과 일본으로 전해진 것이므로, 그 아종명으로 "야포니카" 대신 "중국의"라는 뜻의 "시니카(sinica)"를 붙이는 것이 역사적으로 옳은 일이라고 국제 학계에 줄기차게 주장해왔다. 어떤 이들은 한 술 더 떠서 중국 후한(後漢)시대의 오래된 자전인『설문해자(說文解字)』에 쌀알이 짧고 찰기가 많은 벼를 뜻하는 "갱(粳 또는 秔, 현대 중국어 발음 keng)"이라는 글자와 쌀알이 길고 찰기가 적은 벼를 뜻하는 "선(秈, 현대 중국어 발음 xian)"이라는 글자가 있다는 것을 지적한다. 중국농업과학원 원장을 역임한 중국 농학의 원로 팅잉(丁穎, 1888~1964)을 비롯한 이들은 이를 두고 고대 중국에서 이미 두 가지 벼를 구분하였다는 증거가 발견되었으므로, 오늘날의 야포니카와 인디카라는 이름 대신 "오리자 사티바 컹"과 "오리자 사티바 셴"으로 불러야 한다고까지 주장하고 있다.[3]

생물종의 학명이 이처럼 민족감정의 영향을 받고 정치적 쟁투의 대상이 된다는 것이 어떤 독자들에게는 마치 정치가 과학을 오염시키는 것처럼 여겨져 불편하게 보일 수도 있다. 그러나 과학은 결국 인간의 활동이며, 사람들이 살아 숨 쉬는 사회와 떨어져 존재한 적이 없다. 과학이 다루는 대상이 자연의 객관적 현상이기는 하지만, 그것을 받아들이고 해석하는 것은 인간의 마음과 언어이기 때문이다. 생물 분류는 인간과 사회 그리고 과학의 접점을 보여주는 하나의 사례일 따름이다. 힘 있는 자가 다른 대상에 이름을 붙일 수 있고, 이름을 붙이는 것은 그 힘을 행사하는 것이다. 생물의 이름에는 인간의 권력관계가 녹아 있는 것이다. 예를 들어 일제강점기 한반도의 식물을 왕성하게 조사한 생물학자 나카이 다케노신(中井猛之進, 1882~1952)은 자신이 분류한 식물을 국제 학계에 보고하면서 자신의 이름을 붙이고, 또 당시의 관행에 따라 그 식물이 발견된 지역의 이름을 붙였다. 문제는 나카이가 채집한 한반도 자생식물 중 울릉도와 독도의 것들이 많았는데 나카이는 당시 일본의 행정구역 이름을 따라 그들 모두에 "다케시멘시스 나카이(takesimemsis Nakai)", 즉 "나카이가 발견한 다케시마의⋯⋯" 라는 꼬리표를 붙였다는 사실이다. 한번 붙은 학명은 분류를 새로 하기 전에는 바뀌지 않기에, 오늘날에도 전 세계의 식물학자들은 울릉도 섬초롱꽃을 "캄파눌라 다케시마나 나카이(Campanula takesimana Nakai)"라는 이름으로 부른다. 현실 세계에서는 대한민국이 독도를 "실효지배"하고 있지만 생물학의 세계에서는 아직도 일본이 울릉도와 독도를 실효지배하고 있는 셈이다.

이처럼 생물학뿐 아니라, 과학지식의 내용은 인간과 따로 떨어져 존재하지 않는다. 심지어는 자연도 인간과 맺는 관계에 따라 규정되고 인식된다는 점에서는 인간과 떨어져 존재하지 않는다고도 할 수 있다. 우리 주변의 자연은 특히나 인간의 손으로 인간에 맞게 변형되어 우리를 둘러싸고 있다. 우리가 자연의 정취를 만끽하는 산과 숲은 대개(일부러 원시림을 찾아가는 경우를 제외하면) 현재 또는 과거에 인간의 필요에 따라 변형된 공간이다. 작물과 그것을 키우는 들판의 논밭은 더 말할 나위도 없다. 또한 그렇게 개조된 자연은 다시 인간의 삶의 방식을 규정한다.

따라서 우리는 자연에서 인간의 역사를, 인간에서 자연의 역사를 읽어낼 수 있다. 우리나라의 산 어디에서나 볼 수 있는 아카시아나무는 박정희 정권기 극단적인 조림사업의 흔적이며, 제주도 곳곳에서 관광객을 맞는 열대식물들은 관광지 조성을 위해 인위적으로 수입해 심은 것들이다. 그럼에도 인간은 아카시아의 지나친 번식을 비판할 때 "일제가 아카시아를 처음 도입했다"는 안전한 설명을 이어다 붙이고, 남국의 열대식물로 가득한 제주도에서 한국이되 한국답지 않은 이국적 낭만을 기대한다.

이처럼 자연과 인간은 서로를 만들어나간다. 역사의 렌즈를 들이대면 한 장의 잎새, 한 톨의 씨앗 안에도 인간과 자연의 드라마가 담겨 있다. 특히 농작물은 인간의 생존을 위해 고도로 변형된 식물이므로, 농작물의 역사를 들여다보면 그 안에 담긴 인간의 욕구와 의지를 고스란히 엿볼 수 있다. 하나의 품종 안에는 그것을 만든 개인들의 욕구와 의지, 그 바람들이 모여 형성된 시대적 과제, 그 과제를 이루기 위해 사람들이 기울인 열정 등이 고스란히 담겨 있다. 역사가의 일은 씨앗에 귀를 기울이고 그 안에 담겨 있는 이야기를 누에고치에서 실을 잣듯 뽑아내는 것이다. 이 책은 농작물, 그중에서도 한국인에게 가장 중요한 벼의 역사에 초점을 맞춰 이와 같은 인간과 자연의 공진화(co-evolution) 과정을 추적하고자 한다.

벼를 사료 삼아 엿보는 한국인과 한국 사회의 속살

벼농사가 한반도에 전래된 이래 벼는 한국인에게 가장 중요한 작물이었다. 가장 사랑했고 가장 귀히 여긴 것이 벼였지만, 동시에 가장 모자랐고 가장 배불리 먹기 어려웠던 것이 벼였다. 가장 가깝게 여겼으나 실제로는 가장 멀리 있는 것이 벼였다.

전통사회에서 벼와 벼농사의 중요성은 그에 관련된 속담을 통해서도 엿볼 수 있다. 벼농사에 의지했던 다른 나라들과 크게 다르지 않을 테지만 우리나라에서도 벼농사는 가장 중요한 농사였고, 벼는 가장 중요한 작물이었으며 단순한 식량 이상의 의미를 지녔다. 벼와 벼농사를 소재로 삼은 속담이 많은 것도 그 때문이다. 누구나 벼농사에 대해 소상히 알 수밖에 없었으므로, 벼농사와 관련된 일과 사물에 비유한다면 누구나 알기 쉽게 뜻을 전달할 수 있었다. "벼는 익을수록 고개를 숙인다"는 말을 들으면 누구나 사람도 벼와 마찬가지로 속이 여물수록 겸손해야 한다는 뜻을 짐작할 수 있었을 것이고, "떡잎 적에 따버리지 않으면 나중에 도끼로 벤다"는 말을 들으면 누구나 뽑아도 뽑아도 지겹게 자라나는 잡초를 연상하며 고개를 끄덕였을 것이다. 벼농사의 산물이 쌀과 밥이므로 쌀과 밥에 대한 속담도 많다. "가마가 검기로 밥도 검을까"라는 속담은 겉모습으로 사람이나 사건을 판단하지 말라는 뜻인데, 검게 그을린 가마솥과 그 안에서 뽀얗게 윤기를 머금고 익어가는 밥을 상상할 수 있는 한국 사람들에게는 설명할 필요도 없이 뜻을 전달할 수 있었을 것이다. 또 "물 만 밥이 목이 메다"는 속담은 슬퍼서 눈물을 참을 수 없는 상태를 묘사하는데, 밥을 물에 말아 먹는 일이 잦았던 한국의 식생활 속에서 자연스레 생겨났을 것이다.

한편 속담도 시대의 산물인 만큼 시대의 변화를 반영한다. 오늘날까지 전해지는 속담 중 대부분은 먼 옛날부터 전해오는 농경지식을 담고 있는 것이 아니라, 그것이 채록되었을 때인 조선 말에서 일제강점기에 이르는 시기 확립되어 있던 농경지식을 담고 있다. 따라서 이들 속담을 살펴보면 속담이 채록될 무렵의 농업상식이 어떤 것이었는지 엿볼 수 있다. 널리 알려져 있다시피 조선후기 벼농사 기술에서 가장 중요한 변화 가운데 하나가 이앙법, 즉 모내기의 도입이었다. 모내기는 더 많은 노동력을 필요로 했지만 적절히 물을 댈 수만 있다면 월등한 수확량을 보장했으므로, 관개에 실패할 때 농사 전체를 망칠 것을 염려한 국가의 통제에도 불구하고 민간에 널리 퍼져나갔다. "모 농사가 반농사다"라는 속담은 모내기의 시기와 방법을 잘 맞추느냐에 농사의 성패가 달려 있다는 것을 집약적으로 보여주고 있으며, "소서 때는 새각시도 모 심어라"는 말은 모내기철에 노동력이 얼마나 귀해지는지 재미있게 표현하고 있다. 그리고 조선후기에는 비료의 중요성에 대한 인식이 확산되면서 퇴비의 사용도 점차 늘어났는데, 이에 관련된 속담도 많이 찾아볼 수 있다. "써레질 물은 형제간에도 안 나눈다"는 속담은 모내기 전 갈아놓은 논의 흙탕물에 거름기가 많다는 것을 당시 농부들이 상식으로 알고 있었음을 알려주며, "밥 한 그릇은 공으로 주어도 퇴비 한 소쿠리는 안 준다"는 말은 옛사람들이 퇴비를 얼마나 귀하게 여겼는지 잘 보여준다. 하지만 퇴비도 과유불급이라, 지나치게 많이 주었다가는 여름에는 잎 색이 짙어 강건하게 자라는 것처럼 보이지만 결국 벼가 웃자라 쭉정이만 많고 제대로 알곡을 거둘 수 없게 된다. "칠월 벼 검은 집과는 사돈도 맺지 말라"거나 "풋벼 자랑과 딸 자랑 하지 말라"는 속담들은 이처럼 지나친 시비의 위험성을 경고하고 있다. "비료 바가지 엎어진 자리 삼년 간다"는 속담도 마찬가지다.

이처럼 벼가 가장 중요한 작물이었으므로, 더 많은 쌀을 얻고자 하는 한국인의 노력은 수천 년 동안 이어져왔다. 전통사회에서는 제때 물을 충분히 댈 수 있느냐가 사실상 수확량을 좌우하는 가장 큰 변수였으므로 수리(水利)를 개선하기 위한 노력이 끊이지 않았으며, 이앙법과 시비법 등 새로운 기술이 때로는 자생적으로, 때로는 중국에서 전래되어 수확 증대에 힘을 보탰다. 20세기 들어 유전학에 바탕을 둔 근대 육종학이 정립되었고, 그 덕택으로 이전에 비해 훨씬 효율적인 품종개량이 가능해졌다. 그 변화의 물결은 한반도에도 밀려와, 한반도의 벼 품종은 일제강점기를 거치면서 전에 없이 큰 폭으로 바뀌었다. 그리고 1950년대 말부터 시작된 "녹색혁명"의 바람도 한반도에 미쳤다. 한국(남한)은 세계적인 농업의 변혁기에 그 흐름을 놓치지 않고 성공적으로 선진 육종기술을 받아들였고, 그 결과 산업화가 진행되는 동안 농업생산도 대폭 늘어나는, 세계적으로도 유례를 찾기 어려운 성과를 거둘 수 있었다.

그러나 "한국의 녹색혁명"을 통해 만성적인 쌀 부족을 벗어난 오늘날 한국 사회의 모습은 쌀이 모자랐던 시절 흰쌀밥을 배불리 먹는 것이 소원이었던 사람들이 상상했던 것과는 사뭇 다를 것이다. 예컨대 1970년대에 흰쌀밥만 찾는 것은 사치일 뿐 아니라 주변 사람들과 국가 시책을 생각지 않는 이기적인 행위였으며, 자신의 건강을 망치는 어리석은 짓이었다. 그런데 오늘날은 남아도는 쌀을 처리할 방법을 찾기 위해 정부 관계자들이 머리를 싸매고, 논을 놀려두고 벼농사를 짓지 않으면 국가에서 보상을 해 주며, 대중매체에서는 쌀의 영양을 강조하며 쌀을 많이 먹자고 연일 광고를 하고 있다. 불과 30년 남짓 동안 무엇이 어떻게 바뀐 것인가? 쌀이 바뀐 것인가, 아니면 사람이 바뀐 것인가? 쌀과 사람이 모두 바뀐 것인가?

이 책은 한국 근현대 벼 품종의 역사를 정리하고, 그를 통해 인간과 자연의 공진화, 사회와 농학의 공진화가 어떻게 일어나는지 살펴볼 것이다. 구체적으로는 "통일벼"를 선봉에 내세운 "한국의 녹색혁명"이라는 1970년대 중후반의 사건을 중심으로 그 앞과 뒤 시대를 함께 살펴봄으로써 벼라는 작물에 투영된 한국인의 열망과 한국 사회의 가치를 엿볼 것이다. 근대 농학과 농정체제가 한반도에 선을 보인 것이 일제강점기였고 그것이 광복 후에도 한동안 영향력을 유지했으므로, 우선은 근대 농학과 농정이 도입된 때로부터 이야기를 풀어나가고자 한다. 그리고 근현대 한국의 농업과 농학에서 가장 큰 변화가 일어났던 1970년대를 중심으로, 새로운 품종들이 왜, 어떻게 만들어졌으며 그것은 다시 한국 사회를 어떻게 바꾸어갔는지 살펴볼 것이다. 짧지만 강렬했던 1970년대의 녹색혁명이 지나간 뒤에는 새로운 욕구와 의지들이 불거져나왔고, 그에 따라 다시 과거와는 다른 새로운 품종들이 개발되었다. 또한 1980년대 중반 이후 한국 사회의 변화에 따라 과거와는 다른 식생활문화가 퍼져나갔고, 이것은 다시 벼의 품종개량에 새로운 과제를 던져주었다. 이처럼 벼 품종의 변천사를 살펴보는 것만으로도 20세기 한국 사회의 변화를 따라갈 수 있다. 글로 남은 문헌만 사료가 되는 것이 아니라, 농작물의 품종 또한 사료가 될 수 있다. 그런 면에서 이 책은 벼를 사료 삼아 쓴 한국 현대사이기도 하다.

제1장

농학의 제국,
제국의 농학
(1905~1945)

인간이 농사를 지은 것은 매우 오래된 일이다. 농사기술도 인류의 지식이 축적되면서 꾸준히 발전해왔다. 그러나 농사 경험에서 얻은 지식이 아닌 다른 과학 분야의 지식을 응용하여 수확을 올릴 수 있게 된 것은 그리 오래지 않았다. 과학기술을 농업에 본격적으로 응용하여 농업생산성을 높이기 시작한 것은 서구에서도 이백 년이 채 되지 않은 일이다. 하지만 인류의 농업은 그 두 세기 사이에 그 이전 수천 년 동안 겪은 변화보다 훨씬 큰 변화를 겪었고, 그 결과 오늘날의 농학은 매우 높은 수준으로 발달하여 거의 모든 과학기술 분야를 응용하고 있다. 작물의 품종을 개량하고 생리를 개선하는 데는 생물학과 화학을 이용하고, 수리와 토양을 개선하는 데는 물리학과 토목공학 등을 응용하며, 천문학과 기상학의 데이터를 활용하여 농사의 때를 잡는 등, 일일이 열거하기 어려울 정도로 여러 분야의 성과가 농학에 활용되고 있다.

그런데 이렇게 근대 과학기술이 농업의 모든 면을 바꿔놓기 시작한 시기는, 서구의 나라들이 과학기술의 힘에 자신감을 얻고 세계의 다른 지역으로 그 힘을 휘두르기 시작한 시기와 많이 겹친다. 서구인들은 물론 그들과 맞닥뜨린 서구 밖의 사람들도, 서구의 강력한 군사력과 산업생산력의 비결은 과학기술이라고 믿었다. 따라서 근대 서구 문명은 곧 과학기술

문명으로 여겨졌고, 제국주의의 팽창은 늘 서구식 과학기술의 이식을 동반했다. 제국주의에 항거하던 비서구 사회의 사람들도 서구의 과학기술은 적극적으로 받아들이고 환영하는 일이 드물지 않았다. 그 과학기술의 목록 중에는 근대 화학과 생물학의 도움을 받아 환골탈태한 근대 농학도 있었다. 이 장에서는 근대 농학의 발전 과정을 간단히 살펴보고, 그것이 일본을 거쳐 한반도에 소개되는 경위를 따라가볼 것이다. 이를 통해 제국주의 일본과 일제강점기 한반도의 벼 품종에는 어떤 사람들의 어떤 욕구와 의지가 담겼는지, 그리고 그 욕구와 의지들이 현실에서는 어떻게 굴절되고 왜곡되었는지 살펴볼 것이다.

빌러에서 가토 시게모토까지: 과학적 농학의 전개

근대 농학의 터를 닦은 것을 꼽으라면 유기화학과 멘델 유전학이라고 할 수 있다. 유기화학은 거름을 인공적으로 만드는 길을 열어주어 비료의 공급을 혁명적으로 늘려주었다. 합성비료를 (돈만 있다면) 끝없이 퍼부을 수 있게 됨에 따라, 작물을 이전 세대에는 상상하기 어려웠을 정도로 크게 자라게 하는 일도 가능해졌다. 농업생산성이 기존의 한계를 깨고 비약적으로 높아질 수 있는 길의 입구가 열린 것이다.

사실 작물이 크게 자란다고 반드시 수확량이 높아지는 것은 아니다. 작물 전체가 커지는 것보다는 사람이 먹을 수 있는 부분, 즉 열매나 이삭이 커지는 것이 중요하다. 또한 웃자란 작물은 병충해에 약하거나 비바람에 쓰러지기 쉬우므로 크게 자랐을 때에도 이런 위협을 잘 견뎌낼 수 있는 작물을 찾거나 만들어내는 일이 중요하다. 멘델 유전학은 이 일을 과학적으로 계획하고 통제할 수 있는 길을 열어주었다. 예컨대 유전학을 적용하면 작물이 지닌 주요 형질은 어떤 것인지 또는 특정한 형질을 집중적으로 북돋우거나 억누르려면 어떻게 해야 하는지 등을 효과적으로 예측하거나 설계할 수 있게 되었던 것이다. 유기화학과 멘델 유전학의 성과를 결합함으로써 인류는 전에 없는 농업의 혁신을 꿈꿀 수 있게 되었다. 비료를 잘 견디고 잘 받아들이는 작물을 육성해내고, 그 작물에 잘 맞는 비료를 집중적으로 투여하여 수확을 높일 수 있게 된 것이다. 그 결과 20세기의 농업생산력은 혁명적으로 높아졌고, 지구의 인구도 폭발적으로 늘어나게 되었다. 물론 그들 중 많은 수가 아직도 굶주림에 시달리는 것은 사실이지만, 농업생산력의 향상이 없었다면 애초에 그와 같은 인구의 증가는 상상도 할 수 없는 일이었을 것이다.

1828년 독일 출신의 화학자 프리드리히 뵐러(Friedrich Wöhler, 1800~1882)는 실험실에서 시안산암모늄이라는 화합물을 가열하다가 그 안에서 요소(urea)의 결정을 발견했다. 뵐러는 이 놀라운 사실을 스승 베르셀리우스(Jöns Jakob Berzelius, 1779~1848)에게 알렸다. 당시 화학자들은 요소와 같은 유기화합물은 유기체(생물체)의 몸 안에서만 만들어진다고 알고 있었기 때문에, 뵐러의 발견은 화학계의 눈길을 끌었다. 뵐러가 요소를 실험실에서 합성할 수 있다는 사실을 보여준 뒤로 "유기물(organic compound)은 유기체(organism) 안에서 생성되는 물질"이라는 기존의 정의가 무색해졌다. 인간은 실험실에서 유기물을 만들 수 있게 되었고, 나아가 하나의 유기물에서 출발하여 수십 수백 가지의 다른 유기화합물을 얻을 수 있게 되었다. 뵐러의 실험 이후 유기물의 정의는 새롭게 바뀌었다.

요소의 합성은 단순히 유기물의 정의를 바꾸었다는 점에서만 중요한 것이 아니다. 요소는 질소비료로 널리 쓰이는 화합물이므로, 요소를 실험실에서 만들 수 있게 되었다는 것은 실용적으로도 매우 중요한 사건이었다.

예부터 분뇨를 이용해 거름을 만들었던 것도 결국은 분뇨에 함유된 요소를 이용한 것이다. 즉 질소비료를 인공적으로 만들 수 있다면 비료를 만드는 데 들였던 시간과 노동력을 줄일(사실은 돈으로 대신할) 수 있다는 이야기가 된다. 요소를 인공적으로 합성하기 이전에는 질소비료를 자연에서 얻을 수밖에 없었다. 질소는 단백질의 주요 구성성분이므로, 동물들이 단백질을 섭취하면 그것을 소화할 때 부산물로 생겨나는 암모니아와 요소 등이 배설물로 나오게 된다. 옛날 사람들이 경험에 기초하여 동물의 분뇨를 비료로 썼던 것은 다 까닭이 있는 일이었다. 하지만 인류가 오래전부터 거름을 농업에 이용했음에도 불구하고, 유기화학의 성립 전에는 거름 가운데 어떤 성분이 작물의 생장을 촉진하는지 정확히 알지 못했다. 유기화학이 발달하고 식물을 구성하는 성분이 밝혀지면서 비로소 식물의 생장에 질소(N), 인(P), 칼륨(영미권에서는 포타슘, K)의 세 원소가 가장 중요하다는 것이 알려졌다. 특히 질소가 생장에 미치는 효과가 두드러졌으므로 작물의 생장을 촉진하고 수확량을 늘리기 위해서는 질소비료가 가장 중요하다는 것이 알려졌다.

그런데 순도 높은 질소화합물을 어디서 구할 것인가? 퇴비와 분뇨를 이용하는 전통적인 방법이 있었지만, 그것만으로는 날로 높아지는 질소비료의 수요를 채울 수 없었다. 유럽 열강이 세계 구석구석에 손길을 뻗치다 보니 어떤 이들은 지구 반대편에서 색다른 해법을 찾아내기도 했다. 남아메리카 대륙의 태평양 연안 무인도에는 펭귄이나 펠리컨을 비롯한 바닷새들이 모여 살았는데, 오랜 세월 새들이 무리지어 살다 보니 새의 배설물이 켜켜이 쌓여 바윗돌처럼 단단하게 굳어서 수백 미터에 이르는 산을 만들었다. 이렇게 퇴적된 동물의 배설물을 "구아노(Guano)"라고 부르는데, 19세기 유럽인들이 구아노에 눈독을 들이게 된 것이다. 당시 유럽은 유기화학의 발달과 함께 과학적인 비료 사용법이 자리를 잡아가고 있었고, 그에 따라 순도 높은 질소비료에 대한 수요가 급증했다. 눈치 빠른 유럽인들은 채석장 돌 캐듯 구아노를 캐서 배에 실어 나르기만 하면 유럽에서 효과 좋은 고급 비료로 팔 수 있다는 것을 알아냈다. 1840년대부터 페루와 볼리비아 등의 구아노를 유럽으로 실어 나르려는 증기선들이 줄을 이어 태평양을 건너 오가기 시작했다. 구아노는 곧 돈이었다. 돈은 무리한 욕심을 낳고, 욕심은 전쟁으로까지 이어졌다. 페루 정부는 구아노를 담보로 유럽 열강의 돈을 끌어들여 사탕수수 농업에 투자했는데, 이것이 실패하면서 결국 빚더미에 올라앉았다. 페루 정부가 빚을 갚지 못할 상황에 이르렀을 무렵 페루, 칠레, 볼리비아 세 나라가 맞닿은 지역에서 막대한 양의 구아노가 발견되었다. 서구 열강은 페루와 볼리비아에 맞서 전쟁을 일으키도록 칠레를 부추겼다. 이른바 "구아노 전쟁"이라고도 불리는 태평양전쟁(1879~1883)이었다.

그 와중에도 유럽의 질소비료 수요는 더 커져만 갔고, 유럽인들은 구아노를 무한정 캐낼 수는 없다는 것 또한 잘 알고 있었다. 언제까지나 지구 반대편에서 캐 오는 구아노에 의존할 수는 없는 일이었다. 암모니아나 요소 같은 간단한 화합물은 만들지 못할 이유도 없지 않은가? 게다가 질소는 사실 공기의 4분의 3이나 차지하고 있는 흔한 원소다. 공기 중에 지천으로 널려 있는 질소를 질소화합물로 바꾸기만 하면 되는 일이 아닌가?

이 가능성을 실제로 바꾼 것이 독일의 화학자 프리츠 하버(Fritz Haber, 1868~1934)였다. 하버는 1907년 질소와 수소를 고압용기 속에 채우고, 촉매와 함께 매우 높은 온도와 압력을 가하면 암모니아를 만들 수 있음을 발견하였다. 칼 보슈(Carl Bosch, 1874~1940)가 1913년 이 공정을 개량하여 뒷날 "하버-보슈 법"이라고 불리는 암모니아 합성 기술을 확립하였다. 이 밖에도 여러 가지 공법들이 개발되었지만, 기본적으로 질소비료를 합성하는 첫걸음은 공기 중의 질소, 공기와 물속의 수소를 합쳐서 암모니아를 만드는 것이다. 물론 질소와 수소가 저절로 한 몸이 되지는 않는다. 질소와 수소 원자가 결합하려면 높은 온도와 압력, 그리고 반응을 시작하도록 도와주는 큰 에너지가 필요하다. 이 에너지는 어디서 얻을 수 있는가? 바로 19세기 말부터 새로운 에너지원으로 각광받기 시작한 전기가 이용되었다. 공기와 물에서 얻은 질소와 수소에 전기 불꽃을 튀기면, 돈을 받고 팔 수 있는 암모니아가 만들어진다! 봉이 김선달이나 생각함직한 일이 유럽의 산업도시들에서 벌어지기 시작했다. 공기와 물은 거의 원가가 들지 않는 재료였으므로 전기 가격이 암모니아를 비롯한 여러 가지 질소비료의 원가를 좌우하는 결정적 요인이 되었다. 전기 수요가 급증하면서 서구 열강들은 거대한 발전소를 앞다투어 짓기 시작했다. 일본도 식민지였던 한반도 북부에 1920년대 후반부터 세계 최대 규모의 질소비료공장을 짓기 시작했다. 이 공장이 들어선 흥남은 백 가구 남짓이 모여 살던 가난한 어촌에서, 불과 십여 년 만에 한반도에서 세 번째로 일본인이 많이 사는 거대 공업도시로 탈바꿈했다.[1]

〈보첨 1〉 한반도에 생겨난 세계 최대의 비료공업단지

함경남도 흥남 일대의 대규모 화학공업단지는 모두 노구치 시타가우(野口遵, 1873~1944)가 1908년 설립한 일본질소비료의 자회사인 조선질소비료의 설비였다. 일본질소비료는 1920년대 초반 황산암모늄 비료를 생산하기 위해 새로운 공정을 도입했는데, 이 새 공정은 물을 전기분해하여 수소를 얻는 과정에서 막대한 전력을 필요로 하는 것이어서 사실상 전기료가 생산원가를 좌우하게 되었다. 당시 일본 본토에서 수력발전소를 지을 수 있는 지형을 갖춘 곳은 대부분 기존의 전력회사들이 선점하고 있었고, 이들은 재계의 경쟁자였던 노구치에게 우호적이지 않았다. 노구치는 경쟁자들이 미처 손을 뻗지 않은 한반도에 자신의 공장을 위한 발전소를 직접 짓기로 결정하고 토목공학자 구보타 유타카(久保田豊, 1890~1986)에게 공사를 맡겼다.

구보타는 개마고원을 가로질러 압록강을 향해 흐르는 "삼수(三水)", 즉 부전강, 장진강, 허천강에 눈독을 들였다. 고원의 강 상류에 댐을 쌓아 인공호수를 만든 뒤, 경사가 급한 동해안 쪽으로 물길을 틀어 낙차 큰 해안 사면으로 떨어지는 물을 이용하여 발전을 하려는 계획이었다. 그에 따라 노구치는 1926년 조선수전(水電)주식회사를 설립하였고, 조선수전주식회사는 1932년까지 부전강 일대에 네 개의 수력발전소를 건설하고 이른바 "유역변경식 발전"을 통해 총 20만 킬로와트의 전력을 생산하기에 이르렀다. 당시 "동양 제일의 대규모 공사"로 세간의 이목을 끈 이 공사를 성공적으로 마무리함으로써 노구치는 전기를 원 없이 쓸 수 있게 되었다. 이후 부전강에 인접한 장진강과 허천강의 수력도 같은 방식으로 개발되었다. 해방 전 장진강의 발전력은 334,000킬로와트, 허천강은 338,800킬로와트에 이르렀다.[2]

발전소의 건립과 발맞추어 흥남 현지에 공장도 건립되었다. 1927년 함경남도 함흥군 운전면에 본사를 둔 조선질소비료주식회사가 설립되었고, 이후 약 20년에 걸쳐 흥남의 공장군은 팽창을 거듭하여 이른바 '일질 콤비나트'가 형성되었다. 비료에서 시작하여 유지와 화약 부문, 카바이드 부문, 소다 식품 부문, 금속제련 부문, 용제와 합성수지 부문에 이르기까지, 채 15년도 안 되는 시간에 화학공업의 제반 부문으로 사업 영역이 확장된 것이다.[3] 공장 건설에 참여했던 한 일본인은 다음과 같이 그 규모를 설명하고 있다.

……설비면에서는 세계 제1의 수전해(水電解)공장, 세계 제3위·일본 제1의 암모니아 합성 공장, 일본 제1의 황산 공장, 일본 제1의 硫安[황산암모늄] 공장, 일본 제1의 유지공장, 일본 제1의 화약공장, 일본 제1의 카바이드 공장, 일본 제1의 마그네슘 공장, 일본 제1의 인조보석 공장, 부속수리공장으로서 일본 제1의 공작공장, 일본 제1의 메탄올 합성 공장, 일본 제1의 석탄 직접액화공장, 일본 제1의 사설 부두설비 등등, 일본 제1을 세어 나가면 아직도 얼마든지 있다. 따라서 이들 대설비에 사용된 기계류 장비류의 단위용량으로서 일본 제1의 것, 혹은 일본에서 처음으로 사용된 기계 또는 장치류를 들어가면 끝이 없을 정도……[4]

홍남 지역에 공장이 들어서는 것과 발맞추어 '1백 수십호의 寒漁村'이었던 홍남도 조선에서 일본인이 세 번째로 많은 대도시로 성장했다. 홍남의 인구는 '홍남면'이 행정구역으로 신설된 1930년 10월 1일 당시 25,062명이었던 것이 1944년에는 14만3천 명까지 늘어났다. 특히 조질 총수인 노구치가 홍남읍장을 겸임하고 경찰서 건물, 우체국 건물, 심지어 은행 건물까지도 회사가 지어주는 등, 홍남은 사실상 노구치의 왕국과 다름없었다.[5]

그런데 조질과 흥남의 이와 같은 급속한 성장은 식민지 조선에 대한 수탈을 바탕으로 이루어졌으며 따라서 이들 공장에 대한 일반적인 인식은 매우 나빴다. 발전소 건설을 위한 댐 공사 과정은 특히 악명이 높았는데, 당시의 증언에 따르면 노구치는 사망계를 3만 매나 인쇄해 이를 손으로 두들기면서 "이만큼만 있으면 부전강공사는 충분히 끝낼 수 있어"라는 말을 했다고도 전한다. 실제로 부전강 댐 공사 도중 사망한 노동자의 수는 언론에 보도된 것만으로도 4천 명이 넘었으며, 항간에는 "노구치는 사람 몸뚱이로 댐을 구축하였다"라는 말까지 돌았다.[6] 이와 같은 노동 착취는 같은 일본인의 눈에도 심한 것으로 비쳐 "이러한 대발전소가 연이어 건설되어 간 그늘에서 제물로 죽어간 조선인의 수가 과연 얼마나 되었을까. 생각만 해도 몸서리친다"는 평을 듣기도 했다.[7] 또한 공장 운영 과정에서도 조선인 노동자들에 대한 차별과 착취가 심해 많은 문제를 낳았다. 흥남 비료공장은 한반도 최대의 공업 설비이자 노동자 투쟁의 최전선이었다. 흥남에서만 1930년에 2건, 1931년 1건, 1934년 1건, 1935년 1건, 1938년 4건의 파업이 일어났다.[8]

이렇게 상처 많은 역사를 쓰며 성장한 흥남 비료공장이 해방 후 민족 전체의 배고픔을 줄이는 데 이바지했다면 좋았겠으나, 해방 직후의 역사가 결국 분단과 전쟁으로 이어지면서 흥남 공장도 또 한 차례의 시련을 겪었다. 삼수의 유역변경식 발전과 압록강의 수풍댐 등으로 전력 공급이 충분하고도 남았던 북한은 해방 후에도 약 3년 동안 남한 전력 수요의 70퍼센트 정도를 송전하고 있었다. 하지만 1948년 5월 10일 논란 끝에 남한 단독총선거가 실시되었고, 북한은 이에 대응하여 5월 14일 송전을 일방적으로 종료하였다. 이후 한국전쟁을 거치면서 흥남 공장은 큰 시련을 겪었다. 한국전쟁 발발 직후 1950년 7월 말부터 9월에 걸쳐 북한 전역을 대상으로 미군 B29 폭격기가 전략폭격을 실시했다. 그중에서도 흥남 공장에 대한 네 차례의 폭격은 가장 규모가 큰 것이었다. 7월 30일에는 흥남의 화약공장을 목표로 5백 톤, 8월 1일에는 비료공장에 4백 톤, 8월 3일에는 본궁 공장에 4백 톤, 8월 24일에는 흥남 제련소에 280톤의 폭탄이 투하되었다. 특히 본궁 공장은 폭격으로 인해 전해 소다 공장, 카바이드 공장이 완전히 파괴되었다. 또한 폭격은 받지 않았던 흥남 부두도 1950년 12월 24일 미군이 후퇴를 완료한 뒤 미군의 포격에 의해 완전히 파괴되었다.[9]

이것은 북한으로서는 분명 큰 손실이었다. 하지만 어떤 의미로는 미군에 의한 파괴는 흥남 공장이 일본인의 손으로 세워지고 운영되었다는 과거와 단절하고 새로운 정체성을 얻을 수 있는 중요한 계기가 되었다. 일본 제국주의에 의해 조선인의 희생을 바탕으로 세워지고, 해방 후에도 일본인의 손을 빌려 운영해야 했던 과거의 역사 전체가, 또 다른 적국인 미국의 폭격에 의해 공장이 대파되면서 흘러간 옛일이 되었고, 이후 사회주의 우방국들의 도움과 북한의 노력에 의해 복구된 공장은 오롯이 새로운 나라 조선민주주의인민공화국의 것이 될 수 있었던 것이다.[10] 이후 1961년에 흥남 비료공장의 설비를 활용하여 합성섬유 "비날론(Vinalon)"을 만드는 "2·8비날론공장"이 건설되었고, 이 비날론은 북한의 체제 이데올로기와 결합하여 이른바 "주체섬유"로 불리게 되었다.[11] 그리고 1930년대 한반도에 건설되었던 세계 최대의 화학비료공업단지의 역사는 남에서도 북에서도 이야기하는 이가 없는 가운데 서서히 잊혀갔다.

일본의 근대 농학 도입

이처럼 19세기 말에서 20세기 초에 걸쳐 생물학, 화학, 공학 등의 최신 성과를 흡수하면서, 노농(老農)의 지혜와 경험에 의존하던 농학은 빠른 속도로 근대적인 과학의 모습을 갖추어나갔다. 그리고 근대 농학은 그 발상지인 서구를 벗어나 세계 다른 지역으로 전파되어나가기 시작했다.

당시 서구의 모든 과학기술을 열렬히 받아들이던 일본은 농학 수용에도 적극적이었다. 일본은 서구 농학을 받아들여 일본 농업에 서구적 요소를 가미하는가 하면, 서구 농학을 일본 현실에 맞게 바꾸어 발전시키기도 했다. 전자의 대표적인 예로 들 수 있는 것이 낙농업이다. 불교의 영향이 강했던 일본에서는 메이지유신 전까지 고기를 먹지 않는 사람이 많았다. 생선과 닭고기 정도가 상에 올랐을 뿐, 쇠고기나 돼지고기는 대다수의 일본인들에게 익숙한 음식이 아니었다. 그런데 서구화 바람이 불면서 국가가 앞장서서 고기와 우유의 소비를 권장하기 시작했다. 돈가스가 이러한 사회 변화의 영향을 받아 탄생한 근대 일본의 음식이라는 것은 잘 알려져 있으며, 스키야키도 지역의 향토음식이었던 것이 메이지시대 서구화의 영향으로 전국적으로 퍼져나간 것이다.[12] 우유와 치즈 등의 유제품 또한 체격이 크고 건장한 국민을 길러낸다는 취지 아래 국가 차원에서 장려되었다. 우유를 거의 먹지 않았던 일본인에게 "낙농업"이라는 사업은 완전히 낯선 것이었지만, 메이지 정부는 막 일본의 영유권이 확립된 북쪽 홋카이도 지방을 낙농 중심지로 육성할 전략을 세웠다. 낙농업의 보급을 통해 홋카이도를 개척할 전진기지로서 1876년 삿포로농학교(札幌農学校)가 설립되었다.[13]

한편 서구 농학을 일본 현실에 맞게 바꾸어 발전시킨 분야로는 벼의 육종을 꼽을 수 있다. 서구에서 중요한 작물은 밀과 호밀, 보리 등이었던 데 비해 아시아에서는 단연 벼가 으뜸이었다. 따라서 육종학이 서구에서 들여온 것이라 해도 아시아의 과학자들은 그것을 벼에 적용하기 위해 추가로 많은 경험을 쌓고 연구를 거듭해야 했다. 우선 벼의 주요 형질을 분류하고, 각각의 형질에 대해 우성과 열성을 구별하며, 원하는 형질이 나타나게 하려면 어떤 방식으로 교배해야 하는지 등을 모두 경험으로 파악해야 했다. 벼의 교배도 쉬운 일이 아니다. 벼는 꽃이 감추어져 있는 제꽃가루받이 식물이다. 사람 손으로 다른 꽃의 꽃가루를 수술에 묻혀주지 않는 한, 감추어진 꽃 속의 수술과 암술이 꽃가루를 주고받아 유전형질이 똑같은 씨앗을 만들게 된다. 따라서 인공교배를 통해 벼의 품종을 개량하려면 사람의 손길이 필요하다. 사람이 일일이 숨어 있는 교배 자친(雌親)의 꽃을 꺼내어 그 안의 수술을 가위로 잘라준 뒤, 웅친(雄親)의 꽃가루를 붓으로 자친의 암술에 발라주어야 한다. 더욱이 벼꽃은 해가 뜨면 개화하였다가 한낮이 지나면 꽃을 닫아버리기 때문에, 꽃이 열려 있는 짧은 시간 안에 수백 그루의 벼에 대해 이 모든 작업을 마쳐야 한다.[14] 하나의 실용 품종을 만들기 위해서는 이런 교배 조합을 수십에서 수백 가지 만들어야 한다고 하니, "인공교배"라는 네 글자 뒤에 숨은 노동의 양은 실로 어마어마하다. 이런 지난한 과정을 거쳐 일본 농학자들은 1910년대에 들어서는 인공교배를 통해 원하는 형질을 가진 벼를 만들어 내는 데 성공하기에 이르렀다. 1917년 무렵부터 인공교배를 통해 육성한 품종이 예전 방식으로 농부가 논에서 유망한 개체를 골라 길러낸 품종들보다 나은 성과를 거두기 시작했다. 이들 인공교배 품종은 1920년대 후반부터 농민들에게 널리 보급되기 시작하였고, 1930년대 들어서는 일본 정부의 주도 아래 적극적으로 장려되었다.

그에 따라 일본의 육종은 메이지시대(1868~1912) 중후반을 기점으로 육종의 주체, 방식 그리고 지적 배경 등이 모두 크게 바뀌었다. 메이지시대 초기까지도, 전통 농경사회에서 일반적으로 그러했듯이 독농가(篤農家)들이 우수한 개체를 가려내어 재배하는 방식으로 품종개량이 이루어졌다. 특히 19세기 말에는 오늘날의 야마가타(山形)현 북서부에 해당하는 곡창지대 쇼나이(庄内)평야[15]의 독농가들이 뛰어난 품종을 잇달아 선발해내면서 육종을 선도해나갔다. 20세기 초 일본 북부의 대표 품종 "가메노오(亀ノ尾)",[16] 남서부의 대표 품종 "신리키(神力)",[17] 동부의 대표 품종 "아이코쿠(愛国)" 등이 모두 19세기 말 "민간육종가"들의 주도로 선발·육성된 것들이다.[18]

하지만 19세기 말 정부와 대학이 육종사업에 대대적으로 참여하면서 독농가의 개체 선발에 의존하던 품종개량에 큰 변화가 일어났다. 멘델의 유전법칙이 일본에 알려지면서 생물학자들은 기존의 개체 선발 방식에서 벗어나 인공교배를 통한 교잡육종으로 더 빠르고 효율적으로 원하는 형질을 가진 작물을 만들어낼 수 있다는 것을 알게 되었다.[19] 즉 원하는 형질을 지닌 개체가 자연에 나타날 때까지 기다리는 것이 아니라, 유망한 형질을 가진 암수 개체를 선택하여 인공적으로 수정시킴으로써 새로운 개체를 만들어낼 수 있는 가능성이 학문적으로 뒷받침된 것이다. 이에 따라 품종개량은 한층 빠르고 혁신적으로 이루어졌고, 정부가 대규모의 예산을 직접 또는 대학에 지원하는 방식으로 투입하여 국가 차원에서 육종사

업을 추진하게 되었다. 이를 위해 메이지 정부는 1881년(메이지14) 내무성
권농국(權農局)을 독립시켜 농상무성(農商務省)을 설립하고, 1886년(메이지
19)에는 도쿄 근교에 농가에 품종개량의 성과를 홍보하기 위한 시작지(試作
地)를 마련했다. 1893년(메이지26)에는 농상무성 휘하의 농사시험장(農事試
驗場)을 도쿄 근교 니시가하라(西ヶ原)에 설치하고, 센다이(仙台, 미야자키현),
가나자와(金沢, 이시카와현), 기나이(畿內, 오사카부), 시코쿠(四国, 도쿠시마현),
산요(山陽, 히로시마현), 규슈(九州, 구마모토현) 등 여섯 곳에 지장(支場)을 세
웠다. 이 밖에 지방의 각 부·현(府·県)에서도 농업시험장을 세워 재래종을
수집하고 신품종을 육성하기 시작했다.[20] 1906년에는 본장의 규모를 크게
확장하는 한편 리쿠우(陸羽, 아키타현), 도카이(東海, 아이치현), 야마카게(山
陰, 시마네현) 등 세 곳의 지장을 증설하였다.

1904년(메이지37)부터는 오사카의 기나이 지장에서 가토 시게모토(加藤
茂苞) 기사(技師)의 책임 아래 본격적인 품종개량에 착수하였다.[21] 가토가
인공교배를 통해 육성한 품종들은 일본 전역에 퍼져나가 일본 농업이 질
적인 변화를 겪는 계기가 되었다. 1909년(메이지42)부터는 5년간 기나이 지
장에서 육성한 유망 잡종을 부·현의 농사시험장에 보내어 적응 시험을 실
시했다. 이후 1916년(다이쇼5)까지 기나이 지장에서 지방 농사시험장에 보
낸 육성종은 총 1300여 계통에 이르렀다.[22]

이와 같은 육종체제의 개편은 결과적으로 '민간육종가'들의 쇠퇴로 이
어졌다. 이는 인공교배라는 기술의 특성에서 비롯된 일이기도 하다. 벼의
인공교배는 선발육종에 비해 훨씬 효율적인 방법이지만, 동시에 앞서 설명
했듯이 충분한 교육을 받은 다수의 노동력이 상당히 세심한 주의를 기울
여야 성공할 수 있는 육종 방법이기도 했다. 또 효율적인 인공교배 육종을
위해서는 바람을 차단하고 온도를 조절할 수 있는 온실과 같이 통제 가능
한 공간이 필수적이었다. 이러한 인력과 설비를 동원할 수 있는 것은 개인

이 아니라 정부나 대학과 같은 거대 조직들이었다. 대규모의 시험설비도 갖추지 못하고 다수의 연구 인력을 동원할 수도 없었던 '민간육종가'들은 품종개량의 주도권을 잃을 수밖에 없었다.[23] 차츰 일본의 농민들은 품종개량의 주체에서 물러나 정부와 대학이 개량한 품종을 받아 재배하는 입장이 되었다.[24]

1930년대 들어서는 중앙정부의 주도 아래 육성한 신품종이 정부의 행정력을 바탕으로 지방에 본격적으로 보급되기 시작했다. 1926년부터 농학자 데라오 히로시(寺尾博, 1883~1961)의 주도 아래 "수도(水稻)육종시험지사업"의 정비가 시작되어, 육종사업의 효율성을 높이기 위해 체제 개편이 이루어졌다.[25] 데라오는 일본 전역을 기상과 생태 조건에 따라 아홉 개의 생태 권역으로 나누고 각 지역에 지정시험지를 설치하였다.[26] 중앙의 농사시험장은 인공교배와 잡종 제1대(F_1)부터 제3대(F_3)까지 선발을 담당하고, 잡종 제4대부터는 지방의 지정시험지로 옮겨 계통 선발과 형질고정이 이루어지게 되었다. 이 과정을 거쳐 잠재력을 인정받은 유망 품종은 각 부·현의 농사시험장에서 기존 품종들과 장단점을 비교하고, 여기서 우수성이 인정된 품종은 농림성이 소집한 "신품종후보심사회"에서 품종으로 등록되고 "장려품종"으로 지정되어 농가에 배포하게 되었다. 중앙과 지방의 철저한 역할 분담을 바탕으로 신품종을 육성하고 보급하는 체제가 확립된 것이다. 중앙정부기구, 즉 농림성과 농사시험장은 인공교배와 초기 계통의 선발을 담당할 뿐 아니라, 육성 완료된 품종을 승인하고 장려품종으로 지정하는 권한까지 지니고 있었다. 농림성이 장려품종을 지정하는 권한을 독점하면서 품종의 이름을 붙이는 방식도 달라졌다. 1927년 "노린(農林)1호"를 필두로, 이후의 장려품종은 농림성에서 "노린" 번호를 붙여 명명하게 되었다. 1945년 일본 제국주의 패망 전까지 육성된 노린 계열의 벼는 모두 28종이었다.[27] 이러한 육종 연구와 품종 보급 체제는 뒷날 한반도에 이식되었고, 해방 후에도 그 뼈대가 유지되었다.

노린 계열의 벼가 농가에 보급되면서 인공교배종이 종래의 선발육성종을 대체하는 속도는 더욱 높아졌다. 1930(쇼와5)년 무렵부터 재래품종의 퇴장도 더욱 빨라졌고, 전국적으로 재배되는 품종의 수는 줄어들어 이른바 "통일 품종의 시대"로 접어들게 되었다. 예를 들어 1905(메이지37)년 무렵 일본 전국의 벼 품종 수는 4,000을 웃돌았는데, 동명이종(同名異種)과 이명동종(異名同種) 등을 정리해도 3,500을 넘었을 것으로 추산된다. 하지만 신품종이 급속히 보급되면서 점차 품종의 다양성이 감소하여 "도호쿠(東北) 지방은 리쿠우(陸羽)132호, 호쿠리쿠(北陸)와 야마카게(山陰)는 긴보즈(銀坊主), 도카이(東海) 지방과 긴키(近畿) 서쪽은 아사히(旭)"라는 식으로 독점적인 품종들이 나타나게 되었다.[28]

이렇게 일본 전역을 독점하게 된 새로운 벼 품종들은 자연히 일본 제국주의 세력권의 다른 지역으로도 확산되었다. 온난한 지역의 품종들은 대만으로, 한랭한 도호쿠나 홋카이도 지방의 품종들은 한반도와 만주 지방으로 이식되었다. 리쿠우132호와 노린1호는 한반도와 만주 등에 보급되어 다비형(多肥形) 농업으로의 전환에 선봉장 역할을 했다.[29] 이 밖에도 노린 계열의 품종들 가운데 1945년 이전 한반도에는 "노린8호"(1934), "노린6호"(1937)가 도입·보급되었고, 해방 후에도 "노린17호"(1953), "노린29호"(1955), "노린25호"(1959) 등이 소개되었다.[30]

넓어지는 제국, 퍼지는 제국의 씨앗

일본 제국의 국경이 확대되면서 일본식 농학도 그 지역에 함께 보급되었다. 벼농사를 짓는 여느 나라의 사람들과 마찬가지로 일본인들도 벼는 일본인의 상징이라고 믿고 있었기 때문에, 어떤 이들은 일본 품종이 퍼져나가는 것을 일본이라는 나라의 세력이 커져가는 상징으로 받아들이고 자랑스러워하기도 했다.

일본 제국의 변경 가운데 과학적 이론에 입각하여 개량된 품종이 맨 먼저 눈에 띄는 성과를 낸 것은 홋카이도 지방이었다. 홋카이도는 오늘날 일본의 일부이지만, 19세기 말 비로소 일본에 편입되기 전까지는 일본과 러시아가 불완전한 영향력만을 행사하던 일종의 회색지대였다. 홋카이도가 일본에 편입되고 생겨난 중요한 기관 중의 하나가 농업시험장이었다. 일본 영토의 북쪽 끝에서도 벼농사가 가능할 것인지가 일본인들에게는 중요한 관심사였기 때문이다. 그런 점에서, 1936년 히로히토 천황이 이곳을 방문했을 때 홋카이도에서 육성하고 재배한 벼 "후코쿠(富國)"로 지은 밥을 먹은 것은 상당한 화제가 되었다. 이 소식은 당대에 널리 회자되어 홋카이도에서도 질 좋은 벼를 기를 수 있다는 사실, 또 그것이 근대 농학의 적극적인 활용으로 가능했던 일이라는 사실을 일본 전역에 각인시켜주었다. 후코쿠는 이를 계기로 크게 유행하여 1940년 무렵에는 홋카이도 벼농사 면적의 절반 이상을 차지했다. 또 추운 기후의 만주국에도 보급되어 일본 품종의 선구 역할을 했다.

일본은 홋카이도에서 얻은 경험을 바탕으로 대만과 한반도에도 자신들이 개발한 "과학적 품종"과 그 재배에 필요한 근대적 농업기술을 이식하였다. 대만에서 활동한 일본인 농학자 이소 에이키치(磯永吉, 1886~1972)는 대만의 기후에 적합한 자포니카 벼를 육성하였다. 이 품종들은 대만 섬의 옛 별칭인 "봉래(蓬萊)"를 따서 "폰라이 쌀"이라는 별명을 얻었고, 대만 농민들 사이에 높은 소득을 보장해주는 벼로 알려져 널리 재배되었다.[31] 폰라이 벼는 중국 내전에서 패배한 국민당 정권이 대만으로 이주한 뒤에도 계속 인기를 끌어서, 장개석 총통은 이소에게 감사하는 마음을 담아 그가 일본에 돌아간 뒤에도 매년 폰라이 쌀을 보내주었다는 일화도 있다.

한편 일본 벼 품종의 이식은 대만보다도 한반도에서 더 활발하게 이루어졌다. 대만은 원래 자포니카를 먹지 않던 곳에 자포니카를 이식한 경우였지만 한반도는 일본과 기후도 유사했으며 사람들이 선호하는 벼의 형질도 거의 같았다. 또한 한반도는 일본의 주요 벼농사 지대와 기후와 지리가 가장 유사한 식민지였으므로 약간의 현지 적응만 거쳐 일본의 주요 품종을 비교적 쉽게 이식할 수 있었다.

물론 일본이 자기네 품종과 농법을 이식하기 전에 우리나라에 근대 농학이 없었던 것은 아니다. 개항 직후부터 조선 정부는 근대 농학을 도입하기 위해 여러 가지 노력을 했다. 1883년 보빙사(報聘使) 일행이 미국 시찰을 다녀온 뒤 홍영식(洪英植, 1856~1884)이 미국 시찰에 대한 보고와 함께 "모범농장"의 설치를 건의하였다. 조선 정부는 건의를 받아들여 1884년 지금의 뚝섬 부근에 농무목축시험장(農務牧畜試驗場)을 세우고 보빙사의 수행원으로 미국에 다녀온 훈련원 첨정(僉正) 최경석(崔景錫, ?~1886)에게 농장의 관리와 운영을 맡겼다. 최경석은 이곳에 미국에서 들여온 곡류와 채소의 종자를 재배하고 각종 농기구를 구입하여 사용했다. 그는 서구 농법을 시험한 결과를 책자로 정리하여 지방 군·현에 배포하기도 했으며, 한반도에서 낙농업의 가능성을 시험하기 위해 미국에 가축을 주문하기도 했다. 그 결과 1885년 무렵에는 외국 종자의 야채가 궁중과 한성 거주 외국인에게 공급되기도 하였다. 하지만 최경석이 1886년 병사한 뒤 농무목축시험장은 내무부 농무사 산하의 종목국(種牧局)으로 이름이 바뀌었다. 조선 정부는 1887년에는 2년제 농무학당(農務學堂)을 설립하고 영국인 농업기술자 제프리(R. Jaffray, 한국명 爵佛雷)를 고용하여 시범농장과 목장의 관리를 맡겼다. 그러나 제프리도 1888년 여름에 갑작스레 세상을 떠났고 그 뒤 농장과 목장은 방치되고 말았다.[32]

대한제국 정부는 1900년에는 농상공부(農商工部) 산하에 잠업시험장을 설립하고, 1904년에는 기존의 학부 직할 상공학교에 농업 부문을 추가하여 농상공학교로 개편하였으며, 1905년에는 농상공학교 부속 농사시험장을, 1905년에는 뚝섬에 원예시험장을 각각 설립하였다. 그러나 국권을 잃어가는 어려운 시기였기에 별다른 성과를 거둘 새가 없었다. 1906년에는 농상공부 산하에 농사시험기관으로서 "농사모범장(農事模範場)"을 설립하기로 결정하였다. 그러나 실제 설립 과정은 통감부가 주도하였고, 이름도 설립 직전 통감 이토 히로부미(伊藤博文, 1841~1909)의 제안에 따라 "권업모범장(勸業模範場)"으로 바뀌게 되었다.[33]

권업모범장의 설립 배경에는 당시 조선의 농업이 시대에 뒤떨어진 "약탈적 조방(粗放)농업"이라는 일본인들의 인식이 깔려 있었다. 개항 이후 조선의 쌀 시장을 장악한 일본 상인들은 일본 시장에서 조선 쌀의 평판이 나빠 적절한 값을 받지 못하는 데 불만을 품고 있었다. 이들은 조선에 근대적 농법과 품종을 도입하여 품질을 높여야 한다고 생각하고, 하야시 곤스케(林勸助, 1860~1939) 당시 주한 일본공사에게 한반도에 농사시험장을 설립할 것을 청원하기도 했다. 일본 정부에서도 1903년과 1904년에 걸쳐 일본 농상무성(農商務省)이 조선 전역에 대해 "토지농산조사(土地農産調査)"를 실시하고 그 결과를 토대로 한반도에 농업 시험시설을 세울 계획을 세우고 있었다. 이에 따라 대한제국의 재정고문이었던 메가타 다네타로(目賀田種太郎, 1853~1926)가 일본 농사시험장장 고자이 요시나오(古在由直, 1864~1934)의 건의를 받아들여 일본 정부에 "농사시설에 관한 상신서[農事

施設ニ関スル上申書](1905년 11월 24일)"를 올렸다. 일본 농상무성은 이를 토대로 1906년에 농사시험장을 설립할 계획을 세우고 예산을 마련하였다.

통감부는 도쿄제국대학의 축산학 교수 혼다 고스케(本田幸介, 1864~1930)를 초대 장장(場長)으로 삼아 1906년 4월 경기도 수원구 서둔리에 정식으로 권업모범장을 설치하였다. 혼다는 일본 농상무성 조사단의 일원으로 1899년 한반도 전역을, 1903년과 1905년에는 두 차례에 걸쳐 황해도, 평안도, 강원도 일대의 농업자원을 조사한 경험에 힘입어 장장으로 선임된 것으로 보인다. 권업모범장의 관할권은 1907년 잠시 대한제국 정부로 이양되었으나, 구성원은 여전히 기감(技監, 즉 장장) 1명, 기사 7명, 기수 12명, 서기 4명 등 24명 모두가 일본인이었다. 1908년 1월 1일자로 권업모범장은 수원농림학교(서울대학교 농업생명과학대학의 전신)를 합병하고, 권업모범장장이 농림학교 교장도 겸임하게 되었다. 그리고 1910년 대한제국이 일본에 국권을 빼앗기면서 권업모범장은 공식적으로 조선총독부 소속이 되었다.

권업모범장은 수원의 본장(本場) 외에도 각 지방에 지장(支場)을 두고 한반도 전역의 농업을 일본 농업을 본떠 개조해나갔다. 설립 이듬해인 1907년에는 목포출장소가, 1908년에는 익산과 평양에 지장이, 1909년에는 전남과 전북 지역에 종묘장이 각각 설치되었다. 조선총독부 산하로 이관된 뒤인 1919년에는 황해도 사리원에 서선지장(西鮮支場)이, 1930년에는 전라북도 이리에 남선지장(南鮮支場)과 김제에 간척출장소가, 1931년에는 함경남도 갑산에 북선지장(北鮮支場)이 각각 설치되었다. 이에 따라 1930년대 무렵이면 수원의 시험장과 각 지방의 지장을 뼈대로 하는 육종기관의 체계가 확립되고 각 지장을 중심으로 지역에 맞는 품종과 농법 등을 개발하게 되었다. 각 지역의 지장이 지역 특성에 맞는 육종 연구를 담당하고 도쿄의 농사시험장이 지장들을 통솔하는 일본 본토의 체제를 그대로 이식한 것이다. 이 가운데 이리의 남선지장은 한반도 제일의 곡창지대인 호남 평야의 벼 육종을 담당했기 때문에 그 위상이 매우 높았다. 특히 1929년 권업모범장이 "농사시험장"으로 그 이름을 바꾸고 독자적인 품종개량 사업에 착수한 뒤로는 남선지장에서 독자적으로 다수확품종을 개발하기 시작했고, 그에 힘입어 식민지시기 말엽에는 수원의 본장보다 더 비중 있는 기관으로 자리 잡게 되었다.

이와 같은 육종체제의 도입은 사실 일본 본토의 근대적 육종체제 수립과 비교해도 시차가 크지 않다. 일본에서 인공교배를 통해 육성한 품종이 성과를 거둔 것은 1917년부터였고 이들 품종이 널리 재배되기 시작한 것은 1920년대 후반부터였다. 특히 정부의 책임 아래 육성한 신품종이 행정력을 바탕으로 지방으로 보급되는 것은 1930년대 들어서 비로소 시작된 일이다. 이렇게 한반도의 벼 육종체제가 일본과 큰 시간차 없이 정착하게 된 것은, 한반도가 그만큼 일본 제국주의의 식량생산기지로서 중요한 위치를 차지하고 있었음을 방증한다. 그리고 일본의 육종체제를 고스란히 이식하는 과정에서 한반도의 육종은 일본 제국주의 세력권 육종체제의 한 하위 파트너로 자리 잡게 되었다.

권업모범장이 가장 먼저 착수한 사업은 한반도 재래 벼 품종을 수집하고 조사하는 일이었다. 식민지 시기 한반도가 양곡, 특히 쌀의 생산기지로 인식되었으므로, 당시 벼 육종의 가장 중요한 과제는 당연히 다수확이었다. 특히 일제강점기 초기에는 일본의 국내 쌀값을 안정시킬 수 있을 만큼 쌀 수확량을 늘리는 것이 한반도 육종의 주요 의제가 되었다. 따라서 생산 증대를 위한 "우량품종"의 선정 및 보급은 초창기 권업모범장의 가장 중요한 사업이었다.

오늘날 근대 이전 한반도의 벼 품종에 어떤 것들이 있었는지 알려주는 자료는 많지 않다. 조선시대 농서들은 벼 재배기술에 대해 주로 다루면서 품종에 대해서 간간이 언급할 뿐이다. 조선초기의 농서『농사직설(農事直說)』(1429)에는 2종, 『금양잡록(衿陽雜錄)』(1492)에는 27종의 벼에 대한 언급이 실려 있고, 조선후기에는『산림경제(山林經濟)』(1682)에 34종, 『고사신서(故事新書)』(1771)에 32종,『과농소초(課農小抄)』(1799)에 27종의 벼가 소개되어 있으나, 이는 전국에 재배되는 벼 품종을 망라한 것이라기보다는 지은이의 연고지 주변에서 접할 수 있는 품종을 소개한 것으로 보인다. 서유구의『임원경제지(林苑經濟志)』(1842)가 170종의 벼를 소개하여 근대 이전의 가장 상세한 기록을 보여주고 있다.[34] 하지만 이들은 근대과학에서 말하는 "품종"이라는 개념이 확립되지 않은 시대의 기록이므로, 이들 옛 문헌에 백 가지의 서로 다른 이름의 벼가 나온다고 해서 그것을 곧이곧대로 "100가지 품종"이라고 받아들일 수 있는 것은 아니다. 실은 벼에 붙은 말들이 고유한 이름인지 묘사인지조차 분명치 않다. 예컨대 조선시대 왕실에 "자채(紫彩)벼"를 진상했다는 기록이 나오는데, 이것은 오늘날의 품종과 같이 동일한 유전형질을 공유하는 벼의 특정한 집단 가운데 하나를 일컫는 이름일 수도 있지만, 글자 그대로 "(껍질이)보랏빛을 띠는 벼"라는 일반적인 묘사일 수도 있는 것이다.

조선시대의 품종개량이 어떻게 이루어졌는지 알 수 있는 기록도 남아 있는 것이 많지 않다.『임원경제지』에는 "한 말의 씨로 가히 120~130말의 벼를 수확했다"는 볍씨를 중국에서 도입했다는 이야기가 실려 있는 것으로 보아 외래 품종의 도입도 간혹 이루어졌던 것으로 보인다.[35] 조선 말에서 일제강점기에 걸쳐 널리 재배된 "조동지(趙同知)", "석산조(石山租)" 등의 토종 품종에 대해서는 농민들 사이에 전해 오는 이야기가 있었고, 일본인들이 일제강점기에 그것을 채록해두기도 하였다. 예컨대 조동지라는 이름은 낙향한 관리 조중식(趙重植)이 경기도 여주군에서 농사를 짓던 중 1886년 가을 돌연변이 품종을 발견하여 채종한 것에서 비롯되었으며, 석산조는 전북 김제군의 이 아무개가 역시 돌연변이 벼를 발견하여 채종한 데서 비롯되었다고 한다.[36] 이에 비추어볼 때, 다른 나라에서도 근대 육종이 자리 잡기 전에 그러했던 것처럼 조선 말기의 농가에서도 농부의 경험에 의해 우량품종을 선발하고 이를 가까운 농가끼리 교환하는 방식으로 우량종자를 선발하고 보급했을 것으로 추측할 수 있다.

이처럼 재래종의 계보를 밝히는 일은 간단치 않은 작업이었지만, 권업모범장에서는 대대적인 재래종 종자 수집 사업을 벌이고 그것을 조선시대 문헌과 대조하여 천여 종이 넘는 목록을 작성했다. 권업모범장은 1911년과 1913년 두 차례에 걸쳐 한반도 각지에서 농민들이 재배하고 있던 재래종 벼의 종자를 수집하고 이들을 시험장의 통제된 환경에서 재배하여 그 장단점을 파악하고 일본 품종과 비교하였다. 그 결과를 정리한『조선 벼품종 일람[朝鮮稻品種一覽]』에는 논 메벼 876종, 논 찰벼 383종, 밭 메벼 117종, 밭 찰벼 75종 등 1,451품종의 이름이 실려 있다. 이 중 조동지, 석산조, "예조(芮租)", "용천조(龍川租)" 등은 일제강점기 농업통계에도 이름이 나올 정도로 상당 기간 널리 재배되었다. 권업모범장은 1922년에 다시 대대적으로 벼 재래품종의 수집 사업을 벌였고, 오늘날 남아 있는『조선재래품종[朝鮮在來品種]』이라는 네 권의 책은 바로 그 성과물로 보인다. 이 책에는 논벼 866, 밭벼 82품종을 수집한 장소와 수량 등 제반 특성이 실려 있다. 또 1931년 남선지장에서 남부지방의 메벼 388종과 찰벼 193종을 조사한 자료도 오늘날 남아 있다. 농사시험장에서 오랜 기간 활동한 농학자 다카하시 노보루(高橋昇, 1892~1946)가 1933년 보고한 바에 따르면 당시까지 수집한 재래 벼 품종은 모두 5,623종에 이른다.[37]

한반도 전역의 재래종 벼의 종자와 정보를 수집한 뒤, 권업모범장에서는 이들 벼를 일본 품종과 비교하기 시작했다. 일본 도입품종과 재래품종은 각기 장단점이 뚜렷했으므로 농민들은 재래종의 안정성과 도입종의 다수성(多收性) 가운데 하나를 골라야 하는 상황에 놓였다. 총독부가 도입종의 재배를 강력하게 유도했음에도 불구하고 당시 농민들은 대체로 재래종을 선호했던 것으로 보인다. 가장 큰 이유는 품종의 안정성이었다. 농민들의 재래종에 대한 신뢰는 수십 년 또는 길게는 여러 세대에 걸쳐서 경험을 통해 쌓아온 것이었다. 이에 비해 권업모범장이 일본 도입종의 재배를 권장했던 근거는 시험장이라는 통제된 환경에서 얻은 단 몇 해 동안의 시험 데이터였다. 당시 한반도 농민의 대부분이 한 해 농사의 풍흉이 생존과 직결되는 한계상황에 놓여 있었음을 감안하면, 수백 년간 심어온 품종을 몇 년간의 데이터 때문에 버린다는 것은 사실 농민의 입장에서는 매우 위험한 도박이었다. 기아의 두려움이 엄연한 현실로 존재했던 전통사회의 농민들에게 이윤 추구보다는 위험 회피가 더 중요한 목적이었으므로 농민들이 재래종을 더 선호했던 것은 충분히 합리적인 선택이었다.[38] 더구나 일본 도입종의 장점들은 비료와 수리 등의 여러 요건을 고루 갖추었을 때만 발현될 수 있는 것들이었다. 일본에 비해 수리시설이 부족했던 한반도의 농지는 대부분 천수답(天水畓)이었기 때문에 관개가 잘 되는 시험답에 지배했을 때에 비해 도입종을 실제 재배했을 때의 성적은 실망스러웠다. 또한 신품종이 보장하는 증산 효과를 거두려면 화학비료를 다량 사용해야 하는데, 아직 화폐경제에 완전히 편입되지 않았던 당시의 농민들에게는 비료 구입을 위한 현금 지출이 큰 부담이 되었다. 당시에는 50퍼센트에 이르는 고율의 소작료가 관행이었으므로 소작농이 스스로 현금을 들여 비료를 써봐야 지주에게나 이득이 될 뿐 소작농에게는 별반 이로울 것이 없었다. 또한 소작농들로서는 까끄라기가 없는 신품종을 재배할 경우 소작료 부담이 더 높아진다는 문제도 있었다. 이는 당시 벼의 단위가 무게가 아닌 부피였기 때문이다. 현미로 소작료를 납부할 경우 까끄라기가 있는 재래종은 까끄라기 덕분에 부피가 다소 늘어나 소작료를 조금이나마 줄일 수 있었지만, 신품종은 무망종(無芒種), 즉 까끄라기가 없는 품종이어서 까끄라기 부피만큼 소작료로 나가는 쌀이 늘어나는 셈이었다. 실제로 일부 지주들은 신품종 재배가 확산된 뒤로는 재래종으로 소작료를 낼 경우 1할 이상을 가산하기도 했다. 이와 같은 이유들 때문에 신품종 재배와 비료 사용을 강요하는 지주에 대해 소작농들이 반발하면서 소작쟁의가 빈발하기도 했다.[39]

과학의 이름으로 '재래종'을 밀어낸 일본 품종

사실 일본 도입품종과 재래품종은 각기 장단점이 뚜렷해서 개인의 입장에 따라서는 무엇이 절대적으로 나은 품종이라고 판단하기 어려울 정도였다. 아래 인용문은 재래종과 일본 도입종의 장단점을 잘 요약해 보여주고 있는데, 일본인 연구자들도 재래종의 상대적 장점을 잘 알고 있었음을 보여준다.

> [재래종은]불량한 생육상태에 저항하는 성능이 있는 것이 특성이라고 할 수 있지만, 쓰러지기 쉽고 병해에 약하여 다비다수(多肥多收)를 목적으로 하는 수익재배에 부적당하고, 적극적인 생산능력이 결핍되어 있다.…… 이에 반해 일본의 우량종은 다비에 잘 견디고, 재래종보다 생산력이 풍부하고 수익재배에 적합하다.[40]

재래종의 안정성과 도입종의 다수성(多收性) 가운데 어떤 것을 택할지는 농민 개개인의 자유로운 선택에 맡기는 것이 이상적인 일일 것이다. 그러나 당시 한반도 농정의 주요 목표가 일본 내부의 쌀값 안정을 위한 생산량 증대였기 때문에, 권업모범장과 총독부 등에서는 안정적인 재래종보다는 생산력이 높은 도입종의 재배를 권유하였다. 이에 따라 권업모범장은 "우량품종 배부 사업"을 대대적으로 벌여 농민들에게 도입종 재배를 강권하였다.[41] 하지만 농민들이 일본 도입종을 선뜻 받아들이려 하지 않았기 때문에 총독부와 권업모범장은 선전에 상당한 힘을 기울였다. 시험재배지를 농민들이 잘 볼 수 있는 길목에 설치하거나, 협조적인 농민에게 보조금을 주어 "모범답(模範畓)"을 운영케 하는 등의 방법이 자주 이용되었다. 또 일반 농민을 대상으로 영농기술을 강습하고 보조금을 주어 새 기술 채택을 유도했다. 1910년의 경우를 예로 들면, 강습회·품평회(176,943원)와 종묘구입비(81,863원), 그리고 지방비로 지출한 권업비(82,186원)를 합하면 당시 권업모범장의 1년 예산(89,597원)의 약 네 배에 이른다.[42]

이와 같은 노력에도 불구하고 일본 도입종 보급은 예상만큼 빨리 이루어지지 않았다. 식민지배층과 일본인 농학자들은 이를 한국 농민들의 탓으로 돌렸다. 이러한 편견은 해방 후에도 사라지지 않아, 모리나가 슌타로(盛永俊太郎, 1895~1980)는 일본 제국주의 식민지의 품종 변화를 추적한 1956년의 글에서 "당초 농민 다수는 혹은 성적에 의구심을 품고, 또는 공연히 그것들[일본 도입품종]을 싫어했다"고 해석하고 있다.[43] 하지만 농민들이 일본 도입종을 받아들이는 데 미온적이었던 것을 단순히 농민들의 민족주의적 감정이나 "농민의 보수성" 때문으로 설명하는 것은 온당치 않다. 시험장은 수리영농기술 면에서 한반도에서 가장 관리가 잘 된 논이라고 할 수 있는 곳이었으므로, 일본 도입종을 실제로 농민에게 보급했을 때 시험장에서 재배했을 때만큼의 성적이 나오지 않는 것은 어쩌면 당연한 일이었다. 아래 인용문과 같이 권업모범장 측에서도 수리 시설과 비료 공급 체계 등 농업 기반시설을 확충하지 않으면 도입종이 재래종에 비해 확실히 낫다고 할 수 없다는 사실을 잘 알고 있었다.

> 우량미종은 그 수확이 재래종에 비해 많을 뿐, 비료를 요하는 정도가
> 일층 많고, 따라서 비료 사용의 분량을 증가하지 않는 한, 재배의 효과
> 를 기대할 수 없을 뿐 아니라, 오히려 지력의 소모를 증대시켜, 생산저감
> 의 세를 유치하는 결과[를 초래한다][44]
> 관개수의 부족, 시비량의 부족이란 상황 하에서는 [재래종이]개량종보
> 다 오히려 좋은 성적을 거둔 것이 적지 않았다.[45]

하지만 식민지 지배권력은 위험 기피를 최우선으로 하는 농민들의 마음을 이해하려 하지 않았다. 그들은 농민의 경험에서 우러난 합리성을 정당하게 평가하지 않은 채, 도입종의 보급 실적이 기대에 미치지 못한 원인을 농민들이 "미개"하고 "몽매"한 탓으로 치부하였다.[46] 진단이 이러할진대 처방도 농민의 의견을 경청하기보다는 개량 품종을 강제하는 쪽이었다. 일선 관서의 "지도"에는 경찰이 동행했으며, "농민의 의욕과 상관없이" 재래종과 일본 도입종을 막론하고 총독부의 증산계획에 따라 지정된 장려품종 이외에는 재배를 금지하였다. 무단통치 시기에는 총을 찬 농촌지도원들이 "지도에 따르지 않은 못자리를 파괴"하는 일이 잦았고, 3·1운동 이후에는 재래종을 재배하는 농민에게 벌금을 부과하여 도입종 재배를 강요하였다.[47] 총독부는 폭력적 수단 외에도 각종 행사를 통해 일본 도입종의 보급을 늘려나갔다. 일본 도입종을 장려품종으로 지정하여 재배 농민에게 직·간접적 이익을 주었고, 종자 증식을 맡은 농민에게는 지방비로 보조금을 지급했다. 또 "수출 곡물 검사제도"와 "수도 품평회"등의 제도도 시행되었는데, 언제나 도입종이 재래종보다 미질이 뛰어난 것으로 평가받고 상을 타갔기 때문에 이들은 사실상 도입종의 재배를 장려하는 행

사로 이용되었다. 반관(半官)조직이라고 할 수 있는 농회, 동업조합, 산업조합, 농업학교 등도 역시 도입종 재배를 유도하는 데 이용되었다. 나아가 자연재해를 맞았을 때 농민들에게 구호용으로 배급하는 종자도 물론 도입종이었다.

<보첨 2> 조선 농민의 목소리에 귀를 기울인 일본인 농학자, 다카하시 노보루

조선총독부와 일본인 농학자들은 대체로 한반도 농민들의 견해를 무시했지만, 다카하시 노보루(高橋昇, 1892~1946) 같은 예외도 있었다. 다카하시는 1918년 도쿄제국대학 농학부를 졸업하고, 이듬해 조선에 건너와 권업모범장 수원지장에 기수(技手)로 취직했다. 1928년에는 황해도 사리원의 서선지장 장장으로 부임하여 1944년까지 약 17년 동안 한반도 북서부의 농업을 연구하였다. 이후 일제가 패망한 뒤 1946년 5월 고향으로 돌아가 그해 7월 심근경색으로 갑자기 세상을 떴으니 길지 않은 생애의 절반 가까이를 한반도에서 보낸 셈이다.

다카하시는 박사학위 취득을 기념하는 선물로 직원들이 돈을 모아 사 준 라이카 카메라를 들고 한반도 곳곳, 특히 황해도를 비롯한 한반도 북서부 일대를 돌아다니며 한반도의 농민과 농기구, 농법 등을 꼼꼼히 기록하였다. 그가 다른 일본인들과 달랐던 점은 조선의 전래농법에 담긴 합리성을 인정했다는 데 있다. 다카하시는 한반도의 농민들이 권업모범장에서 권장하는 것과 다른 방식의 농법을 고수한다고 해도 그것이 낙후한 인습에 얽매였기 때문이라고

펌하하지 않고, 겸허하게 농민의 말을 듣고 그러한 농법의 바탕에 과학적 원리가 깔려 있음을 인정하였다. 나아가 강압으로 농민을 윽박지르는 총독부의 농정을 비판하며 "조선의 흙이 되어도 좋다"는 말을 할 정도로 조선 농민과 입장을 같이하였다. 당시 황해도는 논농사보다 밭농사가 우세한 지역이라 다카하시가 조사한 사례들도 밭농사에 대한 것이 많았는데, 밭농사는 논농사에 비해 일본과 한반도의 기술 격차가 적었던 것도 다카하시가 이렇게 조선의 전래 농법을 열린 자세로 평가할 수 있었던 한 가지 이유로 보인다.

다카하시는 일제 패망 후 고향으로 돌아가서 그동안 모은 방대한 자료를 정리하기 시작했지만, 과로와 스트레스 탓에 얼마 지나지 않아 숨을 거두고 말았다. 그의 유고도 오랜 세월 빛을 보지 못한 채 묻혀 있었다. 그러나 아들 고시로가 오랜 세월 노력한 끝에, 마침내 『조선반도의 농법과 농민』이라는 제목의 유고집이 세상에 선을 보이게 되었다. 다카하시 노보루가 세상을 떠난 지 53년이 흐른 1998년의 일이었다. 원고지 12,000여 매, 사진 1,495장, 그림 282장, 지도 260장, 사진 원판 507장 등의 방대한 유고 가운데 일부만을 소개하고 있지만, 이 책을 통해 당시 한반도의 농민의 삶과 농업을 생생하게 엿볼 수 있다.

권업모범장이 총독부의 지원 아래 꾸준히 보급 사업을 벌인 결과 도입종의 재배면적은 차츰 늘어나게 되었다. 농민들이 도입종 채택에 다소 미온적이었음에도 불구하고 일본 도입품종이 확대 보급된 것은 대지주들,

특히 전라북도를 비롯한 곡창지대의 일본인 농장주들이 적극적으로 종자 교체에 나섰기 때문이다. 일본인 농장주와 미곡상들은 식민지가 되기 전부터 꾸준히 한반도에 세력을 뻗치고 있었는데, 이들은 한반도의 전통 품종과 영농방식 등에 대해 선입견을 갖고 있기도 했거니와 일본 품종과 기술이 자신들에게 익숙했기 때문에 자연히 일본 품종을 선호했다. 1902년 목포상업회의소가 일본 야마구치(山口)현에서 "미야코(都)"의 종자를 구입한 것이 공식적으로 일본 벼 품종이 한반도로 유입된 첫 번째 사례다. 뒷날 우량종으로 한반도 전역에 권장되는 와세신리키(早神力)가 전라북도 김제의 "요시다 농장"에 도입된 것은 1907년의 일이다. 권업모범장은 요시다 농장에서 와세신리키의 종자를 구입하여 1907년부터 수원에서 시험재배를 시작하였고, 1909년 경상북도에서 권업모범장으로부터 종자 4석을 수령하여 철도가 통과하는 지방부터 배급을 시작했다. 이를 기점으로 "우량종"의 보급이 차차 확대되었다.

도입 "우량종"의 재배면적이 늘어나는 만큼 재래품종은 점점 설 자리를 잃게 되었다. 1912년 총재배면적의 2.8퍼센트에 머물렀던 도입품종은 1920년 52.8퍼센트로 재래종에 우위를 점하게 되었고, 이후 지속적으로 재배면적을 늘려나갔다. 중부와 남부지방에는 1915년 무렵부터 와세신리키, 고쿠료미야코(穀良都), 다마니시키(多摩錦) 등이 급속히 보급되었고, 북부에는 추위에 잘 견디는 품종인 가메노오(亀ノ尾)가 1923년 무렵부터 보급되었다.

위에서 살펴보았듯, 안정성이 입증된 재래종과 잠재력은 있으나 안정성이 경험적으로 확립되지 않은 신품종이 경쟁할 경우 국가권력과 개별 농가의 이해관계는 대체로 일치하기보다는 상충한다. 개별 농가는 안전제일 원칙에 의해 불확실한 이윤을 추구하기보다는 자신의 생존을 도모하지만, 국가권력은 거시적으로 집계되는 수확량을 늘릴 수 있다면 미시적인 위험 요소가 있더라도 새로운 기술을 선택하고자 하기 때문이다. 그런데 이 미시적 위험 요소라는 것이 개별 농가에게는 생존을 좌우할 수 있는 중요한 문제이므로, 신품종 재배를 원치 않는 농민들은 "국익"과 같은 거시적 공동선을 내세우는 국가권력과 충돌을 피할 수 없게 된다. 이런 점에서 1920~30년대 식민권력과 지주계급이 한 편에서, 중·소농계급이 다른 편에서 신품종의 도입 여부를 두고 충돌한 것은, 1970년대 후반 통일형 신품종의 확대 보급을 둘러싸고 박정희 정권과 일부 농민이 대립한 것과 그 양상이 자못 비슷하다. 다만 국가권력의 정통성과 행사 방식에 따라 그 대립이 평화적이고 정치적인 과정을 통해 해소될 수 있는지, 또는 폭력을 통해 봉합되는지가 달라진다. 일제강점기의 국가란 본질적으로 인민의 동의와 같은 민주적 통치기제가 필요하지 않은 것이었으므로 농민과 국가의 충돌은 대부분 폭력적인 방식으로 해결되었다.

농사시험장의 독자 품종 개량

1920년대 중반까지 권업모범장의 역할은 일본 품종을 도입하여 한반도 농가에 보급하는 데 머물렀다. 하지만 1920년대 말 권업모범장은 대대적인 체제 개편을 단행하고 이름도 "농사시험장"으로 바꾸게 되었다. 이름에 담긴 의미를 생각한다면, 권업모범장에서 농사시험장으로 바뀐다는 것은 시범기관에서 연구기관으로 바뀐다는 뜻이 된다. 실제로 농사시험장은 독자적 품종 개발에 착수하여, 해방 전까지 총 13품종의 벼를 육성하기에 이르렀다. 이들 "국내"육성종은 일본 도입종을 차츰 대체하여 일제강점기는 물론 해방 후에도 1960년대 중후반까지 한국 벼농사의 주역으로 자리 잡왔다.

권업모범장의 역할을 조정할 필요성이 생겨난 것은 일본 국내의 사정 때문이었다. 일본에서는 1918년 8월의 "쌀 파동" 이후 소작인의 권익 보호가 강화되었다.[48] 일본 정부는 쌀 파동을 계기로 쌀의 국내 자급을 포기하고 한국과 대만 등 식민지를 이용한 자급 정책으로 방향을 돌렸다. 그 연장선상에서 추진된 것이 일련의 식민지 산미증식계획이다. 1919년 홋카이도에서 산미증식계획이 처음 시작되었고, 이듬해인 1920년부터는 5개년 (1921~1925) 계획으로 "조선산미증식계획(朝鮮産米增殖計劃)"이 실시되었다. 조선총독부는 1920년 11월 식산국(殖産局)에 토지개량과를 신설하여 농업 수리(水利), 토지개량, 국유 미개간지 개척을 담당케 하였으며, "토지개량사업보조규칙"과 "조선공유수면매립령"을 공포하여 농지 정비의 제도적 기반을 마련하였다. 이와 함께 각 도의 종묘장(種苗場) 시설을 일신하고, "우량종자"의 증식 보급을 위해 읍·면의 채종답(採種畓) 경작자가 5년마다 종자를 개량·보급하도록 제도화하였다. 그리고 권업모범장에 한반도에 맞는 신품종의 개발을 주문하였으며, 종래의 퇴비에 더하여 시판 비료, 즉 금비(金肥)의 사용을 농민들에게 장려하였다.

산미증식계획은 권업모범장 개편의 필요성에 대한 논의로 이어졌다. 권업모범장은 애당초 연구·개발보다는 일본 농업기술을 조선 민중에게 전시·홍보하고 그 수용을 지원·감독하는 역할을 맡았다. 하지만 종자를 수집하고 비교 시험을 거듭하면서 차츰 독자적인 품종개량을 할 수 있는 역량이 쌓이게 되었고, 한반도 기후와 풍토에 맞는 품종을 개발할 필요성도 제기되었다. 그러나 실질적으로 권업모범장의 사업 내용이나 직제가 시험·연구에 걸맞은 수준으로 확충되지는 않았으므로, 결과적으로 대규모 산미증식계획의 와중에서 권업모범장의 위상은 오히려 상대적으로 줄어들게 되었다. 이를 극복하기 위해 일본인 전문가들 사이에서는 단기적으로는 일본에서 개발한 신품종을 선발·보급하는 일을 등한시할 수 없지만, 장기적으로는 독자적으로 한반도에 맞는 육종 연구를 할 수 있도록 설비와 조직을 재편하자는 주장이 제기되었다. 일본 농사시험장장 안도 히로타로(安藤広太郎, 1871~1958)는 "시비의 급증을 요구하는 시기에 와세신리키와 고쿠료미야코 등의 기존 품종에 계속 기대는 것은 위험"하므로, 단기적으로는 "당장의 긴급함에 응하기 위해서는 현재 일본에서 육성된 내비·내병성 품종을 모집·시험하여 적당한 것을 보급"하되 장기적으로는 "조선에 맞는 내비·내병성의 신품종을 육성"해야 한다고 주장하였다.

독자 연구 전략은 당시 일본과 한반도의 상황을 감안할 때 나름대로 타당성이 있었다. 1920년대 초반은 일본에서도 품종 교체가 완료되지 않은 상황이었기 때문에, 1910년대와 같은 이식 전략을 고수할 수 있는 상황이 아니었다. 반면에 권업모범장에서는 20년 가까이 품종 적응시험과 계통선발 등 기초적인 실험을 수행해왔기 때문에 적지 않은 지식과 경험이 쌓여 있었다. 따라서 육종 연구에 필요한 비용은 권업모범장의 설립 당시에 비해 상대적으로 크게 낮아졌다. 더욱이 산미증식계획의 여파로 수리시설이 보완되고 일본에서 수입하는 화학비료의 공급도 점차 늘어나 독자적 육종 연구에 드는 사회적 비용도 줄어들었다. 따라서 조선총독부는 한반도의 독자적인 육종 연구 역량을 갖추고 한반도 실정에 맞는 품종을 개발하기로 결정했다.

이와 같은 변화에 박차를 가한 것은 제2차 산미증식계획이었다. 1925년까지 진행된 제1차 산미증식계획이 "농지개량"에 주안점을 둔 것이었다면, 제2차 계획은 "농사개량"을 표방했다. 총독부는 처음에는 30년 계획으로 총 80만 정보의 토지개량을 계획하고, 먼저 1차로 15년 동안에 총공사비 2억4000만 원을 들여 42만7000정보를 개량하고 연간 약 900만 석을 증수하여 그중 460만 석을 일본으로 가져가려 하였다. 그러나 1925년까지 공사착수 예정면적의 59퍼센트인 9만8000정보 가량이 착수되고, 준공 예정 면적의 62퍼센트인 7만6000정보가 준공되는 데 그쳤으며 실질적인 농사 개량은 거의 이루어지지 않았다. 농지개량 실적의 부진에도 불구하고 조선총독부는 1925년 "816만석 증산"을 목표로 걸고 제2차 산미증식계획을 추진할 것을 발표했다. 토지 개량과 비료 증시(增施)를 위해 10개년 계획으로 약 3억5천만 원의 거액을 투자한다는 계획이었다. 야심차게 시작했던 제2차 산미증식계획은 1930~31년 한반도 쌀의 과잉 수입으로 일본 쌀값이 폭락하면서 제동이 걸렸다. 그럼에도 불구하고, 벼 육종의 역사라는 관점에서는 이 시기에 본격적으로 내비성 품종이 한반도에 소개되었다는 사실이 중요하다. 일제강점기 초기에는 수리시설의 미비와 비료 시장 등을 감안하여 "비교적 관개가 불량하고 적은 비료 하에서 좋은 성적을 내는" 소비(少肥)품종들이 선정되었다. 와세신리키, 고쿠료미야코, 다마니시키 등이 모두 이에 해당하는데, 물론 이들도 조선 재래품종에 비해서는 내비성이 훨씬 높지만 같은 시기 일본에서 재배되던 품종들에 비해서는 내비성이 낮은 것들이었다. 그런데 산미증식계획의 목표를 채우기 위해 일선 관서에서 저리(低利) 자금을 지원해가며 농민들에게 화학비료 사용을 권유하자, 곧 도열병 발병이 늘어나는 등 비료 과용에 따른 문제들이 나타나기 시작했다. 이런 문제들을 해결하기 위해서는 하루빨리 한반도 풍토에 맞으면서 내비성 높은 품종을 도입 또는 개발해야 했다.

권업모범장의 개편은 1926년 벼 육종의 권위자 가토 시게모토(加藤茂苞)가 제2대 장장으로 부임하면서 본격화되었다. 가토 시게모토는 1868년 5월 17일 민간육종가의 활동으로 유명한 야마가타현 쇼나이(庄內) 지방에서 태어났으며, 1909년 일본 최초로 인공교배 육성종을 전국에 보급하여 명성을 얻었다. 또한 벼를 야포니카와 인디카라는 두 아종으로 나눈 것 역시 가토의 업적이다. 가토는 규슈제국대학 농학부 교수 자리를 떠나 1926

년 3월에 수원의 권업모범장 장장에 취임하자마자 기사를 11명에서 14명으로, 기수를 22명에서 25명으로 증원하여 연구 역량을 확충하고 "조선 특유의 우량종의 육성"을 천명했다.[49]

권업모범장은 다비형 품종의 육성이라는 큰 목표 아래 연구를 다각화하였고, 그 결과 1930년대 초에는 한반도 벼농사의 주력 품종이 긴보즈(銀坊主)와 리쿠우(陸羽)132호 등 새로운 것들로 바뀌게 되었다. 1927년 권업모범장에서 증비(增肥) 재배를 통해 여러 품종의 내비성을 비교한 결과, 종래 널리 재배되던 고쿠료미야코와 다마니시키는 2배 증비했을 때 각각 2.7퍼센트와 20.62퍼센트 수확이 줄어드는 반면, 긴보즈는 23.88퍼센트 수확이 늘어나는 것으로 보고되었다.[50] 이 결과를 보고받은 조선총독부는 1928년부터 일본 각지의 농사시험장(니가타, 후쿠이, 도야마, 이시카와, 아이치 등)에서 여러 가지 긴보즈 종자를 구입하여 수원에서 계통분리에 착수하도록 했다. 그 결과 1932년에는 "중생(中生)긴보즈 수원1호"부터 동(同) "수원5호"까지 다섯 계통을 선출하여 장려품종으로 각지에 보급하게 되었다. 1923년 함경남도를 통해 도입되었던 리쿠우132호도 1930년 시행된 내비성 시험에서 시비량을 늘릴수록 히노데(日ノ出)와 가메노오 등 기존 품종들에 비해 좋은 성적을 거둘 수 있음을 보여주었다. 이 시험 결과를 바탕으로 리쿠우132호는 1931년에서 1932년 사이 한반도 북부 일대 장려품종으로 지정되었고 차츰 북부지방에서 널리 재배되던 가메노오를 대체하게 되었다.[51]

이와 함께 한반도에 맞는 독자적 품종을 개발하기 위한 인공교배 시험도 본격적으로 이루어졌다. 한반도에서 최초로 교잡육종을 시도한 것은 1917년이지만, 본격적인 인공교배 육종은 가토의 부임 이후 이루어졌다. 가토가 부임하고 1927년에서 1929년까지 3년 사이 수원본장에서 교배한 조합 수는 380여 개에 이르렀고, 이 중 16종이 우량종으로 지정되었다.[52]

이러한 변화를 반영하여 권업모범장은 조직 개편을 도모하였다. 총독부는 권업모범장의 건의를 받아들여 1929년 9월 권업모범장을 정식으로 "농사시험장"으로 개편하고 그 연구 기능을 강화하였다. 또 조선총독부는 각 도에 설치되어 있던 도별 종묘장도 도(道) 농사시험장으로 승격 개편하였다. 수입한 종자를 육성·배포하는 기존의 역할에 더하여 새로 개발한 종자를 시험하는 임무를 맡게 된 것을 반영하는 조치였다.

새로운 농사시험장 체제의 목표가 한반도 고유 품종의 육성이었으므로, 한반도 제일의 곡창지대인 호남지역에 맞는 품종의 개발은 가장 중요한 과제가 되었다. 이를 위해 1930년 전라북도 이리(오늘날의 익산)에 남선지장(南鮮支場)이 설립되었다. 초대 남선지장장으로는 일본 고치(高知)현 농사시험장장으로 재직하던 와다 시게오(和田滋雄)가 임명되었다. 수원본장의 종예부(種芸部) 기사 사토 겐키치(佐藤健吉), 그리고 기수 하라 시로쿠(原史六)와 나가토모 다츠요시(永友辰吉) 등도 남선지장에 합류하였다.[53]

남선지장의 설립은 단순히 하나의 지장을 늘린 것 이상의 의미를 갖는다. 외형상으로는 수원본장이 한반도 중부 이북에 적합한 품종 개발을 맡고 남선지장이 남부에 적합한 품종 개발을 맡는 것으로 본장과 지장의 역할이 구분되었다. 하지만 한반도 벼농사에서 남부 평야지대가 갖는 중요성을 감안하면 남선지장의 육종 연구가 본장의 연구보다도 상대적으로 더 중요했으리라는 것은 쉽게 짐작할 수 있다. 특히 남선지장은 지장 치고는 큰 규모의 육종시험장으로 건설되었고, "육종의 초기 단계에서 지방의 적부(適否) 시험까지 일관하여 1개소의 시험장이 담당하는 것은 일본에서도 보기 힘든"것이라는 평가를 당대에 받았다.[54] 이런 점을 감안하면 남선지장은 사실상 하나의 독자적인 육종 연구기관 역할을 했으며, 때에 따라서는 한반도 벼농사에서 수원의 본장보다도 중요한 역할을 담당했음을 알 수 있다.

남선지장이 교배육종을 개시한 1931년부터 1943년에 이르기까지 만들어낸 인공교배 조합은 1천 종이 넘었으며, 이 중 형질고정(잡종 제6대까지 육성)을 완료하여 "남선" 번호를 받은 것은 모두 175종이었다. 그리고 남선지장에서 육성한 13번째 교배조합인 "남선13호(銀坊主/早雄町)"가 1932년 한반도에서 육성된 품종으로서는 최초로 장려품종으로 지정되었다. 이후 남선지장에서는 1945년 해방을 맞을 때까지 "일진(日進)", "풍옥(豊玉)", "영광(榮光)", "서광(瑞光)", "팔굉(八紘)", "조광(朝光)", "선서(鮮瑞)", "남선102호" 등 아홉 종에 이르는 장려품종을 육성해냈다. 수원의 본장에서 육성한 조합 가운데 실제로 해방 전까지 장려품종으로 지정된 것은 "팔달(八達)" 한 종류(1939 육성, 1944 장려품종 지정)였으며, 팔달도 남선지장에서 육성한 "남선23호"를 교배친으로 사용했다는 점을 감안하면, 남선지장의 위상을 짐작할 수 있다.[55] 일제강점기 말엽에는 육종 연구의 중심이 수원에서 이리로 옮아갔다고 해도 지나친 말은 아닐 것이다.

그러나 이렇게 남선지장에서 육성한 품종이 실제로 한반도의 벼농사를 바꾸어놓지는 못했다. 이들은 1940년대가 되어서야 시험을 마치고 본격적으로 농가에 보급되기 시작했는데, 일본이 태평양전쟁을 일으키면서 당시 증산에 충분한 노동력은 물론 비료를 포함한 각종 자재가 부족해졌기 때문이다. 이들이 진가를 발휘한 것은 해방과 한국전쟁의 혼란기를 거치고 난 1950~60년대의 일이다. 뒤에서 다시 살펴보겠지만 팔굉, 팔달, 풍옥, 수성, 조광 등은 모두 1950년대 넓은 면적에 걸쳐 재배되어 1960년대 "진흥(振興)"이나 "재건(再建)"과 같은 순수 국내육성종이 보급될 때까지 한국의 벼농사에서 일익을 담당했다. 즉 식민지 시기 남선지장의 성과는 해방 후에도 십여 년간 한국 벼농사에 영향을 미쳤다고 볼 수 있다. 남선지장은 해방 후에는 농촌진흥청 산하 호남작물시험장으로 이름을 바꾸어 계속해서 품종개량을 선도하였다.

돈을 들여 거름을 사다

육종은 시대상을 반영한다. 언제 어디서나 "좋은 품종"을 만들어내는 것이 육종의 목표라고 생각하기 쉽지만, 무엇이 "좋은 품종"인지는 때와 장소에 따라 달라진다.

특히 20세기 이후의 육종은 질소비료와 떼어 생각할 수 없다. 식물의 생장에 질소가 중요한 역할을 한다는 것이 알려진 이후로는 농사의 주요한 관심사 중 하나가 "어떻게 하면 더 많은 질소를 작물에게 공급하며, 어떻게 하면 작물이 받아들인 질소를 탈 없이 소화하여 생장할 것인가"라고 할 수 있다. 질소비료를 많이 주면 줄수록 작물이 잘 자랄 것이라고 생각하기 쉽지만 농사는 그렇게 간단하지 않다. 질소가 풍부하면 식물의 생장이 활발해지는 것은 사실이지만, 지나치게 생장한 식물은 웃자라서 쓰러져버리거나 상품성이 없는 빈약한 열매를 맺게 되기 때문이다. 따라서 질소가 풍부해도 쓰러지지는 않되 충분히 크게 자라는 균형점을 찾아내고 그 균형점에 가깝게 자랄 수 있는 식물을 육성하는 것이 육종가들에게는 중요한 과제가 되었다. 예를 들어 작물의 줄기를 짧고 두텁게 개량하여 쓰러지기 어려운 형태로 개량하는 것도 간단하지만 매우 효과가 큰 방법이다.

그렇게 과량의 질소비료에도 견디는 성질, 즉 내비성(耐肥性)이 높은 작물은 질소비료와 짝을 지어 농민에게 보급되었다. 다비형 품종들이 널리 보급되면서 비료의 생산과 소비도 급증했다. 특히 유안(硫安, 황산암모늄)의 소비 증가가 눈에 띄었다. 조선총독부는 일제강점기 초기에는 농민의 경제적 상황이나 수요·공급 문제 때문에 화학비료를 권장하지 못하고 퇴비와 같은 자급 비료의 증산을 장려하는 데 머물렀다. 그러다가 1919년 무렵부터는 품종 교체가 어느 정도 성과를 거둠에 따라 화학비료를 소극적으로나마 장려하기 시작했고, 한 세대 더 품종 교체가 이루어지기 시작한 1927년 무렵부터는 화학비료를 적극적으로 장려하였다. 또한 함경남도 흥남(興南) 일원에 거대한 질소비료공업단지가 건설된 뒤 질소비료의 공급도 크게 늘어났다. 그 결과 전라북도의 경우, 1915년의 금비 소비량은 약 47만 1천 관(貫)에 불과했으나 1934년에는 237만2천5백 관으로 무려 50배 이상 급증하였다. 한편 화학비료 투입량이 늘면서 중요한 질소 공급원이었던 콩깻묵[大豆粕]의 생산과 소비는 점차 줄어들었다.[56]

한편 내비성 강한 품종이 널리 보급되면서, 소비(少肥) 환경에 적응해온 조선의 재래품종들은 점점 더 설 자리를 잃어갔다. 해방 무렵에는 일부 지역을 제외하고는 재래종은 실질적으로 소멸하였고, 육종가들이 수집한 종자만이 일부 보존될 수 있었다. 1930년대 이후로는 한반도에서 일본열도와 위도가 비슷하다면 재배하는 품종도 거의 동일해졌다.[57] 한반도 북부지방에서는 가메노오와 리쿠우-132호, 호남지방에서는 긴보즈, 영남지방에서는 고쿠료미야코 등이 널리 재배되었고, 중부지방에서는 긴보즈, 고쿠료미야코, 다마니시키 등이 주요 품종이었다.[58]

농민들은 새로운 품종이 질소비료를 기존의 두 배, 세 배만큼 듬뿍 주었을 때는 기존 품종보다 큰 수확을 보장하지만, 비료를 별로 주지 않으면 기존 품종보다 나을 것이 없다는 것을 알게 되었다. 품종의 교체는 단순히 씨앗을 바꾸는 문제가 아니었다. 농민들은 새로운 씨앗을 받아들이면서 전에 없던 새로운 "투자"라는 개념 또한 익혀야 했던 것이다. "금비"라는 말이 함축하듯, 돈을 들여 질소비료를 다량 투입하는 근대 영농은 전통 영농과 근본적으로 다른 목표를 추구하였다. 전통사회의 농민에게는 안정성이 가장 중요한 가치였다. 근근이 굶주림을 면하는 상황에서 수확량의 변동은 대부분 늘어나는 쪽보다는 줄어드는 쪽이었고, 따라서 곧장 생존을 위협할 수 있는 것이었다. 그러므로 농민들은 작년을 무사히 넘졌다면 올해는 되도록 아무것도 바꾸지 않는 것을 선호했다. 뭔가 바꾸려 해도 바꾸기 위해 투자할 수 있는 자원조차 없는 경우가 대부분이었으므로 다른 선택의 여지도 별로 없었다. 반면 근대 영농은 농민이 현상 유지를 넘어 초과이윤을 추구하고 그것을 위해 때로는 투자도 감행할 것을 기대한다. 투자할 자원이 없으면 빚을 내서라도 금비를 사고, 비료를 듬뿍 주어 소출을 늘리고, 가을에 그렇게 늘어난 수확을 팔아 빚을 갚고도 이윤을 남기는, 현명하고도 과감한 기업가와 같은 농민이 근대 영농에 적합한 이상적인 모습일 것이다.

물론 우리가 한국 현대 농촌의 역사를 통해 잘 알고 있듯이, 빚을 내서 농사를 지으면 빚을 갚고 이윤을 불리기보다는 빚이 빚을 낳아 빚더미에 짓눌리게 될 가능성이 훨씬 높다. 과감한 투자로 생산성을 높여서 소득을 늘린다는 이야기는 듣기에는 그럴싸하지만, 현실의 농산물 시장이 소위 자유시장의 수요공급의 법칙을 따르지 않는다는 점을 간과하고 있다. 농사는 개인의 노력보다 환경에 좌우되는 부분이 크다. 풍년이 들면 다 같이 수확이 늘고 흉년에는 다 같이 수확이 줄어든다. 가령 내가 금비를 주는 등 적극적인 투자를 해서 다른 사람들의 수확이 늘어나는 비율보다 더 큰 비율로 수확량을 높일 수는 있겠지만, 마을 전체가 흉작인데 나 혼자 풍작인 일은 거의 일어나지 않는다. 시장 전체의 공급이 다 같이 늘어나면 단위 가격이 떨어지므로 개인의 수확량이 늘어나도 그 효과가 상쇄될 수 있다. 더욱이 농산물 시장, 특히 주요 식량곡물의 시장은 대부분의 국가에서 가장 강하게 통제되는 분야 중 하나다. 자본주의냐 사회주의냐를 막론하고, 국가는 식량작물의 가격이 크게 오르지 않도록 수시로 개입한다. 국민의 생존과 직결되는 문제이기 때문이다. 따라서 거의 모든 농민이 재배하는 벼와 같은 작물을 통해 한두 명의 개인이 농민 집단 전체의 이익을 크게 웃도는 이윤을 거두는 일은 현실에서는 거의 일어나지 않는다. 반면 흉년이 들 경우에는 과감한 투자를 한 농민의 피해가 오히려 클 수 있다. 투자를 적게 한 이는 잃을 것도 적기 때문이다.

그럼에도 불구하고 근대국가는 끊임없이 농민들에게 근대적 농민으로 거듭날 것을 요구했다. 새로운 투자를 통해 생산성을 높이는 농민은 국가 전체의 농업생산성을 높이는 중요한 요소가 되므로 국가의 관점에서는 이로운 존재이기 때문이다. 국가는 학교, 행정조직, 언론, 마을공동체 등 여러 가지 경로를 통해 농민을 교육했다. 금비를 언제 어떻게 얼마나 줄 것인가, 살충제를 언제 어떻게 뿌릴 것인가, 비닐하우스를 어떻게 지을 것인가 등 새로운 영농기술의 교육은 알아도 그만 몰라도 그만인 중립적인 지식을 전달하는 것이 아니었다. 이들 기술은 투자를 통한 생산성 향상이라는 전제 위에서 개발되었고 존립하는 것들이었으므로, 이런 기술을 가르치고 배우는 과정에서 농민들은 전통시대와는 다른 새로운 규범을 접하게 되었고, 개인에 따라 속도와 정도에 차이가 있었지만 서서히 그것들을 받아들이게 되었다.

한편 비료 사용량이 증가하면서 비료로 인한 병해도 늘어나기 시작했다. 근대 이전의 무비(無肥)재배에서는 도열병이 거의 나타나지 않았으나, 일본 품종이 보급되고 그에 발맞추어 질소비료 사용이 급증하면서 도열병 피해도 급증하였다. 1926년 전라북도, 경상남·북도 및 황해도에 도열병이 크게 발생하였다. 권업모범장은 1927년 이후 도열병 연구를 강화했으나 이후에도 도열병은 한국 벼농사의 최대 과제로 남았다. 또 역시 다비재배가 원인이 되어 발생하는 줄무늬잎마름병도 1930년대 들어 남부 평야지대를 중심으로 빈발하기 시작했다.[59]

19세기 말부터 이어진 내정 간섭과 그 이후 36년 동안의 식민지배를 통해 일본 제국주의는 한국 사회 전반에 깊은 흔적을 남겼다. 농업 부문도 마찬가지다. 우선 가장 뚜렷이 드러나는 것은 숫자로 드러나는 농업생산력의 발전이다. 한반도의 쌀 생산량은 1911년에는 1000만 석이었던 것이 1920년대 말이 되면 50퍼센트 가까이 늘어나 1500만 석에 이르렀다. 그리고 1930년대에는 대체로 1500만 석에서 2000만 석 사이의 수확고를 유지하게 된다. 조선총독부는 산미증식계획의 부작용으로 1930년대 전반 증산 정책을 잠시 보류했으나, 태평양전쟁이 본격화하면서 군량미 조달을 위해 수탈적 성격이 한층 강화된 증산 정책으로 돌아섰다. 그 결과 1930년대 말에는 일시적으로 수확고가 2500만 석을 웃돌아, 국권상실 전에 비해 두 배 이상 높아지기도 했다.[60]

1911년과 1941년을 비교할 때 벼 재배면적은 16퍼센트 증가한 데 그쳤으나 총생산량은 40퍼센트, 단위면적당 생산량은 96퍼센트 증가하였다. 따라서 식민지 시기 쌀 생산량의 증가는 기술혁신, 즉 품종의 교체와 새로운 영농기술의 보급으로 단위생산성을 높인 데서 비롯되었다고 볼 수 있다. 1910년대 이래 꾸준히 보급된 일본 품종들은 재래종을 밀어내면서 널리 보급되었고, 1930년대부터는 비료 사용이 늘어나면서 많은 수확을 내기 시작했다. 특히 초기에는 와세신리키, 그 뒤로는 고쿠료미야코, 다마니시키, 긴보즈 등이 증산을 선도했다.

그러나 이와 같은 생산성 향상의 열매는 한반도의 농민에게 돌아오지 않았다. 식민지에서 쌀 생산성의 제고는 막대한 양의 쌀 반출을 전제로 한 것이었다. 쌀의 반출량이 생산량보다 더 큰 폭으로 늘어난 결과, 지속적인 증산에도 불구하고 조선 사람들의 쌀 소비량은 오히려 점점 줄어드는 역설적인 상황이 닥쳤다. 예컨대 1928년의 쌀 생산고는 1912년에 비해 50퍼센트 가까이 늘어났지만, 일본으로 수출한 쌀의 양은 86퍼센트 늘어났고 조선 사람들의 쌀 소비량은 69퍼센트로 줄어들었다. 1929년 현재 조선인의 연간 1인당 쌀 소비량은 일본인의 절반에도 미치지 못했다.[61] 1932년 일본 제국주의가 만주 침략을 개시하자 쌀의 반출량은 더욱 무서운 기세로 늘어나, 1930년대 중반에는 쌀 생산량의 절반가량이 일본으로 빠져나갔다. 태평양전쟁이 본격화하자 일제는 쌀을 확보하기 위해 강제 공출과 배급제를 실시하였다. 공출량은 계속 늘어나 1942년에는 전체 쌀 생산량의 55.8퍼센트, 1943년에는 68퍼센트가 공출을 통해 빠져나갔다. 더욱이 만주 침략이 지속되면서 만주로부터의 잡곡 도입도 점점 줄어들었다. 조선의 농민들은 스스로 생산한 쌀을 공출로 빼앗기고는 만주에서 수입한 잡곡 또는 "면미(麵米)"와 같은 대체 식품, 심지어는 비료 원료로 쓰이던 콩깻묵 등으로 연명해야 했다. 이처럼 일제강점기 말부터 뒤로는 한국전쟁까지 이어지는 굶주림의 경험은 한국 민중들에게 쌀에 대한 염원을 강하게 각인시켰다.[62]

더욱이 앞서 언급했듯 증산 정책 때문에 농민의 투자 부담은 점점 늘어났으므로, 결과적으로 전반적인 농업생산성의 향상에도 불구하고 농민 개인의 수익성은 점점 낮아졌으며 개별 농가경제는 더욱 어려워졌다. 1930년의 조사에 따르면 전체 농가의 48.3퍼센트가 춘궁기를 넘기기 어려운 "극빈 농가"로 분류되고 있었다. 더욱이 자작농 중 극빈 농가는 18.4퍼센트인 데 비해 소작농은 68.1퍼센트가 극빈농가로 집계되어, 많은 농민이 문자 그대로 생존의 위협에 시달리고 있었음을 알 수 있다. 농업생산성이 높아지고 쌀 수출이 늘어나도, 그 과실은 지주 계층이나 쌀 수출업자 등이 독차지했다. 일부 지주 계층은 쌀 수출로 벌어들인 돈으로 산업자본가로 변신하는 데 성공하기도 했다. 반면 50퍼센트를 웃도는 고율의 소작료에 시달리던 소작인의 입장에서는 생산비용의 증가는 생존과 직결될 수 있는 문제였으므로, 품종과 농법 문제를 두고 소작쟁의가 빈발하기도 하였다.[63]

요컨대, 식민지 시기 개량품종을 재배함으로써 전국적으로 큰 폭의 증산이 이루어진 것은 분명한 사실이다. 하지만 그 비용과 대가는 대단히 불평등하게 배분되었다. 조선총독부와 지주계급의 입장에서는 품종 교체를 비롯한 증산 시책은 소기의 목적을 달성했으므로 "성공"했다고 말할 수 있다. 총독부는 증산을 통해 재정을 튼튼히 하고 공출 목표를 채울 수 있었고, 지주계급은 증산을 독려하여 재산을 불릴 수 있었다. 또한 장려했던 신품종이 일부 지역에서 실패한다고 해도 총독부나 지주가 큰 피해를 보는 일은 없었다. 그러나 소작농이 신품종을 선택했다가 한 해 농사를 마치면, 아무도 그들의 생계를 돌봐주지 않았다. 더욱이 어렵사리 증산을 하더라도 증산의 대가를 대부분 빼앗겼기 때문에 아무리 증산을 해도 가난에서 벗어나기 어려웠다. 일본 도입 품종을 받아들였다고 해도 그것은 더 큰 이윤을 올리기 위해서가 아니라, 공무원과 지주의 강압에 의한 선택이었다. 식민지 시기 일본 도입 품종을 강요하는 지주와 그것을 거부하는 소작농 사이에 쟁의가 빈발했던 것은 농민들이 자신들의 생존을 담보로 걸어야 하는 신품종을 받아들이지 않으려 했음을 보여준다.

결국 정치·사회적 모순이 해결되어 농민이 신뢰할 수 있는 국가가 수립되고 농민이 노력한 대가를 농민에게 돌려주지 않는 한, 품종개량이나 영농기술 혁신 등은 사실상 농민들에게는 별다른 의미가 없는 일이었다. 농민이 적극적으로 새로운 품종과 기술을 받아들이고 증산에 나서려면 무엇보다도 먼저 식민지배와 소작제도라는 이중의 질곡을 혁파해야 했던 것이다.

근대적 농학의 도입 또한 후유증을 남겼다. 식민지 시기의 육종 연구 성과를 잘 이어받은 결과, 해방 후의 한국 육종 연구가 일본 육종 연구의 영향권 아래 계속 놓여 있게 된 것 또한 피할 수 없는 사실이다. 더욱이 세계에서 자포니카 벼를 독점적인 주식으로 삼는 나라가 한국과 일본뿐이었기 때문에, 특별한 계기가 생기지 않는 한 이와 같은 학문적 종속에서 벗어나는 일은 쉽지 않았다. 특히 해방 후 일본과의 외교관계가 끊어지면서 한국 농학자들은 한동안 세계 농학의 흐름을 따라잡기 위해 분투해야만 했다.

제2장

되찾은 땅, 새로 짓는 벼 (1945~1960)

농지개혁과 사회 변화

1945년 8월 15일, 일본 천황 히로히토가 라디오 연설에서 무조건항복의 뜻을 밝혔다. 광복이다. 한반도의 일본인들은 숨을 죽였고 조선인들은 집에서 그린 태극기를 들고 삼삼오오 거리로 나섰다.

광복의 열기는 미국과 소련이 한반도를 분할 점령하고 신탁통치안을 내면서 정치의 소용돌이로 바뀌어갔다. 다만 "해방공간의 좌우대립"이라고는 해도, 그 전선은 오늘날 우리가 생각하는 좌우의 전선보다는 훨씬 왼쪽에 그어져 있었다. 일본 제국주의가 남긴 상처가 너무 컸기 때문에 노동자와 농민의 삶을 개선하고자 하는 열망도 그만큼 강했던 것이다.

좌우를 막론하고 토지개혁을 이야기하지 않을 수 없던 것은 이런 당시의 분위기 때문이었다. 일본인들이 한반도를 떠나면서 조선총독부와 일본인 지주들이 소유했던 대농장들도 어차피 몰수되어 불하해야 하는 상황이었고, 한국인 지주들도 마구 분출되는 토지개혁의 열망을 마냥 모른 체할 수만은 없었다. 게다가 남의 이승만 정권도 북의 김일성 정권도 굳이 지주들을 대변하거나 변호하려 하지 않았고, 도리어 민중의 열망을 등에 업고 지주 계층의 기반을 흔들고자 했다.

먼저 토지개혁을 실시한 것은 38선 이북이었다. 이북의 토지개혁 소식이 전해지자, 이남의 이승만 정부도 이에 대응하지 않을 수 없었다. 농지에 국한된 개혁이었고 유상몰수 유상분배였다는 점에서 남한의 농지개혁을 비판하는 시각도 있다. 그러나 1940년대 말 다른 신생독립국들의 형편에 비추어본다면 남한의 농지개혁이 거둔 성과를 평가하는 데 인색할 필요는 없다. 가령 필리핀과 비교하면 남한의 농지개혁은 대지주계급을 해체하고 소규모 자영농을 육성하는 데 성공했음이 분명하게 드러난다.

그러나 농지개혁으로 자작농이 된 소작농들은 여전히 여러 난관과 싸워나가야 했다. 첫째, 영세한 영농 규모는 생산성 향상의 걸림돌이 되었다. 둘째, 국가가 약탈에 가까운 공출제도를 계속 유지하였다. 셋째, 쌀의 절대량이 부족했으므로 쌀값의 계절 변동이 극심하였다. 특히 둘째와 셋째 문제가 결합되어 농민들에게 심대한 타격을 입혔다. 정부의 공출은 여러 명목으로 이루어졌는데, 특히 전쟁 중 각종 세금과 잡부금을 합친 "임시토지수득세"(1951. 9 제정)가 가장 큰 부담이 되었다. 정부는 인플레이션을 방지한다는 명목으로 현물(쌀) 납부를 원칙으로 내세웠다. 임시 토지수득세는 최저 15퍼센트의 누진세율로 부과되었으므로 영세농도 수확량의 15~20퍼센트를 현물로 국가에 납부해야 했다. 여기에 더해 농지개혁으로 농지를 유상분배받은 경우, 지가상환곡이 매년 소출의 30퍼센트 안팎의 현물납이었으므로, 실제 영세농들의 부담은 소작농 시절과 별반 차이가 없는 40~50퍼센트 선에 이르렀다. 이승만 정부는 임시토지수득세를 통해 인플레이션 우려 없이 전쟁 수행에 필요한 군량미와 공무원 인건비용 양곡을 손쉽게 확보할 수 있었다. 한국전쟁 동안 임시토지수득세가 정부 총조세수입에서 차지한 비중은 공식적으로 22.5~30퍼센트에 이르는데, 쌀의 정부수매가가 시가의 3분의 1 수준이었다는 사실을 감안하면 실제 정부가 얻은 수입은 전체 조세수입의 절반을 웃돌았을 것으로 추정된다.[1]

반면 농민들은 가장 쌀값이 쌀 때 수확량의 절반을 시가의 절반도 안 되는 헐값에 빼앗기고, 농한기의 쌀값 앙등과 인플레이션의 부담을 고스란히 몸으로 떠안아야 했다. 이 시기 쌀값은 전쟁 통에 폭등을 거듭하여, 1950년 한 석에 906원 하던 것이 1952년에는 9,300원에 이르렀다. 평균 "월 45퍼센트의 상승률"이었다.[2] 정부는 시중 쌀값 통제를 위해 "긴급통화조치령"(대통령 긴급명령 13호, 1953.2.15)을 발동했고, 쌀 수매가를 더욱 낮춘 결과 가까스로 쌀값을 잡을 수 있었다. 그러나 다른 부문의 인플레이션은 진정되지 않은 가운데 쌀값만 내려감으로써 농민들은 다시금 손해를 감수해야 했다. 예컨대 1953년 물가를 보면, 다른 소비재의 가격은 평균 72퍼센트 상승했으나 쌀값은 반대로 35퍼센트 하락하였다. 그 결과 "쌀 한 되 가격이 머리 한 번 깎는 비용에 불과"할 정도가 되었다.[3]

1950년대 중반 이후 농촌을 더욱 황폐하게 만든 것은 1955년부터 미국의 공법 480조(PL480)에 의해 개시된 잉여농산물 도입이었다. 잉여농산물 도입은 곡물 부족에 시달리던 이승만 정부와 제2차 세계대전이 끝난 후 농산물의 소비처를 찾지 못한 미국의 이해가 일치하여 이루어졌다. 밀가루를 중심으로 한 잉여농산물의 대규모 도입은 곡물 부족을 일시적으로 완화하는 데 기여하기는 했으나 여러 가지 부작용을 낳았다. 우선 밀의 자급 기반이 무너졌다. 1955년 국내 밀 수요의 70퍼센트가 국내산 밀로 충당되었으나 불과 3년 뒤인 1958년에는 25퍼센트만이 국내산 밀이었고 나머지 수요는 미국산으로 채워졌다. 면화도 대규모로 도입되면서 국내 면화 생산기반도 붕괴되었다. 그 결과 쌀의 단작화(單作化)가 한층 심해졌지만, 쌀농사도 적자를 면할 수 없었다. 값싼 밀가루가 쌀값을 끌어내렸고 정부의 저미가 정책이 지속되었기 때문이다.[4]

이처럼 농산물 가격이 보장되지 않고 농민의 생존마저 위협받는 상황에서는 농민들이 증산에 의욕을 보일 까닭이 없었다. 쌀 수매가가 생산비를 밑돌자 증산을 하면 오히려 손해라는 인식이 팽배해져서 1950년대의 농촌지도는 별다른 효과를 거두지 못했다.[5]

비료의 국내 생산

땅이 정돈되었으면 그다음으로 필요한 것은 거기에 뿌릴 씨앗, 그리고 작물에 줄 거름이다. 앞서 다루었듯 상품으로서의 비료, 즉 금비는 일제강점기 계속 권장되었으나 농민들이 현금 경제에 편입되지 않았으므로 보급이 잘 되지 않았다. 그러나 금비로의 전환은 시간문제였다. 농민들이 금비를 선호해서라기보다는 질소비료를 통한 증산이라는 목표에 맞추어 기술시스템이 재편되었기 때문이다.

국체는 여러 차례 바뀌었음에도 불구하고, 농업기술의 변화 양상은 근대 한국에서 본질적으로 달라지지 않았다. 더 많은 비료를 쓰고, 더 많은 물을 주고, 그 효과를 더 잘 살릴 수 있는 품종을 개발하는 것, 그리고 그 품종을 전국적으로 보급하는 것 등, 한마디로 더 많은 자원을 투입하여 더 많은 수확을 얻는 것이 근대 농업기술의 한결같은 목표였다. 일본의 메이지 정부, 일제강점기의 조선총독부, 광복 후의 대한민국 정부, 심지어 조선민주주의인민공화국 정부도 예외 없이, 질소비료의 생산량을 높이고 질소비료에 반응성 높은 종자를 새로 개발하였으며, 그 종자를 농민들에게 보급하는 데 진력했다. 일본에서는 이와 같은 변화가 20세기 초 대체로 완료되었다. 이른바 "제2대 통일품종"이라고 부르는 긴보즈, 리쿠우132호, 아사히 등의 새로운 품종이 보급되면서, 지역마다 소규모로 재배되던 다양한 품종들은 사라지고 전국적인 재배 규모를 자랑하는 "과학적" 품종들 몇 가지로 일본 전역이 재편되었다. 이들 품종이 한반도에 보급되어 1930년대에 재래품종을 밀어낸 것은 앞서 살펴본 바와 같다.

이렇게 다투입과 다수확을 짝지어 추구하는 품종은 근대 이전의 재래 품종들과 전혀 다른 재배방식과 영농철학에 바탕을 둔 것이었고, 나아가 근대 이전의 농민과 농촌과는 다른 새로운 농민과 농촌을 빚어내기에 이르렀다. 전근대 농업은 전반적인 생산력이 낮고 환경에 의한 수확량의 변화 폭이 컸으므로, 가장 중요한 과제는 풍흉의 격차를 줄여가며 살아남아 다음 해 농사를 짓는 것이었다. 즉 안정과 생존이 가장 중요한 덕목이었다. 하지만 근대 농업은 농민이 위험을 감수하겠다는 마음만 먹으면, 모험적인 투자를 통해 이윤을 극대화할 수 있는 가능성을 열어주었다. 물론 생산하는 재화가 식량이므로 실패했을 때 직접적으로 생존을 위협받을 수 있다는 점은 상공업에 비해 불리하지만, 다투입-다수확의 가능성이 애당초 기술적으로 막혀 있었던 시절과 비교하면 본질적으로 다른 형태의 농업이 가능해진 것이다. 돈을 주고 사 쓰면 기존의 자가제조 퇴비보다 월등히 높은 수확량을 보장하는 화학비료, 화학비료와 궁합이 잘 맞는 새로운 품종, 그리고 수확물의 자가소비보다 판매를 통한 현금 수입에 중점을 두는 영농 및 유통 문화는 서로 원인과 결과가 되어 농민과 농촌의 모습을 바꾸어갔다.

이런 까닭에 비료공장은 일제강점기의 가장 중요한 산업시설 가운데 하나였다. 특히 산미증식계획의 성사를 위해서는 비료의 수급이 중요한 과제였다. 일제강점기 한반도에 생겨난 공업시설 가운데 가장 크고 번성했던 것이 함경남도 흥남의 질소비료공장이었던 것은 우연이 아니다. 그런데 일제강점기 한반도와 만주의 비료를 도맡아 공급하던 흥남의 조질 비료공장은 분단과 함께 북한으로 넘어가게 되었다. 그 결과 남한에는 변변한 비료공장이 없는 상황이 되었고, 한국전쟁 후 남한을 재건하는 데 비료의 부족은 심각한 문제가 되었다.

이를 타개하기 위해 상공부장관을 역임한 화공학자 안동혁(安東赫, 1906~2004) 같은 이는 전후 재건의 3요소 중 하나로 비료공장을 꼽기도 하였다. 그는 남한 경제의 재건을 위해 "3F"가 필요하다고 주장했는데, 자금(fund), 연료(fuel) 그리고 비료(fertilizer)가 그것이다. 그에 따라 이승만 정부는 비료공장을 짓기 위한 미국 원조를 요청하고, 미국 국제협력처(ICA)의 자금으로 맥그로-하이드로카본 컨소시엄(McGraw-Hydrocarbon Consortium)과 계약하여 충주에 비료공장을 건설하였다. 1961년 준공된 충주비료공장은 외국 원조로 건설된 대표적인 산업 설비였다. 안동혁의 바람과 같이 충주비료공장은 식량문제를 해결할 수 있는 지름길로 국민적 기대를 받았다. 이후 1960년대 더 많은 비료공장들이 건설되고 가동되면서, 1970년대 초에는 질소비료의 자급 능력이 갖추어졌다. 이는 1970년대 "녹색혁명"의 필요조건으로서 중요한 의미를 지닌다.[6]

충주비료공장은 한편 한국 과학기술사에서 단순한 비료공장 이상의 의미를 지니기도 했다. 한국 최초의 대규모 화학공학 설비를 건설하고 운영하는 과정에서 미국의 기술자들과 함께 일하면서 남한의 기술자들은 화학공학의 실제적 경험을 쌓을 수 있었던 것이다. 전쟁의 폐허가 아직 곳곳에 널려 있을 무렵, 충주비료공장의 건설과 운영 과정은 전후 최초로 미국 공학의 첨단지식과 기술을 생생하게 볼 수 있는 전시장과 같은 역할을 했다. 그리고 거기에서 연수받고 작업 경력을 쌓은 공학자들은 다른 공장들로 퍼져나가 선진 엔지니어링 지식과 기법을 전파하는 데 기여했다. 북한의 2·8비날론공장이 그러했듯이 국내 기술자들이 공장 운영 경험을 쌓을 수 있는 학교 역할을 한 것이다.

해방과 함께 일제강점기 동안 구축된 육종제도도 한국인의 손으로 넘어
왔다. 조선총독부 농사시험장과 각 도 지장은 1946년 2월 미군정청 "중앙
농사시험장"과 각 도 지장으로 개칭되었다가, 1947년 12월 15일자로 과도
정부법령 제160호 "농업기술교육령"에 의해 다시 "농사개량원"과 그 산하
의 "국립농사시험장"으로 개칭되었다. 이 조치의 골자는 농사교도사업을
일본식에서 미국식으로 바꾸는 것이었다. 미군정은 일본식 교도사업이 상
명하달식이고 획일적이라는 점에서 비민주적인 것이라 생각하고, 지방의
교도국 또는 출장소(extension)를 거점으로 농업 교육·연구·지도가 한곳에
서 이루어지는 미국식 체제를 이식하고자 하였다. 미국은 당시 주립대 농
과대학이 학생교육·시험연구·지역 농사지도를 모두 담당하고 있었는데
이와 같은 기능을 지방교도국에 부여하고자 한 것이다. 따라서 미군정은
이미 서울대학교 농과대학으로 편입되어 있었던 전 수원고등농림학교를
다시 농림부 산하로 이관하여 농사개량원 아래 두도록 했다. 그리고 각 도
와 군에도 농사교도소를 신설했다.[7]

　그러나 미군정의 당시 다른 정책들과 마찬가지로, 이 조치는 현실에 대
한 고려 없이 미국식 모델을 맹목적으로 적용하려는 안이한 것이었다. 특
히 고등교육·연구기관 증설에 대한 한국인들의 열망을 고려하지 않은 채
서울대 농대를 농림부 산하로 다시 옮기는 것에 대해 많은 반대가 있었다.
또한 도·군 농사교도소는 취지는 좋았으나 예산을 확보할 방안이 없었으
므로 유명무실해졌다.

　이에 따라 농사개량원 운영은 지지부진한 상태에 머물다가, 1948년 정
부수립을 맞아 다시 개편되었다. 남한 단독정부수립 이듬해인 1949년 1월
6일자로 대통령령 제45호에 의거 "농업기술원"이 발족하였다. 서울대학교

〈그림 1〉 국립 농사개량원 직제(과도정부령 제260호, 1947. 12. 15).
(출처: 한국농촌경제연구원 편찬, 『한국농정50년사』 1권, 서울: 농림부, 1999, 698쪽)

농과대학은 다시 문교부로 이관되었고, 시험장과 교도국을 통합하여 중앙 농업기술원을 설치하였다. 중앙농업기술원은 시험부(기초연구과, 농예화학 과, 종예과, 원예과, 잠사과, 축산과), 기술교도부(생산기술과, 경영기술과, 기술수 련과), 서무과로 이루어졌다. 또 산하에 이리(육종), 목포(면작), 성환(축산), 김해(육묘) 등 네 곳의 지원(支院)을 두어 각기 특화된 분야 연구를 담당하 도록 하였다. 한편 지방 각 도의 교도국과 시험장은 도 농업기술원(서무과, 시험부, 기술교도부)으로 통합하고, 군·읍·면에는 도 농업기술원 모범포장 을 설치했으며, 군 농사교도소는 폐지하였다. 그러나 이렇게 개편된 농촌 지도조직은 이듬해 한국전쟁이 일어나면서 제 구실을 할 기회를 잡지 못 했다. 1951년 임시 수도 부산에서 열린 국회는 농사기술원 예산을 전액 삭 감하였고, 농촌지도사업은 이후 한동안 방치되었다.[8]

농사교도사업이 재개된 계기는 유엔 한국재건위원회(UNKRA: United Nations Korean Reconstruction Agency) 활동이었다. UNKRA의 요청을 받 아 남한 지역을 조사한 세계식량기구(FAO)는 "Rehabilitation and Devel-opment of Agriculture, Forestry, and Fishery in South Korea"라는 보고서 를 통해 농사교도사업의 재개를 한국 정부에 건의했다. 이에 UNKRA는

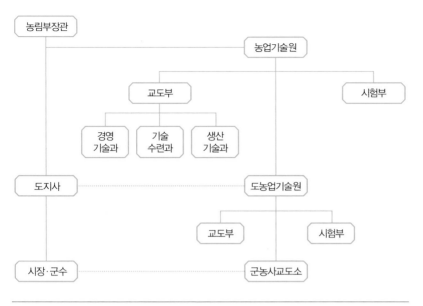

〈그림 2〉 농업기술원 직제(대통령령 제45호, 1949. 1. 6).
(출처: 한국농촌경제연구원 편찬, 『한국농정50년사』 1권, 서울: 농림부, 1999, 699쪽)

1953년 25만 달러를 한국 정부에 지원하여 전문가 수련과 자재 도입에 쓰도록 했다. 이 예산을 활용하기 위해 1953년 3월에는 농림부 농정국 안에 농사교도과가 신설되었고, 12월에는 "농업교도사업 실시에 관한 통첩"에 의해 시·군·도·중앙에는 농업교도위원회, 읍·면에는 농업교도소가 설치되었다. 1956년 3월에는 중앙농업기술원 교도부가 다시 설치되었고, 도 산업국과 시·군 산업과에는 각각 농업교도과와 농업교도계가 설치되었다. 또 이들 조직은 읍·면에 이미 설치된 농업교도소에 업무를 지시하게 되어 중앙에는 두 종류의 조직이 있고, 읍·면 단위에는 하나의 조직이 실무를 담당하는 체제가 되었다.[9]

한편 1956년 초 미 국제협력국(ICA) 조사단이 한국을 방문하였는데, 단장을 맡았던 미네소타대학교 농대 학장 메이시(Harold Macy)는 조사 결과

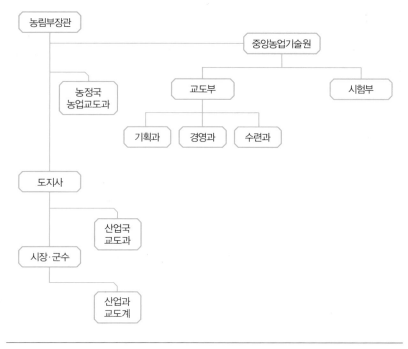

를 『메이시 보고서(Macy Report)』로 발간하였다. 이 보고서는 (1)농사교도
사업의 기구를 법률에 의하여 설치할 것, (2)이 사업을 수행하기 위하여 명
백한 (별도의)행정계통을 수립할 것, (3)소요예산을 국회의 예산조치에 의
하여 충당할 것, (4)농민을 위하여 비정치적이고 공평한 입장에서 헌신적
으로 일할 수 있는, 충분한 지식과 기술의 훈련을 받은 인재를 배치할 것
등을 한국 정부에 제안했다. 이에 따라 한·미 양국 정부는 1956년 "농사
교도사업 발전에 관한 협정"을 체결하고, 미국 정부가 전문가 교육과 청사
건축 등을 위해 123만7천 달러를 지원하기로 합의했다.[10]

협정에 따라 1957년 2월 12일 "농사교도법"(법률 제435호)이 공포되었고,
5월 28일에는 "농사원(農事院)"이 문을 열었다. 농사원은 중앙은 2국, 5시험

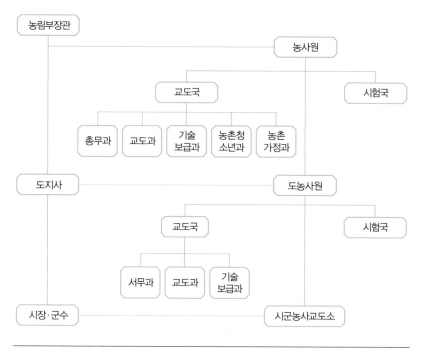

〈그림 4〉 농사원 직제(대통령령 제1247호, 1957. 2. 12).
(출처: 한국농촌경제연구원 편찬, 『한국농정50년사』, 서울: 농림부, 1999, 702쪽)

장, 1연구소로 이루어졌다. 2국은 시험국(기획과, 조사과)과 교도국(총무과, 교도과, 기술보급과, 농촌청소년과, 농촌가정과)이었고, 5개 시험장 1개 연구소는 농업시험장, 원예시험장, 잠업시험장, 임업시험장, 축산시험장, 가축위생연구소 등이었다. 이렇게 각종 시험장이 한곳으로 통합된 것은 "농사교도법" 부칙 제3항에 따라 농사 관련 각종 농사시험기구를 농사원으로 통합했기 때문이다. 한편 지방에서는 도마다 도(道) 농사원을 설치했는데, 각각 시험국(제1시험과, 제2시험과)과 교도국(서무과, 교도과, 기술보급과)을 두었다. 그리고 서울특별시와 각 시·군에는 농사교도소를 설치하였다. 농사원은 행정기관과 분리된 농사교도기관으로서 도 농사원장은 중앙 농사원장의 지휘 아래 놓이게 되었고 연구·교도 공무원은 대통령령으로 자격을 규정하여 전문화를 꾀하였으며, 이들에게는 일반 행정, 특히 독려 업무를 겸직할 수 없도록 하였다. 전원 국비직(國費職)으로 선발된 제1기 농사원 직원 60명은 6개월간 농사원에서 국비로 합숙 훈련을 받아 자부심도 상당했다. 초대 농사원장으로는 정남규(鄭南奎)가 임명되었다. 정남규는 수원농림학교를 수석으로 졸업하고 교토제국대학 농학부를 졸업한 뒤, 해방 후 서울대학교 농과대학 교수로 재임 중 미국으로 유학하여 위스콘신대학교에서 농업경제학으로 석·박사를 받았다. 당시 농학 분야에서 그와 학력을 견줄 수 있는 이가 많지 않았을 뿐 아니라, 일본과 미국 생활을 거치면서 외국어에도 능통했고 "능란한 화술이나 사교력, 활동력이 대단했던" 인물이었다.[11]

4년 남짓 운영되어오던 농사원은 1961년 5·16쿠데타 이후 위기를 맞게 되었다. 기존의 농사원 체제가 지방 행정기관과 농민지도 기능을 분리시켜 실제 운영에 어려움이 많다는 비판이 일선 부서에서 제기되었다. 또 농사원 운영에 큰 몫을 차지하던 외국 원조가 1950년대 말 크게 줄어들면서, 국비로 농사원 사업을 운영하기에는 재정 부담이 너무 크다는 비판이 제기되었다.[12] 국가재건최고회의에서는 이런 비판들을 받아들여 1961년 "농사교도법"을 "농사연구교도법"으로 개정, 도 농사원을 도지사 소속으로, 또 시·군 교도소를 시·군 산업과 소속으로 이관하였다. 그런데 농림부는 농사원 중앙조직도 자신의 산하로 두려고 하여 농림부와 농사원 사이에 마찰이 일어났다. 농림부는 1961년 11월 "농촌지도기구 통합심의회"를 설치하였는데, 통합안의 골자는 농사원의 조직을 모두 농림부의 내국(內局)으로 이관하자는 것이었다. 농사원은 당연히 강하게 반발하며 교도기구의 독립을 주장했지만, 심의회의 구성이 농림부 위주였으므로 결국 농림부 안이 심의회를 통과하게 되었다. 그러나 정남규가 농림부 안을 재고할 것을 요청하며 강력한 로비를 벌인 결과, 최고회의 농림위원 류병

현(柳炳賢)은 농림부 안에 대해 유보적인 입장으로 돌아서게 되었다. 결국 1962년 2월 9일 최고회의 의장 박정희는 "농촌지도 체계를 조속히 일원화"할 것, 특히 "농림부의 외청(外廳)으로 농촌진흥청(가칭)을 신설"할 것을 지시하였다.[13]

이에 따라 1962년 3월 21일자로 "농촌진흥법"(법률 제1039호)이 공포되었고, 4월 1일에는 "농촌진흥청(農村振興廳)"이 정식으로 발족하였다. 농촌진흥청은 농사원 시절보다도 규모를 더 키워 기존 농사원 조직에 농림부 지역사회국, 농림부 훈련원, 농림부 제주목장, 중앙전매연구소의 연초시험장을 모두 통합하였다. 지방조직은 도 농사원, 도 산업국의 지역사회과 및 도의 농사시험 지도사업기능을 통합 및 흡수하여 도지사 소속의 도 농촌진

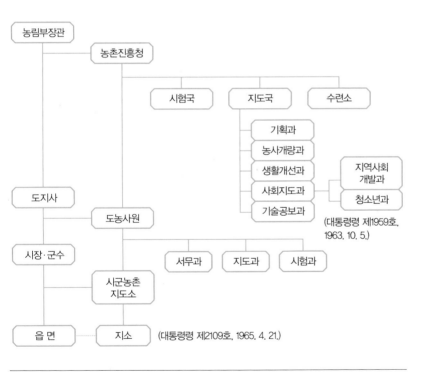

〈그림 5〉 농촌진흥청 직제(법률 제1039호, 1962. 3. 21).
(출처: 한국농촌경제연구원 편찬, 『한국농정50년사』, 서울: 농림부, 1999, 707쪽)

흥원으로 개편하고, 시·군의 농촌지도소 역시 시장·군수 소속하에 두었다. 도 농촌진흥원은 산하에 임목양묘장, 잠종장, 종축장, 가축보건소 등을 두었다.

잦은 조직 개편을 거쳤지만 결과적으로 농사교도기관은 점점 외형이 커졌고, 그에 따라 연구·지도인력도 점점 늘어났다. 연구인력은 중앙농업기술원 시절이던 1953년 174명(중앙 104, 도 70)이었던 것이 1957년(농사원 발족)에는 273명(중앙 191, 도 82)으로 늘어났고, 1962년(농촌진흥청 설립)에는 383명(중앙 289, 도 94)까지 늘어나 있었다. 농촌진흥청 설립 이후 증원이 계속되어 3년 뒤인 1965년에는 649명(중앙 488, 도 161)으로 두 배 가까이 늘어났다. 이는 대학 농과계 학과의 정원 확충에 때맞춰 일어난 변화였다. 이후 쌀 증산 정책이 본격적으로 추진되면서 1970년대에는 연구인력이 더욱 큰 폭으로 늘어났다. 1975년에는 중앙 547명(연구관 165, 연구사 382)에 도 농촌진흥원의 252명(연구관 27, 연구사 225)을 더해 총 799명이 되었다. 지도인력은 1957년(농사원 발족)에는 952명(중앙 82, 도 177, 시·군 693)이었는데 1960년 1,192명(중앙 82, 도 155, 시·군 955)으로 소폭 증가했고, 농촌진흥청 설립 후인 1964년에는 읍·면 지역에 지도소 지소를 설치함에 따라 4,790명(중앙 71, 도 210, 시·군 4,509)으로 대폭 늘어났다. 이후 1969년에는 6,534명(중앙 72, 도 242, 시·군 6,220)까지 늘어났고, 1970년대에는 천여 명의 "통일증산요원"이 더해짐으로써 다시 큰 폭으로 증원되었다.[14]

이와 같은 조직 개편에도 불구하고 해방 후 농학 분야에서 일본의 영향으로부터 탈피하는 일은 쉽지 않았다. 한국 농학계의 주요 인사들은 일제 강점기 수원고등농림학교 또는 일본의 대학에서 근대 농학교육을 받았기에 일본의 농학교육과 연구체제의 영향에서 완전히 자유로울 수 없었다. 또한 자포니카 쌀만을 주식으로 삼는 나라는 한국과 일본뿐이었기 때문에 해방 후에도 한국의 벼 육종학자들이 참조할 만한 연구는 일본에서 나온 것뿐이었다. 따라서 한국의 벼 육종은 일본의 벼 육종 연구를 따라가는 처지를 벗어나지 못했다. 잦은 직제 개편에도 불구하고 육종 연구체제의 골간은 식민지 시기의 농사시험장 체제가 약간의 변화를 거친 채 그대로 유지되었다. 품종개량도 꾸준히 이어졌지만 기본적으로 종래의 일본 품종 또는 그 후계 품종을 모태로 한다는 점은 변하지 않았다.

하지만 해방 후의 한국(남한) 농학이 기존의 전통을 답습했던 것만은 아니다. 해방 전 유일한 지식의 공급처였던 일본 농학의 영향이 지속되는 가운데서도, 한국 농학자들은 미국 등 새로운 지식의 출처를 적극적으로 찾아 자신들의 연구에 활용하였다. 한국 농학의 지도적 인물이었던 조백현(趙伯顯, 1900~1994)의 활동은 이를 잘 보여준다. 조백현은 일본 규슈제국대학 농예화학과를 졸업(1925)하고 귀국하여 수원고등농림학교의 한국인 교수이자 농사시험장 기사로 활약하였다. 해방을 맞아 일인 교수들이 떠나자 조백현은 수원농림전문학교의 교장이 되었고, 수원농전이 서울대학교 농과대학으로 편입되자 농과대학 학장이 되었다. 한국전쟁 후 황폐해진 농학교육을 재건하기 위해 조백현은 미국이 주도한 전후복구사업의 시행을 관장했다. UNKRA를 비롯한 각종 해외원조 자금으로 수원의 캠퍼스를 재건하고, 이른바 "미네소타 프로젝트"에 따라 40여 명에 이르는 농대 교환교수들의 해외연수를 관할하는 일 등이 모두 그의 몫이었다. 또한 해외 농업선진국 시찰을 통해 덴마크 등 선진 농업의 사례를 널리 소개하기도 했으며, 1960년대에는 5년 동안(1962~1966) 국제원자력기구(IAEA: International Atomic Energy Agency)와 동위원소를 이용한 시비(施肥) 연구를 공동으로 수행했는데, 이는 한국의 식량 사정을 개선하는 데 기여했을 뿐 아니라 한국 농학 분야 최초의 국제 공동연구라는 의미를 갖는다. 그리고 1965년에는 원자력위원회의 상임위원으로 위촉되어 10년 가까이 활동하면서 원자력청 산하에 '방사선농학연구소'를 설립하였다.

조백현의 활동상은 해방 후 1960년대까지 한국 농학의 궤적과 농학자들의 연구 추이를 압축하여 보여준다. 대부분의 농학자들이 일본 농학의 패러다임 안에서 교육받았으나 해방 후의 교육과 연구는 미국이 주도하는 전후복구 프로그램이나 "원자력의 평화적 이용(Atoms for Peace)"과 같은 국제 프로젝트에 편승할 수밖에 없었던 것이다. 특히 국제원자력기구가 주관한 과학기술 프로젝트들은 1950년대 한국의 과학기술자들에게 거의 유일한 연구 재원 노릇을 했다.

이러한 조직 개편을 바탕으로 국내의 육종 연구도 재개되었다. 광복 직후의 혼란과 한국전쟁의 여파를 딛고, 농사원은 1950년대 후반부터 다시금 새로운 품종을 내놓기 시작하였다. 우선 일제강점기에 개발되었던 품종들의 육성 과정을 완료하여 그것들을 공개하였다. 이들은 일제강점기에 일본 품종을 부모로 삼아 개발된 품종이기는 하지만, 한반도에서 상당 기간 선발 과정을 거치며 적응되었기 때문에 일본 품종이라기보다는 우리 땅과 기후에 맞추어진 품종이라고 볼 수 있다. 다만 일제강점기 말에 이름을 붙여두었던 품종도 있어서 "팔굉"과 같이 일제강점기의 흔적이 이름에 남아 있는 경우도 있었다.

그리고 1945년 이후 품종 선발이 완료되어 이름을 새로 붙인 품종들도 이윽고 선을 보였다. 광복 후 선발이 완료된 품종들은 또 그 시대상을 반영하는 이름을 얻었다. 대표적인 것이 1960년대의 인기 품종 "진흥"이었다. 이 밖에도 "재건"과 같은 품종명도 이채롭다. 이들 품종이 차츰 보급되면서, 1960년대 후반이면 해방 후 국내육성종이 해방 전 국내육성종을 대체하게 되었다.

한편 일본으로부터 도입한 품종도 계속 선을 보였다. 그것은 반드시 일본의 육종 수준이 높다거나 일본 품종이 뛰어나기 때문은 아니었다. 국내에서 재배되는 벼에 새로운 유전자를 계속 도입하기 위해서라도 외래 품종의 도입은 어느 나라에서건 늘 이루어지는 일이었다. 특히 일본과는 기후와 식생이 비슷하므로, 일본 유망 품종을 도입하여 우리 기후와 풍토에 잘 맞는 것으로 드러나면 적절한 개량과 선발 과정을 거쳐 농가에 보급하는 일도 잦았다.

일본 도입종의 강세는 해방 후에도 상당 기간 지속되었으나, 1950년대부터는 서서히 국내육성종으로 주력 품종이 교체되어가기 시작했다. 1950년대 초에는 긴보즈에서 선발·분리한 "만생(晩生) 긴보즈", "조생(早生) 긴보즈" 등이 큰 면적을 차지했다. 1950년대 중반 이후에는 도입품종 가운데서도 농민이 선발·육성한 비교적 오래된 품종들은 퇴조한 반면 인공교배와 계통선발을 거쳐 육종된 품종들이 뚜렷한 성장세를 보였다. "노린6호", "노린29호", "센본아사히(千本旭)" 등이 뒤의 부류에 해당한다.

1950년대의 중요한 변화는 국내육성품종들(식민지 시기 포함)이 드디어 전면에 나타나기 시작했다는 점이다. 식민지 시기 농사시험장은 1932년의 "남선13호"를 시작으로 해방될 때까지 15종의 육성을 완료했다. 육성은 해방 후에 완료되었지만 교배가 해방 전에 시작된 "새나라" 등 8종을 합치면, 식민지 시기 육성된 품종은 모두 23종에 이른다.[15] 이 가운데 "팔굉(八紘, 1938 육성)", "팔달(八達, 1939 육성)", "풍옥(豊玉, 1932 육성)", "수성(水成,

1949 육성)"등이 널리 재배되었다. 특히 팔달과 팔굉 등은 1960년대 말까지 노린6호와 함께 가장 널리 재배된 품종군을 이루었다. 이와 관련하여 이은웅 등은 1969년의 논문에서 한반도 육종의 시기를 재래종시대(1907년 권업모범장의 일본 품종 도입 이전), 품종도입시대(재래종과 도입종의 재배면적이 대략 반반씩을 차지하게 된 1920년 무렵까지), 도입품종 전성기시대(도입종이 총재배면적의 80퍼센트를 넘어선 1940년 무렵까지), 도입품종 및 육성품종시대(국내육성품종이 실용 보급되기 시작한 이래 현재[1969]까지)로 구분하고 있다.[16] 1969년 현재 한국의 장려품종 22종 가운데 국내육성품종은 13종, 도입(일본)품종은 9종이었고, 양자의 재배면적 비율도 비슷하였다.[17]

1960년대에는 전후복구의 연장선상에서 농지의 개간과 품종개량이 활발히 이루어졌다. 1960년대 중반이 되면 분단 전(1,605천ha, 1937년)에 비해 40퍼센트 가까이 줄어들었던 벼 재배면적(1,035천ha, 1955년)이 다시 120만 헥타르 선으로 늘어나는데, 이에 발맞추어 주요 재배품종에도 변화가 일어났다. 긴보즈 계열의 쇠퇴가 뚜렷한 가운데 노린6호, 팔굉, 팔달 세 품종이 총재배면적의 절반가량을 차지하고 노린29호가 그 뒤를 따르게 되었다. 노린6호는 1960년대를 통틀어 가장 널리 재배된 품종이었으며(최대 21만9천ha, 1968년) 노린29호도 1960년대 중반 10만 헥타르 이상 재배되었다. 1960년대 말에는 해방 전 국내 육성된 팔굉이 노린6호를 제치고 가장 넓은 재배면적(240.6천ha, 1969년)을 차지했다.[18]

1960년대 후반에는 국내에서 육성된 "진흥(振興)", "재건(再建)", "신풍(新豊)", "호광(湖光)" 등이 장려되고 있었다. 이들 국내육성품종은 이전 세대의 품종들에 비해서는 내비성, 내도복성, 내병성 등이 한층 개선되었고 수확량도 재래종에 비해 50퍼센트에서 최고 77퍼센트까지 늘어난 것들이었다.[19] 국내육성품종 가운데서도 비교적 오래된 품종인 팔달, 풍옥, 수성, 농광(農光, 1951 육성) 등은 재배면적이 감소했으며, 그 자리를 진흥(1958 육성), 재건(1958 육성) 등 해방 후 교배가 시작된 젊은 품종들이 메워나가기 시작했다. 1967년 육성된 "팔금(八錦)"이 처음으로 10아르당 400킬로그램을 넘어서는 등, 품종개량이 거듭되면서 수확량도 꾸준히 늘어났다.

식민지 시기와 마찬가지로 해방 후에도 한국 벼 육종의 일관된 과제는 수확량을 늘리는 것이었다. 같은 자연환경과 노동력 구조 아래서 쌀 생산을 늘리려면 화학비료의 사용이 불가피했다. 따라서 이 시기 벼 육종의 첫째 과제는 비료에 대한 감수성과 내비성(耐肥性)을 높이는 것이었다. 1961년 충주비료공장의 준공 이후 비료 생산량이 늘면서 내비성 강한 품종에 대한 수요는 한층 높아졌다. 하지만 농광 등 일부 품종을 제외하고는 1960년대까지 육성된 주요 품종들은 비료를 많이 주어도 증산 효과가 미미했다. 팔달이나 수성의 경우에는 내비성이 약하여 시비가 과도할 경우 오히려 수확량이 줄어들기도 했다. 이는 이들 두 품종의 재배면적이 1960년대 들어 지속적으로 감소한 한 원인으로 보인다. 둘째로, 시비의 증가로 인해 내도복성(耐倒伏性), 즉 쉽게 쓰러지지 않는 품종에 대한 수요도 높아졌다. 퇴비와 들풀로 거름을 주던 1910년 무렵과 비교하면, 화학비료 사용이 보편화된 1980년 당시 질소 성분의 시비량은 무려 다섯 배까지 늘어났다. 따라서 적은 양의 비료에 익숙해져 있었던 재래종들은 심하게 웃자라 쓰러지므로 화학비료 사용이 시작된 1930년대부터 내도복성이 중요한 육종 과제 중 하나가 되어왔던 것이다.[20] 셋째로, 수량(收量)과 미질(米質) 사이의 균형점을 찾는 것도 주요 과제의 하나였다. 수량이 늘어날수록 작물의 안정성과 쌀의 품질은 낮아지는 것이 보통이기 때문이다.[21] 이 시기의 재배 품종들은 이전의 재래종보다는 수량이 크게 향상되었지만, 대체로 미질을 높이는 데 주력하여 육성된 것들이었다. 널리 재배되던 품종 중에는 팔굉, 팔달, 풍옥 등이 어느 정도의 수량을 보장하면서도 밥맛이 좋았다. 노린6호와 노린29호 등 도입품종도 대체로 다수성이면서 밥맛이 좋은 것들이었다. 한편 진흥은 내비성이 높고 수확량도 상당히 많았으나 밥맛은 후한 평가를 받지 못했다.

이처럼 해방 후 1960년대까지의 한국의 벼 육종은 과거 식민지 시기의 유산을 바탕으로 꾸준히 성과를 올리고 있었다. 그러나 당시 한국의 농업 상황은 어떤 면에서는 전통의 계승, 발전 이상의 것을 요구하고 있었다. 쌀의 생산량이 꾸준히 늘어났음에도 쌀은 여전히 부족했고, 농촌의 "절량농가(絶糧農家)"도 사라지지 않았다. 물론 이것은 육종학자들의 힘만으로는 해결할 수는 없는 사회·경제적인 문제였다. 하지만 현실적으로 매년 춘궁기면 절량농가가 끊이지 않는 현실은 농학자들에게 일종의 책임감을 갖도록 했고, 한편으로는 혁신적인 다수확품종이 개발된다면 이런 문제들이 일거에 풀리지 않을까 하는 대중의 막연한 기대도 있었다. 특히 1960년대 들어 전 세계적으로 "녹색혁명"이라는 말이 유행하면서 한국에서도 농업생산성을 혁명적으로 높일 수 있는 "기적의 품종"에 대한 기대가 높아졌다.

1950년대 후반 육종의 과제

하지만 그것은 일본 육종 전통의 연장선상에서 해결할 수 있는 문제가 아니었다. 무엇보다 일본 농학은 "녹색혁명" 식의 프로그램을 추구한 적이 없었다. 물론 수확량을 중시하지 않는 육종이란 성립할 수 없겠지만, "기적적인 다수확품종"의 개발은 전후(戰後) 일본 농학의 전통에서는 적어도 가장 중요한 과제는 아니었다. 전후 일본의 육종가들은 "고시히카리(コシヒカリ)"와 같은 맛있는 쌀을 추구했지, 다수확 종자를 추구하지 않았다.[22] 또

한 국제미작연구소(IRRI: International Rice Research Institute)에서 이루어진 인디카 품종의 개량에 대해서도 학문적 호기심을 넘어서는 관심을 보이지 않았다. 비록 일본이 IRRI에 많은 지원금을 내고 연구 사업에 참여하기는 했지만, 이것은 자본주의 선진국으로서 제3세계에 대해 국제 지원을 편다는 성격이 강했지 자신들의 문제를 해결하기 위해 참여한 것은 아니었다. 요컨대 일본은 여전히 한국 육종학의 "스승"이었지만, 이 시기를 전후하여 한국과 일본의 벼 육종은 조금씩 다른 길을 가기 시작했다.

이상과 같이 1950년대 백방으로 노력한 결과 전쟁의 상흔을 딛고 일단 육종 연구와 보급에 필요한 최소한의 기반은 갖추게 되었다. 그러나 이전에 해오던 것을 묵묵히 이어가는 것만으로는 농업의 도약을 이루기에는 너무 갈 길이 멀었다.

상당한 폭의 증산이 이루어졌음에도 불구하고, 공업화가 이루어지고 경제 규모가 팽창하면서 오히려 쌀은 점점 부족해졌다. 국민소득이 높아지면서 보리 등 잡곡의 소비가 급격히 감소하고 쌀 수요가 급증했기 때문이다. 쌀 수요 증가분이 쌀 생산 증가분을 앞지르자 정부는 쌀을 수입할 수밖에 없었다. 박정희 정부는 1960년대 후반기에는 연평균 33만 톤, 1970년대 전반기에는 연평균 52만 톤의 쌀을 미국 등지에서 수입하였다. 더욱이 1960년대 후반 미국의 식량원조가 무상에서 유상으로 전환됨에 따라, 외곡을 도입하기 위해서는 막대한 외환을 지출해야 하는 상황이 닥쳤다. 외자 도입을 통한 경제성장에 사활을 걸고 있었던 박정희 정권으로서는 한 푼의 외환이라도 절약하여 산업 부문에 재투자해야 했다. 따라서 정부는 한편으로는 쌀 절약 운동을 벌이고 상대적으로 값이 싼 맥류의 소비를 강압적으로 권장하고, 다른 한편으로는 국내 쌀 생산을 늘리기 위해 다양한 조치를 시도하게 되었다.

그런 상황에서 정책결정자들이 "기적의 벼"와 같은 낱말들에 솔깃하는 것은 어쩔 수 없었다. 이 무렵 아시아와 아프리카에 신생독립국들이 늘어나면서 전 세계적으로 식량과 인구문제에 대한 관심이 높아지고, 기술혁신을 통해 식량문제를 한 방에 해결할 수 있으리라는 낙관론도 고개를 들었다. 그에 따라 우리나라의 농학자들도 품종개량에서 점진적인 혁신을 넘어선 뭔가를 찾게 되었다. 그리고 기다리던 뉴스는 뜻밖에도 동남아시아에서 들려왔다.

제3장

"기적의 씨앗"을 찾아서 (1960~1971)

해방 후 1960년대 중반에 이르기까지 경제 발전에 발맞추어 한국의 쌀 생산량은 꾸준히 늘어났으나, 국내 수요량을 채우기에는 부족했으며 쌀 증산이 농촌의 소득 증대로 효과적으로 이어지지도 않았다. 하지만 1960년대 중남미, 인도, 동남아시아 등에서 진행된 "녹색혁명"은 적절한 신품종이 나타날 경우 이런 문제가 해결될 수 있으리라는 기대를 세계적으로 불러일으켰다.

1960년대 세계의 벼 육종에는 중요한 변화가 있었다. 1950년대 밀 육종에서 큰 성공을 거두어 "녹색혁명"이라는 말을 만들어낸 미국의 육종 전통이 벼에도 영향을 미치기 시작한 것이다. 1961년 미국의 영향력 아래 필리핀에서 문을 연 국제미작연구소(IRRI: International Rice Research Institute)는 미국의 연구자와 연구소 운영진들을 대거 초빙하여 인디카 벼의 형질 향상을 추진하였고, 곧 상당한 성과를 거두었다. 한국 정부는 IRRI에 농학자와 농업행정가들을 파견하여 선진기술을 배워 오고자 하였다. 서울대학교 농학대학에서 재직 중이던 허문회(許文會, 1927~2010)는 1960년대 중반 IRRI에서 인디카와 자포니카의 원연교잡(遠緣交雜)을 통해 생산성이 높고 한국의 병충해에 강한 새 벼 "IR667"(이후 "통일"로 명명)을 개발하는 데 성공했다. 이것은 곧 한국에서 비상한 관심을 끌었고, 1960년대 말에는 정식으로 국내에 도입되어 실용화를 목표로 육성되었다.

방사선 돌연변이 육종의 유행

1950년대 말에서 1960년대 초반까지 세계 농학계의 유행어를 꼽으라면 "원자력"이 꼭 들어갈 것이다. 그 배경에는 1950년대 후반 미국의 주도로 시작된 "평화를 위한 원자력(Atoms for Peace)" 프로그램이 있었다. "평화를 위한 원자력"이란 1953년 12월 8일 미국 대통령 아이젠하워(Dwight D. Eisenhower)가 국제연합 총회에서 한 연설의 제목이기도 하다. 아이젠하워는 핵전쟁의 위험을 경고하면서, 미국은 핵전쟁을 도모하지 않고, 대신 세계평화와 인류의 복리 증진을 위해 원자력 기술을 이용할 것이라고 선언했다. 또한 원자력의 평화적 이용을 위해 국제연합 산하에 독립적인 기구를 설치할 것을 제안했다. 이 제안을 바탕으로 1957년 7월 29일 국제원자력기구(IAEA)가 오스트리아 비엔나에 설치되었다.[1]

"평화를 위한 원자력" 프로그램의 대부분은 에너지(전력 생산), 의료, 농학 관련 기술의 보급이 차지했다. 특히 농학에 원자력 기술을 응용하는 것은 발전 설비와 같은 장치 산업에 비해 적은 투자로 실현 가능했을 뿐 아니라, "칼을 쳐서 보습을 만들고 창을 쳐서 낫을 만들리라"는 『성서』구절[2]을 실현하는 것으로 받아들여져 많은 관심과 호응을 받았다. IAEA는 세계 여러 나라의 농학자들에게 연구비를 지원하여 원자력을 응용한 연구를 진흥하였다. 1960년대 초반까지는 방사성동위원소 추적자(tracer)를 이용한 토양 연구나 방사선을 조사(照射, irradiation)하여 병충해를 방제하는 연구가 주로 지원받았다. 그러다가 1960년대 중반 무렵 품종개량을 통한

"녹색혁명"이 국제적인 화제로 떠오르자, IAEA에서도 방사선 조사로 돌연변이를 유발하여 품종을 개량하는 연구를 지원하기 시작했다. IAEA는 인도의 스와미나탄(Monkombu S. Swaminathan)이 1967년 방사선 육종을 통해 개량한 밀 "샤르바티 소노라(Sharbati Sonora)"가 인도에서 큰 인기를 얻은 것을 예로 들어 돌연변이 육종에 박차를 가했다.[3] 국제식량기구(FAO)와 같이 식량문제를 전담하는 기관에서는 IAEA가 정치적 동기에 따라 움직이며 외부에 보여주기 위한 사업에 치중한다고 비판하기도 했지만, IAEA의 후원 아래 방사선 육종은 하나의 독립된 분야로 성장해나갔다.[4] 스와미나탄의 예에서 볼 수 있듯이 IAEA가 최초로 방사선 육종을 시도한 것은 아니다. 방사선 육종을 이용한 최초의 실용화된 돌연변이 품종은 벼는 1957년(대만의 SH30-21), 밀은 1960년(독일의 Els) 각각 개발되었다.[5] 하지만 IAEA가 동시에 여러 나라에서 방사선 육종 연구 사업을 지원함으로써 방사선 육종은 1960년대 후반 들어 국제적으로 도전해볼 만한 주제로 인정받게 되었다.

한국에서도 방사선 육종은 많은 관심을 끌었다. 특히 한국 과학기술사에서 원자력이 각별한 의미를 가지기 때문에 방사선 육종도 많은 주목을 받았다. 이승만 정부는 "평화를 위한 원자력" 프로그램의 일환으로 연구용 원자로 "트리가 마크 II(TRIGA Mark-II)"를 도입하기로 하고, 1959년 원자력원(原子力院)을 설립하였다. 1962년 3월 원자로 가동이 시작되면서 원자력연구소, 방사선의학연구소, 방사선농학연구소 등 원자력을 주제로 한 세 곳의 연구소가 문을 열었다. 그 가운데 방사선농학연구소는 1965년 4월 원자력원 산하 방사선농학연구실에서 출발하여 1966년 11월 독립하였다. 1973년에는 이들 세 연구소가 통합 민영화되어 "특수법인 한국원자력연구소"로 개편되었다. 방사선농학연구소는 한국원자력연구소 산하 방사선육종학연구실로 역시 개편되었다.[6]

원자력원은 단순히 하나의 연구소가 아니라, 과학기술의 기반이 전혀 없던 한국에서 최초로 과학기술을 본격적으로 연구한 기관으로 평가된다. 원자력원은 연구원들에게 많은 보수를 지급하였고 원자력 관련 기초 연구라는 명목으로 사실상 모든 과학 분야의 연구와 해외 교류를 지원했기 때문에 다양한 과학기술 분야에서 우수한 인재들이 몰려들었다.[7] 농학자들도 원자력 연구라는 명목으로 상당히 많은 지원을 받았다. 방사선농학연구소는 연구 자체를 지원했을 뿐 아니라 경제적으로 어려웠던 시기 연구자들의 교류 공간도 제공하였다. 예를 들자면 "한국육종학회"(1969년 11월 설립)와 "한국식물생명공학회"(1973년 1월 설립)는 창립총회와 설립 초기의 각종 이사회를 방사선농학연구소에서 열었다.[8]

　　따라서 당시 한국 과학기술계의 현실을 감안하면 많은 농학자들이 원자력을 자신의 연구에 응용하고자 했던 것은 자연스러운 일이라 하겠다. 방사선농학연구소는 "유전육종학연구실", "생리영양학연구실", "작물가축보호학연구실", "식품공학연구실" 등을 두고 방사선과 방사성동위원소의 활용 방안을 연구했다.[9] 전북대학교 교수로 방사선농학연구소 초대 소장을 역임한 한창렬(韓昶烈)은 한국 방사선 육종의 선구자라고 할 수 있다. 그는 초기에는 주로 방사선 조사를 통해 농작물을 멸균 처리하거나 저장기간을 늘리는 것을 연구했지만, 점차 방사선을 활용한 벼 육종으로 연구 주제를 옮겼다. 특히 방사선 조사를 통해 벼의 여러 형질 가운데 단백질 함량을 높이는 것을 시도했다.[10] 그리고 1969년에는 방사선농학연구소에 국내 최초의 완조사(緩照射, chronic irradiation) 설비인 감마선 조사 온실(70평 규모)을 갖추었다.[11] 영남작물시험장의 이정행, 박래경, 이수관 등은 IAEA의 연구비 지원 아래 이 설비를 이용하여 "팔굉"에 방사선을 쬐어 짧은 줄기의 신품종 "밀양10호"를 육성해냈다.[12]

돌연변이 육종의 한계와 교잡육종으로의 회귀

하지만 방사선 육종은 애초의 기대와는 달리 실용적인 성과를 별로 내지 못했다. 1970년대에 몇 가지 단간(短稈) 품종이나 고단백 품종이 개발되어 학계에 보고되었지만, 어느 것 하나도 실용 품종으로 농가에 보급할 수준에 이른 것이 없었다. 이는 돌연변이 육종 자체의 한계에 기인한다. 수량성을 예로 들면, 방사선을 조사하여 우수한 다수성 개체가 나타나는 빈도는 돌연변이 제2세대(M2)에서 500~5,000분의 1 정도다. 이 빈도는 자연 상태에서 돌연변이가 일어날 확률(단위 유전인자당 1백만 분의 1)에 견주면 대단히 높은 것이지만, 실제 육종 현장에서 방사선 조사한 개체로부터 유용한 개체를 선발하려면 막대한 시간과 노력이 들어간다는 것을 짐작할수 있다. 다시 말해 돌연변이 육종이 보통의 교배육종에 비해 경우에 따라서는 시간과 노력을 절약할 수 있지만, 그 경우에도 교배육종과 마찬가지로 선발과 형질고정의 과정을 거쳐야 하며, 대중이 기대했던 것처럼 "기적의 품종"이 단번에 나타나는 일은 가능하지 않다는 것이다. 실제로 돌연변이 육종은 눈에 보이는 형질이 중요한 화훼작물에는 널리 이용되어 많은 성과를 냈지만, 다양한 형질을 종합적으로 고려해야 하는 식량작물에서는 그만큼의 성과를 거두지 못했다. 특히 주곡작물의 경우 돌연변이 육종으로 개발한 품종이 지배적인 품종이 된 경우는 세계적으로 드물다.[13] 한국뿐 아니라 세계적으로도 돌연변이 육종에 걸렸던 지나친 기대는 곧 실망으로 바뀌었다. 육종학자들은 방사선 돌연변이 육종은 통제하기 어려운 변인이 너무 많기 때문에 전통적인 교배육종이 더 신뢰할 수 있는 방법이라고 여겼다.[14] IAEA는 계속해서 농학 연구를 후원했지만 실용적인 성과는 돌연변이 육종보다는 식품 저장이나 토양·비료 연구 분야에서 주로 나왔다.

그럼에도 불구하고 원자력 육종에 대한 대중의 기대는 식지 않았다. 이미 원자력에 대한 기대가 드높아진 터라 사소한 소식도 크게 보도되곤 했다. 원자력 육종과 "기적의 쌀"에 대한 당시의 높은 기대를 보여주는 짧은 일화가 있다. 1970년 6월 19일, 이른바 "원자쌀"에 대한 보도가 《조선일보》 지면을 장식했다. 감마선을 이용해 육성한 "원자쌀"이 필리핀에서 시험재배 중인데, IRRI가 개발한 "기적의 쌀"(IR8)보다 "품질이 우수하며 일찍 영글고 병균에 대한 저항력이 강하다"는 것이다. 기사는 "원자쌀 탄생에 다대한 기여를 한 필리핀원자로연구소(PARC)[15]의 농업부장 일루미나도 발렌시아 박사(43)"의 말을 빌려, 연구소에서 개발한 세 종류의 벼가 IR8보다 생산량은 약간 떨어지지만 25일 정도 빨리 이삭을 맺고, "기적의 쌀과는 달리 길쭉하며 백악질(白堊質)도 적어 먹기 좋다"고 보도하였다.[16] 이 기사는 사실 6월 말 무렵으로 예정되어 있던 그의 한국 방문을 홍보하기 위한 것으로 추정된다. 기사의 마지막에 "발렌시아박사는 이달 말경 한국을 방문;…… 자포니카종에 대한 방사능 변이 기술 개발을 지원할 예정으로 있다"는 소개가 덧붙어 있기 때문이다. 실제로 첫 번째 보도로부터 약 보름이 지난 7월 4일 발렌시아는 원자력청 방사선농학연구소의 초청으로 한국을 방문했다. 발렌시아의 방한을 보도한 기사 내용은 다음과 같다.

> 방사선에 의한 돌연변이를 이용하여 이른바 원자쌀을 만들어낸 필리핀의 일루미나도 발렌시아(43, 필리핀 원자로 연구소 농업부장) 박사가 한국 쌀의 품종개량연구를 돕기 위해 3일 오전 CAL기편으로 우리나라에 왔다.…… 박사는 "한국에서 재배되는 끈기있는 품종인 자포니카종을 방사선 육종법(育種法)에 의해 개량하면 가장 좋은 쌀을 얻을 수 있을 것"이라고 말했다.
> 발렌시아박사가 이끄는 필리핀의 농학자들은 필리핀, 대만 등 남방지역

품종인 인디카종에서 이른바 '녹색혁명'인 '기적의 쌀'(일명 IR-8, 종래의 2배 수확)의 결점을 보강하고 보다 맛이 있고 일찍 여물며 병균에 대한 저항력도 강한 원자쌀을 만들어내는 데 성공했던 것이다.

그는 앞으로 6개월동안 원자력청 방사성농학연구소(소장 沈相七)에서 국제원자력기구의 농업전문가 자격으로 쌀의 품종개량을 도울 것이다.[17]

그러나 엄밀히 말하면 위 신문기사는 오보에 가깝다. "원자쌀"을 개발하는 것이 발렌시아 내한의 주목적은 아니었던 것으로 보인다. 사흘 뒤 더 자세한 기사가 실렸는데, 이에 따르면 발렌시아의 전문 분야는 방사성동위원소를 이용한 토양 연구이며, 방사선농학연구소장 심상칠과 함께 IAEA의 연구 프로젝트를 진행하기 위해 한국에 온 것이다. 아래 인용된 기사에 보이듯 발렌시아는 자신에게 쏟아지는 관심에 다소 부담스러워 하고 있었으며, 특히 "원자쌀"에 초점이 맞추어지는 데 대해 의아해하고 있었다.

……"원자쌀이라고 알려진 신품종 파르크[PARC]-8은 66년 이래 7세대를 내려오면서 선별해 낸 것입니다. 이에 '기적의 쌀'로 알려진 IR-8에 비해 밥맛이 좋아지고 내병성이 강해진 것이 특징입니다. 그러나 방사선조사(照射)에 의한 새로운 품종의 유기(誘起)는 필리핀 뿐 아니라 한국 등 여러나라에서 해온 것으로 이것만을 유독 '원자쌀'이라고 할 수는 없겠지요." 발렌시아박사는 자신의 연구결과가 한국에서 이처럼 큰 관심을 모았으리라고는 상상도 못했다고 말한다.…… 美 위스컨신대에서 토양화학을 전공한 그에게 한국 농경지의 30퍼센트를 차지하고 있는 저품위 생산지의 토양연구에 특히 기대를 건다고 沈소장은 말했다.[18]

발렌시아는 한국 체류를 마치고 돌아간 뒤 한국의 토양에 관한 여러 편의 논문을 발표했다.[19] 그러나 내한 직후의 관심이 수그러들고 나서는, 한국 신문에서 발렌시아나 "원자쌀"에 대한 소식은 찾아볼 수 없다.[20] 발렌시아는 토양화학자로서 자신의 임무를 다했고, 한국에 다녀간 뒤에도 한국의 토양에 대한 연구 결과를 계속 내놓았다. 하지만 그것은 더 이상 언론의 주목을 받지 못했다. 언론에서 기대하던 "기적의 쌀"을 만드는 작업과는 거리가 있기 때문이다. 이는 언론과 대중이 한국 농업의 문제를 일거에 해결할 수 있는 "기적의 쌀"이 있으리라는 큰 기대를 품고 있었음을 보여준다.

"기적의 쌀"에 대한 강박과 "희농1호" 사건

이처럼 "기적의 쌀"에 대한 집착에 가까운 기대가 여기저기서 높아져 있던 상황이었으므로, 정부의 각 기관들은 경쟁적으로 박정희의 기대에 부응하기 위해 해외 다수확품종을 확보하는 데 주력했다. 심지어 농업 담당 부서가 아닌 중앙정보부까지도 가세했다. 1964년 중앙정보부 요원들이 이집트의 열대성 자포니카 품종 "나다(Nahda)"의 씨앗을 한국으로 밀반입했다. 아랍어로 "깨어남(awakening)"이라는 뜻의 이름을 지닌 나다는 이집트가 일본에서 도입한 자포니카 품종으로부터 선발하여 육성한 품종으로, 1954년부터 민간에 보급되었다. 수확량이 높아 농민의 인기를 얻어 곧 이집트 벼 재배면적의 85퍼센트 이상을 차지할 정도로 널리 퍼졌고, 1970년대 후반 도열병에 약점을 드러낼 때까지 약 20년 동안 인기를 누렸다. 나다를 교배친으로 한 후속 품종들도 1980년대 초반 이집트 벼 재배면적의

90퍼센트 이상을 차지했다.[21] 중앙정보부장 김형욱은 나다의 밀반입을 두고 자신이 "제2의 문익점"이라는 둥 자랑을 했으며, 심지어 중앙정보부에 대한 국회내무위의 국정감사장에서도 나다의 견본을 내놓고 자화자찬을 늘어놓았다고 한다.[22] 박정희는 이 씨앗에 자기 이름의 "희(熙)"자를 붙여 "희농(熙農)1호"라고 이름 짓고, 종자 견본을 대통령 접견실에 놓아둘 정도로 기대가 컸다.[23]

1965년부터 이루어진 희농1호의 시험재배는 서울대학교 농대 교수였던 이태현(李台現)이 맡았다. 당시 서울대학교 농대 대학원생이었던 김광호(金光鎬)의 회고에 따르면 "무엇 때문인지는 모르지만" 과수학 전문이었던 이태현이 희농의 생산성을 검정하는 임무를 맡게 되었다. 이태현은 자신이 벼 전문가가 아니었으므로 벼 재배 전문가인 이은웅(李殷雄)에게 도움을 부탁했고, 이은웅의 제자였던 김광호가 "가물 때는 물지게를 져다 물을 주는 둥" "대학원생이 아니라 머슴"처럼 사실상 희농1호의 재배를 도맡았다고 한다.[24]

박정희는 중앙정보부 직원을 매주 불러 시험재배 상황을 보고받을 정도로 깊은 관심을 보였다.[25] 하지만 시험재배 결과 이태현이 직접 감독한 수원에서만 좋은 성적을 냈을 뿐 광주 등 지방의 시험재배는 실패했다.[26] 1965년 추수철, 《조선일보》는 희농1호의 시험 성적을 보도하면서 다른 농학자들의 회의적인 전망을 곁들였다. 아래 인용된 기사를 읽어보면 사실상 중견 농학자들은 희농1호의 실용화가 어려울 것으로 결론 내렸음을 알 수 있다.[27]

> 26일 오전 서울농대 시험장에서 열린 희농1호 다수확시험대회에서 이태현(李台現, 서울 농대) 교수가 경작한 희농1호는 단보당 보통작(4석)의 곱절이나 되는 8.8석의 조곡을 내었으나 지방 농촌진흥청에서의 재배

는 실패, 앞으로의 보급에는 많은 문젯점을 남겼다.

이교수는 앞으로 희농1호의 실패작 원인을 고쳐나간다면 ①가지가 많이 벌어지고 ②줄기가 강하며 ③잎이 무성하여 결실이 좋다는 등 잇점을 들어 다수확품종으로 가장 적합하다고 주장했다.

한편 지영린(池泳鱗, 경제과학한국농학심의회), 장영철(張永哲, 건대교수(建大教授))씨등 11명의 농학자들은 "희농1호는 우리나라 풍토 및 일기에 맞지 않으며 첫해작은 실패였다"는데 뜻을 같이하고 앞으로 3~4년은 더 연구하여 보급하여야 할 것이라고 말했다.(강조는 지은이)[28]

관계자들의 우려에도 불구하고, 박정희는 이태현에게 "심농법(心農法)"에 대한 설명을 따로 듣는 등 이태현을 상당히 신임하였다.[29] 시험재배로 거둔 30가마의 쌀도 "한 톨도 먹지 말고 종자로 쓰라"고 지시했다고 한다.[30] 희농1호에 걸었던 기대가 컸기 때문으로 보인다. 박정희는 이태현을 1966년 3월 농촌진흥청장에 임명하고 희농1호의 실용화 연구를 계속 맡겼다.[31]

하지만 결국 희농1호는 기후 적응에 실패했고, 이태현은 국정감사에서 야당 의원들의 질타를 받았다. 1966년 11월의 국정감사에서 신민당 박찬(朴璨) 의원은 희농1호의 시험 성적 제출을 요청했으나 이태현이 자료를 제출하지 않자, "농촌진흥청 기술자들은 수당을 깎아야 한다"면서 장시간에 걸쳐 이태현을 추궁하였다. 회의록 한 쪽을 가득 메우는 긴 질책 중 중요한 부분을 간추리면 다음과 같다.

……희농제1호라는 것을 어떤 기관에서 그의 종자를 어떤 나라에서 들여오려고 대단히 욕을 보았는데…… 이 농촌진흥청에서 시험사업을 했는데 그 효과가 어떠냐 나는 그 내용을 모르겠어요. 내가 아까 자료를 제출해달라고 했더니 제출 안 해주어요.…… 농촌진흥청의 시험사업을

하는 작물시험장에서 나온 수확고가 다른 개인이 한 것보다는 못하다 더 나아야 할 터인데 그만 못한 여기의 기술자들은 무엇을 하는 기술자들이냐 이런 말이에요.…… 어떤 사람들은 희농1호의 별명으로 학위를 받은 이청장에 대한 책임을 추궁하라고 하는 이런 투서가 많이 들어왔어요. 나는 이것을 이청장에게 이 책임을 추궁하고 싶지 않습니다.…… 인천의 한국대학[?]에서 실험한 결과에 여기에[비해]서 60퍼센트 이상의 수확을 올렸는데[다는] 얘기를 들었습니다. 그렇다면…… 청장의 잘못이 아니라 그 밑에 있는 사람들의 정신이 다른 데에 쏠려 있기 때문에 생산고가 저하됐다.…… 여기에 대한 답변을 청장이 해야 되겠지만 여기에서 직접 시험장장이 답변해 주시기 바랍니다.[32]

이태현은 이에 대해 "희농1호에 대해서는 앞으로 시험할 그런 미해결의 점이 많"다고 한 발 물러서면서, "바닥이 모래로 되어 있는 그런 불량한 토양"에서 재배를 했고 "수확은 했지만 말려가지고 쌀을 만들자면 시간이 요하고 통계분석할려고 하면 시간이 요하다"고 변명하며 예봉을 피해 가려 하였다. 11월까지 수확량 집계가 되지 않았다는 상식 밖의 답변에 박찬이 격노하여 이태현을 몰아세우자, 이태현은 "일주일 전만 미리 통고해 주었다고 하면 '데이타'를 제출할 자세가 되어 있"다고 변명한 끝에 마지못해 "수원작물시험장이 594.6kg, 호남이 594.8kg, 영남이 593.3kg, 경기도가 668.6kg, 충북이 627.1kg"이라고 단보당 시험 성적을 털어놓았다. 이태현은 단보당 3.6석이라는 시험재배 결과는 적은 것이 아니라며 항변했지만, 시험 성적 공개를 미룬 까닭에 대해서는 끝까지 해명하지 않았다.[33] 박찬은 이에 대해 "막대한 재정을 투자해가면서까지 …… 농촌진흥청에서 실험한 결과나 그런 상태라면 이상 그치는 것이 좋지 않는가"라며 이태현을 압박했다.[34]

1966년 시험 결과가 긍정적이지 않았음에도 불구하고, 이듬해인 1967년에는 희농이 일반농가에 보급되었다. 그러나 재배 결과는 "씨받이마저 어려운" 흉작에 그쳤다.[35] 강한 질타를 받았던 1966년과는 달리, 이해의 국정감사에서 희농1호는 언급조차 되지 않았다.[36] 결국 박정희는 1968년 5월 이태현을 경질하고 후임에 김인환(金寅煥)을 임명함으로써 희농1호의 실패를 받아들였다. 이후 박정희가 희농1호에 대해 간접적으로나마 언급한 것은 1970년의 연두기자회견 석상이 유일하다. 그는 IR667을 "통일"이라는 이름으로 소개하면서, "과거에 안됐기 때문에 이것도 되겠느냐고 의심할지 모르지만 틀림없이 될 것"이라는 말을 덧붙여 희농1호의 실패의 기억을 의식하고 있음을 보여주었다.[37]

국제미작연구소(IRRI)와 허문회 그리고 IR667

일본의 자포니카 품종 도입도, 돌연변이 육종도 1960년대 한국이 원하던 획기적 다수확품종을 가져다주지는 못했다. 그것을 실현한 것은 전통적인 교배육종의 방법을 이용하면서도 "이상적인 초형(草型)의 육종"이라는 새로운 목표를 내세운 국제미작연구소(IRRI)였다.

1950년대 말 밀과 옥수수에서 "녹색혁명"이 거둔 성과는 또 다른 주곡 작물인 쌀에서도 이러한 기술혁신이 가능하리라는 기대를 많은 이들에게 심어주었다. 록펠러재단과 포드재단은 쌀의 녹색혁명을 위해 벼농사 연구기관을 설립하기로 하고, 그 장소로 동남아시아에서 미국과 가장 긴밀한 관계를 유지하고 있었던 필리핀을 골랐다. 1960년 필리핀 근교 로스 바뇨스(Los Baños)에 국제미작연구소(IRRI: International Rice Research Institute)가 설립(1962년 개소)되었다.[38] IRRI는 냉전 시기 미국의 "민주주의의 진열장 (showcase)" 중 하나로서 기획되었다. 록펠러재단과 포드재단은 IRRI가 필리핀과 동남아시아를 근대화하는 전진기지 역할을 하기를 원했다. 과학적으로 개발된 신품종을 보급함으로써 필리핀과 동남아시아 농촌의 근대화를 선도할 뿐 아니라, IRRI에서 연구 또는 연수하는 아시아 연구자들도 미국식 민주주의를 깊숙이 받아들여 해당 국가의 근대화를 이끌어나가기를 기대했던 것이다.[39]

따라서 IRRI는 단순한 품종개량을 추구하지 않았다. 이들은 농민들이 한눈에 기존의 품종과 다르다고 느낄 수 있는 파격적인 신품종을 만들어내기를 원했다. 그리고 더 많은 농민이 IRRI의 벼를 재배할 수 있도록, 다양한 기후와 지형 조건에서 적응 가능한 범용(universal) 품종을 만들어내고자 했다.[40] 또한 이는 세계적으로 IRRI에 대한 깊은 인상을 남김으로써 동남아시아 여러 곳에 산재한 벼 연구기관 가운데 IRRI의 위상을 다지기 위한 "대도약(big jump)" 전략이기도 했다.[41] 이를 위해 IRRI는 밀의 "녹색혁명"에서 성가를 높였던 초형육종(草型育種)의 개념을 벼에도 적용하기로 하고, 단간다수성 품종 육성을 목표로 걸었다.[42] 그 결과 육성된 신품종 "IR8"은 반왜성(半矮性, semi-dwarf) 품종으로 내비성, 내병성 등을 겸비하여 IRRI가 추구하던 범용 품종에 가까운 것이었다. 특히 1965년부터 일부 농가에 보급하여 시험재배한 결과 헥타르당 최고 8톤을 넘는 높은 수량을 올려 "기적의 벼(miracle rice)"라는 찬사를 받았다.[43] 1966년에 필리핀 당국의 승인을 얻은 IR8은 농가에 본격적으로 보급되었고, 그 다수성 때문에 엄청난 호응을 얻었다. 수확된 IR8은 "은행 로비와 화려한 백화점에서 팔렸으며, 수확한 벼는 식용으로 쓸 수 없을 정도로 값이 올랐다."[44]

오늘날의 연구자들은 IR8에 대한 당시의 열광은 그 성과가 과장되어 알려졌기 때문이며, 실제로 IR8을 통해 증산된 쌀의 양은 혁신적인 수준은 아니었다고 분석한다.[45] 하지만 뒷날 되돌아본 통계와는 관계없이, 당시에 IR8은 IRRI의 의도대로 동남아시아의 농민들에게 근대적 품종개량의 위력을 인식시키는 데 충분히 기여했다. 그리고 이 "기적의 벼"에 대한 소식은 한국에도 전해져 이목을 끌었다.[46] 1964년 정근식(鄭根植)을 시작으로, 농촌진흥청의 연구자들이 IRRI에 1년 또는 2년 일정으로 연수를 떠나기 시작했다.[47]

한국에서 IRRI를 거쳐 간 연구자 중 가장 잘 알려진 인물이 바로 뒷날 "통일벼" 개발로 유명해진 허문회 박사다. 허문회의 대표 업적인 통일 벼 개발은 1964년부터 1966년까지 IRRI에서 이루어졌다. 허문회는 1959년 미국 연수 시절에 인연을 맺은 육종학자 헨리 비첼(Henry M. Beachell, 1906~2006)이 텍사스에서 은퇴한 뒤 IRRI의 육종과장으로 부임한다는 소식을 듣자, 서울대학교를 휴직하고 1964년 7월부터 이 연구소의 객원연구원이 되어 벼 육종 연구에 몰두했다. 당시 IRRI는 동남아시아 일대에서 "기적의 벼"라는 별명으로 널리 알려지게 되는 단간 품종 IR8의 개발에 힘을 쏟고 있었다. 허문회는 IR8의 육성 과정에 참여하면서 단간 벼 품종의 잠재력을 확신하게 되었고, IR8의 유용한 형질들을 한국 품종에 도입할 수 있는지 연구하기 시작했다.

허문회의 연구에서 가장 중요한 과제는 인디카(Indica)와 자포니카 (Japonica) 품종 사이의 유전적 차이를 극복하는 것이었다. 일본의 가토 시게 모토가 1920년대 후반 벼를 열대형인 인디카와 온대형인 자포니카라는 두 아종(亞種, subspecies)으로 분류한 이래 인디카와 자포니카를 교배하여 얻은 잡종은 불임이 된다는 것은 일종의 상식이었다. 따라서 인디카와 자포니카의 교배는 인디카의 병충해 저항성을 자포니카에 옮기는 등의 목적으로 드물게 시도되었을 뿐, IR8과 같은 단간 다수확 인디카 품종을 온대 지방에서 전면적으로 재배하기 위해 인디카와 자포니카를 교배하는 일은 세계적으로도 시도된 적이 없었다. 허문회는 IRRI에서 전 세계의 다양한 벼를 연구해온 육종학자들과 교류하면서 그들의 육종 경험을 폭넓게 받아들였다. 이를 바탕으로 허문회는 인디카와 자포니카를 우선 교배한 뒤, 제1대 잡종 가운데 불임이 아닌 종자를 골라 다시 다른 인디카 품종과 교배하여 안정된 품종을 만든다는 전략을 세웠다. 허문회는 이전에 일본 학자들이 인디카-자포니카 잡종 육성을 시도했으나 실패했던 것은 자포니카를 얻어내야 한다는 강박으로 제1대 잡종을 계속해서 자포니카와 교배했기 때문이라고 분석했다. 그는 기존 연구와 달리 제1대 잡종을 자포니카가 아닌 인디카와 교배하여 번식력도 회복시키고 더 다양한 인디카의 유전형질을 도입하고자 했다. 이와 같은 "삼원교배(三元交配)"의 구상을 실현시키기 위해 허문회는 IRRI에서 머물렀던 2년 동안 600여 종의 인디카-자포니카 조합을 시험해보았다.

1966년 7월 말 허문회는 귀국하여 서울대학교 농과대학으로 복직했다. 허문회의 역량을 높이 산 IRRI에서는 그가 계속 남아 일해주기를 바랐고 그도 그럴 뜻이 있었으나, 서울대학교에서 더 이상의 휴직을 허락하지 않았기 때문이다. 허문회는 IRRI에서 육성한 인디카-자포니카 조합 1천여 종을 비첼에게 넘겨받아 농촌진흥청과 서울대학교 농과대학 등에서 재배하면서 한국의 풍토에 맞는 품종을 선발하기 시작했다. 이 과정에서 육성 기간을 줄이기 위해 IRRI의 협조 아래 "왕복 선발(shuttle breeding)", 즉 겨울에는 이모작이 가능한 필리핀으로 종자를 보내어 재배하는 기법을 이용하기도 했다. 1966년과 1967년에는 한국의 기후와 병충해에 적응하지 못한 품종들이 도태되어나갔고, 1968년 가을 무렵에는 허문회가 삼원교배로 육성한 품종 가운데 IR667이라는 품종이 병충해에도 강하고 수확량이 높아 주목을 받기 시작했다. IR667은 "IR8×(Yukara×TN1)", 즉 추위에 잘 견디는 일본 홋카이도 지방의 자포니카 품종 "유카라"와 대만의 단간 다수확 인디카 품종인 "Taichung Native 1(TN1)"을 교배하여 얻은 1대 잡종을 다시 IR8과 교배한 품종이었다. 농촌진흥청은 IR667에 속하는 여러 계통을 1969년부터 1971년까지 시험재배하여 성적을 비교한 결과 가장 우수한 계통에 "통일"이라는 이름을 붙이고 1972년부터 전국적으로 보급하기 시작했다.

통일벼는 행운의 소산이 아니라 허문회의 주도면밀하고 끈기 있는 육종 프로그램의 결실이었다. 그는 IRRI의 단간 다수확품종의 잠재력에 주목하면서 IR8을 본떠 줄기는 굵고 짧으며 잎은 곧게 뻗은 품종을 한국에 도입하겠다는 목표를 세우고, 이를 위해 삼원교배를 통해 IR계통 품종에 온대 자포니카 품종의 내랭성 유전자를 도입하겠다는 실험 계획을 수립했다. 이후 허문회는 단간 다수확 인디카와 내랭성 자포니카의 최적의 조합을 찾기 위해 자신의 지식과 경험을 동원하여 수백 계통의 교배를 반복했고, 마침내 통일벼라는 결실을 거둔 것이다. 통일벼는 키가 작으면서도 줄기가 두텁고 이삭이 크며, 잎이 곧게 뻗어 태양빛을 이용하는 효율이 높았다. 더욱이 질소비료에 견디는 능력이 뛰어나 1960년대까지 한국에서 재배되던 자포니카 품종들에 비해 30퍼센트 이상 수확을 높일 수 있었다.

허문회는 1968년 이태현이 물러난 뒤 후임 농촌진흥청장이 된 김인환(金寅煥)에게 자신의 품종들의 장점을 설득했고, 김인환은 허문회의 건의를 받아들여 실용화 연구를 지시했다. 1970년, 200여 종의 IRRI 품종 가운데 한 가지가 "기적의 볍씨"로서 언론에 공개되었다. 이에 대한《조선일보》의 기사는 공교롭게도 앞서 언급한 "발렌시아가 '원자쌀'을 개발했다"는 기사 바로 옆에 실렸다.

한편 우리나라는 올해부터 필리핀에서 개발된 IR8과 日本[대만의 오기]의 재래1호를 3원 교배하여 만든 '기적의 볍씨' 'IR667'을 시험재배 중

〈그림 6〉 통일벼 개발을 알리는 《서울신문》의 기사(1969년 9월 6일)

이다. '기적의 볍씨'는 키가 짧아 쓰러지지 않고 잎이 곧아 포기속까지 光線을 흠뻑 빨아들이는 多收穫품종으로 도열병과 잎마름병에도 좀처럼 걸리지 않는다. 또 현재 장려되고 있는 벼의 단보당 평균 수확량이 4백8kg, 만경이 4백68kg인데 비해 '기적의 볍씨'의 수확량은 6백24kg으로 엄청나다.

이 '기적의 볍씨'의 生産性은 國際米作연구소에서 새로 육성한 IR20 및 IR22보다 높아 단보당 평균 1백64kg의 增收가 가능하다는 것이다.

농림부는 이 '기적의 볍씨'를 2년동안 시험재배한 후 72년부터 우리나라 농가에 보급할 예정인데 米質이 재래종보다 덜한 것이 흠이라고 한다.[48]

동아시아에서 벼와 벼농사에 대한 담론은 민족국가의 정체성과 맞물려 큰 정치적 함의를 지닌다. 특히 한국은 일본과 자연환경이 비슷함에도 불구하고 식민지 시기 일본식 농학체제와 품종을 강제로 받아들여야 했으므로, 일본식 품종의 지배에서 벗어나는 것은 단순히 농학자만의 문제가 아니라 정치인과 행정가들도 상당한 관심을 갖고 있는 문제였다.[49]

1990년대까지도 일본 품종이 국내육성종보다 널리 재배되는 것은 "우리 육종가의 자존심이 걸린 사항"으로 여겨졌다. 예를 들어 신품종 "동진(東津)"의 육성 공로를 인정받아 1990년 농업연구상을 탄 박석홍(당시 호남작물시험장 장장)은 수상 과정의 뒷이야기를 소개하고 있는데, 여기에는 일본계 품종에 대한 농학자들과 행정가들의 견제의식이 잘 드러나 있다. 1980년대 이후로 한국에서 가장 인기 있었던 품종은 일본에서 도입한 "아키바레(秋晴)"였는데, 농학자들과 행정가들은 이를 "국내육성품종의 자존심에 관한 문제"로 여겨 "추청[秋晴]벼의 선두주행에 좋지 않게 생각"했다.[50] 동진은 바로 이 아키바레를 누르고 1989년부터 재배면적 수위를 차지하였다. 박석홍은 1990년 박정윤 당시 농촌진흥청장이 호남작물시험장을 방문했을 때 다음과 같은 말을 남겼으며, 그것이 농업연구상 수상의 계기가 되었다고 회고하고 있다. 즉 호남작물시험장이 농업연구상을 받게 된 것은 아키바레보다 널리 재배되는 벼를 개발했기 때문이라고 해도 과언이 아니다.

> 이것은 우리 육종가의 자존심이 걸린 사항인데 아직도 추청벼 면적이 가장 많으니 빨리 우리 품종으로 대체되어야 하지 않겠어요? 그런 품종이 나오면 이것은 틀림없이 연구상의 대상이 됩니다.[51]

동진의 사례는 1990년의 일이지만, "우리 품종"의 성쇠를 "우리 육종가의 자존심"과 결부시키는 사고방식은 새로운 것이 아니다. 이런 점에서 IR667의 개발은 한국 육종의 "독립"을 알리는 이정표 역할을 했다. 한국의 육종은 일제강점기 제국주의 권력에 의해 이식된 이래 일본 육종의 큰 전통 안에서 발전해왔다. 비록 1945년 일본 제국주의의 패망과 함께 한반도가 정치적으로는 독립했지만, 해방 후에도 연구 주제의 설정이나 품종 실용화 등 여러 면에서 일본 육종학의 영향을 지울 수 없었다. 특히 자포니카 연구에서 일본을 따라잡거나 일본 학자들이 경청할 만한 연구 성과를 내는 일은 매우 어려웠다. 1970년대 "통일"이 기존의 상식을 뛰어넘는 다수성을 과시하며 녹색혁명의 총아로 떠오르자, 한국 농학자들은 스스로의 역사를 "통일벼" 이전과 이후로 나누어 생각하게 되었다. 비록 "통일"의 등장 이전에도 품종개량은 꾸준히 이루어졌지만, "통일"은 일본 육종의 전통에서 크게 벗어난 품종이라는 점에서 한국 농학사에 하나의 분기점이 되었다. "통일"은 미국이 설립·운영하던 IRRI에서, 미국 농학자 비첼의 지도를 받으면서, 인디카 표본을 적극적으로 이용하여 개발한 품종이다. 뿐만 아니라 일본 농학자들이 큰 소득이 없을 것으로 판단하고 한동안 손대지 않았던 인디카-자포니카의 원연교잡을 적극적으로 시도하였고, 이를 통해 초형육종이라는 당시의 초미의 관심사도 한 데 아우를 수 있었다.

　　한국 농학자들의 자긍심이 높아지는 만큼, 일본 농학자들도 1970년대 중반부터 한국의 육종학을 재평가하기 시작했다. 일례로 일본의『育種学雑誌』는 "韓国の水稲育種[한국의 벼 육종]"이라는 제목의 보고문을 3회에 걸쳐 실었는데, 이 세 편의 짧은 보고문을 비교하면 흥미로운 차이점이 발견된다.[52] 1973년의 제1보는 한국 벼 육종의 전반적 현황을 개괄하고, 어디에 어떤 연구시설이 있는지 간략히 소개하고 있다. 그리고 마지막에 간단히 "통일"이라는 유망 품종이 최근 개발되었지만 몇 가지 결점이 있어 한국의 육종가들이 "개량에 노력하고 있다"는 정도로 소개를 덧붙이고 있다. 별다른 가치판단이 들어 있지 않은 두 쪽짜리 짧고 건조한 소개 글인데, 이는 다시 말하면 1970년대 초반까지 일본의 육종학자들이 한국 육종학에 대한 기본적인 정보도 알지 못할 정도로 관심이 없었음을 방증하고 있다. 이에 비해 같은 저자인 기쿠치 후미오(菊池文雄)가 2년 뒤인 1975년 쓴 제2보에서는 "통일"에 대한 상당한 호기심을 엿볼 수 있다. 기쿠치는 글 머리에 "여기서는 주로 품종의 움직임을 중심으로 쓰겠다"고 전제하고 "통일"이 1972년부터 1974년에 걸쳐 어떤 성과를 거두었는지 소개하고 있다. 또 "통일"의 증산 이면에 있는 시장가격 문제나 향후의 품종개량 방향 등에 대해 언급하고 있다. 1976년의 제3보에서는 "통일"에 대한 관심이 호기심의 수준을 넘어서는 것을 읽을 수 있다. 제3보의 저자 구시부치 긴야(櫛淵欽也)는 "통일벼"를 통한 증산이 한창이던 1975년 한국을 방문하고, "우리나라[일본]는 오늘날까지 내병충성 유전자를 도입하는 측면 외에는 인디카 그 밖의 외국도를 이용하지 않고 있다. 그러나 다수성 육종의 견지에서도 인디카를 다시 볼 필요가 있어, 적극적으로 유전적 배경의 확대를 꾀할 필요가 있다"고 일본 연구자들의 분발을 촉구했다.[53] 나아가 인디카-자포니카의 형질교환에 대한 연구가 장차 한일 공동연구의 주제로 적당할 것이라고도 내다보았다. 이와 같은 일본 농학자들의 감탄 섞인 평가는 "통일벼"가 전국적인 도열병 피해를 입기 전인 1977년까지 계속 관찰할 수 있다. 또한 오타 야스오(太田保夫)는 1977년의 보고문에서 다음과 같이 "통일"의 의의를 높이 평가하고, 나아가 일본에서도 적극적으로 "통일"계 품종을 연구해야 한다고 제안하고 있다. 물론 한두 가지 사례로 판단하는 것은 성급한 일이지만, 적어도 "통일"의 개발이 일본 농학자들로 하여금 한국 농학계를 일방적인 가르침의 대상이 아니라 협력의 대상으로 다시 보게 하는 데 기여했다는 것은 부정하기 어렵다.

한국의 주곡 자급 달성에는, 통일계 신품종의 육성이라는 드라마가 있었다. 한국의 수도육종 연구자가 Indica로부터 단간다수성 인자를 Japonica에 도입한다는 기발한 발상에 기반하여 용감하게 파고든 화려한 장거로, 실로 획기적인 사건이었다.…… 이들 품종이 직접 일본에 도입될 가능성은, 기상 환경이 다르기 때문에 어렵다고 생각하지만, 교배모본으로서는 크게 공헌할 것이라고 생각할 수 있다.[54]

한국 농학자들도 "통일"의 개발이 한국 농학의 독자적 역량을 입증하는 일임을 잘 알고 있었고, 국제적 관심을 받는 귀중한 기회를 놓치지 않았다. 통일계 신품종은 해외에서 처음에는 "인디카-자포니카 잡종(Indica-Japonica hybrid)" 또는는 "한국형 인디카(Korean Indica)"로 알려졌지만, 한국 농학자들은 그 대신 "통일형 품종(Tongil-type)"이라는 새로운 이름을 쓰기를 주장했다. 통일계 품종이 단순한 하나의 변종이 아니라 기존에 없던 하나의 새로운 생태형(ecotype)이고, 그것이 한국에서 "통일"을 필두로 만들어졌다는 것을 명확히 하기 위해서다. 허문회 스스로도 국내의 벼 품종 호칭을 정리해야 한다는 취지의 글에서, 아래 인용문과 같이 "통일형 품종"을 자포니카나 인디카와 구별하여 부를 것을 제안하고 있다. 이러한 요구가 어느 정도 받아들여져 "통일형 품종"이라는 용어는 IR667과 같은 형태의 품종을 일컫는 용어로 통용되기에 이르렀다.[55]

……이와 같이 短稈인디카와 자포니카의 雜種後代 또는 短稈인디카와 통일계, 자포니카와 통일계, 통일계와 통일계의 雜種後代에서 固定選拔된 품종을 "통일형품종"(tongil type cultivars)이라고 부르고, 자포니카에 속하는 품종은 "자포니카품종"(japonica cultivars), 인디카에 속하는 것은 "인디카품종"(indica cultivars), 쟈바니카에 속하는 것은 "쟈바니카품

종"(javanica cultivars)이라고 부르고, 이들 품종群間 또는 품종群內에서 잡종강세를 이용하기 위하여 일대잡종으로 품종을 삼는 경우는 당분간 어떤 품종群間의 잡종이거나를 막론하고 "一代雜種품종"(F₁ cultivars) 군으로 불러 호칭에 혼란을 막았으면 좋겠다. 그리고 이런 群別을 "品種群"(cultivar group)이라고 불러서 분류학상의 群別과 혼돈하지 않도록 하였으면 좋겠다.[56]

물론 "통일"의 개발만으로 한국 육종학의 전반적인 역량이 일본에 버금가는 수준으로 올라선 것은 아니었다. 품종 면에서 일본의 영향은 오늘날까지도 어느 정도 유지되고 있다. "통일벼"의 품질에 실망한 소비자들이 아키바레와 같은 양질의 일본 품종을 선호하게 되어, 오히려 "통일벼"의 퇴장 이후로 오늘날까지도 일본 품종이 고급 쌀 시장을 주도하고 있다. 국내 품종 가운데 "일품벼" 등 일본 품종보다 품질이 우수한 품종이 여럿 나왔으나, 시장에서는 아직도 일본 품종에 비해 인지도가 낮다. 1970년대 "통일벼"와 곧잘 비교되었던 자포니카 "아키바레"(秋晴, 또는 "추청벼")는 여전히 고급 쌀의 대명사로 인식되고 있으며, "고시히카리", "히토메보레" 등 일본에서 인기 있는 품종들이 속속 도입되어 높은 값에 팔려나가고 있다.

그럼에도 불구하고 "통일"의 개발은 한국 농학이 담론 차원에서만 "독립"을 논하는 것이 아니라 실질적으로 도약하는 계기가 되었다. 인디카-자포니카 교잡은 1920년대 일본 학자들이 자포니카의 형질 개량을 위해 시도한 바 있으나 성공하지 못한 바 있다. 허문회가 체류했던 1960년대 중반 무렵에는 IRRI의 연구진들이 인디카의 형질 개량을 위해 다시 인디카-자포니카 교잡 실험을 벌이고 있었고, 1920년대에 견주어보면 다소 나은 성과를 거두고 있었다. 허문회는 당시 IRRI에서 이루어지고 있던 실험들의 성과를 바탕으로 삼고, 거기에 자신이 지니고 있던 자포니카 육종에 대한 지식을 결합시켜 새로운 교잡종을 만들어내었다. 이는 IRRI의 연구를 단순히 답습한 것이 아니라 인디카 연구의 성과를 적용하여 한국에서 재배할 수 있는 품종을 만들어내었다는 점에서 독창적인 성과로 평가할 수 있다. 이와 같이 당시에 자기 연구 분야의 세계적 조류를 파악하고 그 최전선에 있는 문제를 해결한 사례는, 1960년대 중반 한국의 과학기술계를 통틀어도 이 밖에는 거의 찾아보기 어렵다. 이런 점에서, 1970년대의 정치·사회적 논란과는 별도로, IR667의 개발은 1960년대 한국 과학기술계를 대표할 수 있는 성과로 꼽을 수 있을 만한 것이다.

"통일"의 개발 이후 정부는 녹색혁명에 큰 기대를 걸고 육종 연구에 지원을 아끼지 않았다. 그에 따라 육종뿐 아니라 재배, 생리, 병충해 등 신품종이 야기할 수 있는 모든 주제에 대한 연구가 양과 질 모든 면에서 충실해졌다. 결과적으로 허문회가 인디카-자포니카의 교잡에 성공한 일은 한국의 벼 육종이 오랜 역사와 풍성한 성과를 자랑하는 일본의 벼 육종 전통에서 탈피하는 중요한 계기를 마련해주었다. 한국의 농학자가 일본이 아닌 미국 농학자의 지도 아래 일본 농학자들이 풀지 못했던 과제를 해결함으로써, 한국의 벼 육종은 일본 육종학의 독점적 영향에서 벗어나 자신의 전통을 세울 수 있는 디딤돌을 얻게 되었다. 또한 일본 품종보다 더 수량이 높은 품종을 입수함으로써 박정희 정부는 한국의 벼농사가 세계 최고 수준이 되었다고 자랑할 수 있는 계기를 잡게 되었다.

제4장

"통일벼로 통일하고 유신벼로 유신하자"

농업에 대한 국민적 관심이 현저히 줄어든 2000년대, "통일벼"와 증산체제에 대한 도시민의 기억은 거의 남아 있지 않다. 간혹 남아 있는 경우에도 "정부의 강압적인 품종 강요"라든가 "농약과 화학비료의 과다 사용"과 같이 대부분 부정적인 기억들이다.

그러나 "통일벼"가 한창 보급되고 증산체제가 전면적으로 작동하던 1970년대 중반에는 "녹색혁명"에 대한 기대감이 비판의 목소리보다 더 우세했던 것으로 보인다. 통일벼 재배가 본격화된 1973년부터 정부가 "녹색혁명 성취"를 공언한 1977년까지는 신품종에 대한 반발은 미미하거나 제한된 수준에 머물렀고, 오히려 적지 않은 농민들이 신품종 권장 정책을 적극적으로 받아들여 자신들의 소득을 늘리는 기회로 활용하였다. 이는 1970년대 중반의 증산체제가 농민들의 참여와 협조를 이끌어내는 데 성공했기 때문으로 볼 수 있다. 이전 시기의 증산 독려 정책은 농민의 적정한 수익을 보장하지 않은 채 일방적으로 국가가 농민을 수탈하는 것이어서 큰 성과를 거둘 수 없었다. 이에 비해 "통일벼"와 고미가정책을 두 축으로 한 1970년대 중반의 증산체제는 농민들의 증산 의욕을 북돋는 데 성공했다. 한편 농학자들은 "통일"의 문제점을 개선한 후속 품종들을 만들어내는 데 성공했다. 이들 품종이 전국적으로 적재적소에 보급되면서 통일형 신품종의 재배 영역은 더욱 확대되었다.

이와 같이 1973년부터 1977년까지는 증산체제가 기술적으로 안정되는 한편 어느 정도는 농민들의 호응을 얻음으로써 안정적으로 운영되었던 시기로 볼 수 있다. 이 시기에 농민들이 수동적으로 '동원'되는 데 그친 것이 아니라, 적어도 일부 농민은 증산체제가 자신들에게 제공하는 기회를 인지하고 적극적으로 참여했다고도 할 수 있다. 그 결과 1970년대 초 도시 재화의 이전과 식량 증산을 주고받는 일종의 교환 관계가 성립하였고, 이 것은 1960년대의 급격한 산업화 과정에서 방치되었던 농촌의 사회·경제적 상황을 개선함으로써 1970년대 중반 농촌 경제의 팽창을 가능하도록 한 하나의 요인이 되기도 했다.

하지만 그와 같은 증산체제는 구조적인 모순을 안고 있는 것이었다. 박정희 정부는 1960년대에 제기되었던 농업구조 개선 문제를 해결하지 못한 채, 보조금 정책으로 개별 농가의 증산을 지원한다는 손쉬운 대응책에 머물렀다. 이는 정부가 지속적으로 거액의 보조금을 투입하지 않고서는 유지할 수 없는 체제라는 점에서 근본적인 한계를 안고 있었다. 그 한계는 결국 1970년대 말 증산체제의 위기로 이어지게 된다. 그럼에도 불구하고 1970년대 중·후반은 비교적 증산체제가 큰 마찰 없이 추진될 수 있었던 것 또한 사실이다. 그 기술적 배경과 사회·경제적 배경을 분석하는 것이 이 장의 목적이다.

"통일"은 한국의 농민들에게 생소한 품종이었던 만큼 보급 초기부터 많은 논란을 불러일으켰다. "통일"의 장점과 단점은 모두 그것이 IR계 인디카 품종을 기본으로 삼았다는 사실에서 비롯된다. "통일"은 단간다수성 초형 육종의 개념에 충실하게 줄기가 짧고 빳빳하며 이삭이 크다. 이에 따라 많은 비료를 주어도 쓰러지는 일 없이 무거운 이삭을 맺을 수 있어 생산량을 크게 높일 수 있다. 인디카에 가까운 품종이므로 한국과 일본의 자포니카 품종을 주로 감염시키는 도열병 병원체에 내성을 가지고 있다는 것도 또 다른 장점이다. 하지만 "통일"은 열대성 인디카를 기본으로 삼았으므로 기존의 자포니카 품종에 비해 재배시기가 크게 제한되며, 모내기철과 수확철의 냉해에 노출될 경우 큰 피해를 입을 수 있다. 또 한반도와 크게 다른 환경에서 재배되어오던 계통의 품종이므로, 비록 병충해 검정을 모두 마친 뒤 보급되기는 했으나 어떤 병충해가 추가로 발생할지 예측하기 쉽지 않았다. 그리고 찰기가 적은 인디카에서 유래된 품종이므로 차진 자포니카 쌀의 맛에 길들어온 한국의 소비자들에게 높은 평가를 받기 어려웠다. 이는 곧 시장가격이라는 민감한 문제와 연결되는 것이기도 했다.

밥맛의 문제는 "통일"의 보급 초기부터 지적받았다. 이를 의식한 농촌진흥청 간부들은 1971년 2월 5일 경제동향보고회 자리를 빌려 "통일"의 육성 결과를 보고하고, 박정희를 포함하여 39명의 정부 각료와 경제계 인사들이 참석한 가운데 통일쌀 밥의 시식회를 열었다. 맛에 대한 평가는 긍정적이라고 보기는 어려웠다. 대통령이 배석한 시식회였음에도 불구하고 맛이 "좋다"고 답한 것은 참석자의 28퍼센트(11명)에 불과했고, "보통이다"가 67퍼센트(26명), "나쁘다"도 5퍼센트(2명)였다. 하지만 박정희는 맛이 "좋다"에 기표한 뒤, 무기명으로 진행되었던 시식 설문지에 자신의 이름을 써

IR667밥맛 검정 조사표			
밥	좋	다	보통이다	나 쁘 다
1. 밥 색 깔	○		
2. 차진정도		○	
3. 밥 맛	○		

〈그림 7〉 "IR667 밥맛 검정 조사표", 1971년 2월 5일 실시. "박정희"라는 서명과 날짜가 보인다.
(출처: 김인환, 한국의 녹색혁명, 49쪽)

〈그림 8〉 1971년 6월 1일
충북도 청원군 강외면(淸原郡 江外面) IR667 시범단지의 모내기에 참여한 박정희.
(출처: 김인환, 「한국의 녹색혁명」, 75쪽)

서 참석자들에게 자신의 의지를 분명히 알렸다(〈그림 7〉).[1] 박정희는 이 밖에도 1971년 "통일" 시범단지의 모내기에 직접 참여하여 이 품종에 대한 자신의 기대와 지지를 다시 한번 공개적으로 천명하였다(〈그림 8〉).

하지만 박정희의 확고한 의지에도 불구하고, "통일"은 본격적으로 농가 보급을 시도한 첫 해인 1972년에 수확기의 냉해로 큰 타격을 입었다. 농민들은 정부가 충분한 시험을 거치지 않고 품종을 권장한 바람에 한 해 농사를 망치게 되었다면서 강력히 항의했다. 신민당 의원들과 언론에서도 "'미숙품종'에 겹친 천재(天災)"라며 성급한 재배면적 확대를 성토했다.[2] 정부는 결국 농민들에게 1억5천만 원가량의 보상금을 지급해야 했다.[3] 정치적 부담을 느낀 농림부는 농촌진흥청에 "통일" 보급을 유보할 것을 요구했지만, 김인환은 농촌진흥청 인력을 동원하여 개별 농가를 방문하여 "통일"의 재배를 권유하였다.[4]

김인환의 집념은 결과적으로 성공을 거두었다. 이듬해인 1973년, 여름 기온이 높았던 데다가 자포니카 품종이 병해로 흉작을 거두는 바람에 "통일"은 일반 벼에 비해 37퍼센트나 높은 단위생산량을 올리게 되었다. 마침 1972년 세계적인 이상저온 때문에 1973년 세계 곡물시장이 크게 요동치고 있었기 때문에 "통일"의 성과는 더욱 빛을 발했다. 1973년의 작황 보고를 받은 박정희는 "희농"의 실패를 거듭하지 않을 것이라는 기대를 굳히고 "통일"을 본격적으로 확대 보급할 것을 지시하였다. 국가의 행정적·제도적 지원을 확보함으로써, "통일"이라는 하나의 기술은 사회적 요소

136 | 제4장 "통일벼로 통일하고 유신벼로 유신하자"

와 결합하여 기술시스템으로서의 모습을 본격적으로 갖추어나가기 시작했다.

"통일" 재배의 전면화

1973년에는 여름철 날씨가 더웠던 덕분에 1972년의 실패를 딛고 "통일"의 다수성이 다시금 발현되었다. 통일벼(481kg/10a)는 일반벼(350kg/10a)에 비해 30퍼센트 이상 더 많은 수확을 올렸다. 농촌진흥청에서는 "통일벼의 특성에 맞는 재배법을 숙지한다면 문제될 것이 없다"는 자신들의 지론이 이해의 풍작으로 입증되었다고 주장했다. 더욱이 1973년 8월에 새로 농림부장관으로 취임한 정소영(鄭韶永)은 전임자와는 달리 김인환에게 전폭적인 지지를 보냈다. 그는 취임 직후 김인환이 "그간 통일벼 보급을 위하여 고군분투하고 있는 사실을 잘 알고 있"으며 "앞으로는 청장 의견에 따라서 추진하겠다"고 언명했다. "통일" 보급을 둘러싼 농림부와 농촌진흥청의 알력이 봉합되고 농림부에서도 김인환에게 힘을 실어주기로 한 것이다. 이에 고무된 김인환은 1974년 통일벼 재배면적 확대를 위한 조직적 준비에 착수하는 한편 여론 조성을 위해 녹색혁명에 대한 책자를 각 기관에 배포하였다.[5] 이에 따라 "통일"의 장래성에 대한 논란은 자취를 감추었고 1974년부터는 "통일"의 확대 보급이 거침없이 추진되었다.

박정희는 1973년의 증산을 치하하며 일선 농촌지도공무원들에게 상여금을 지급하였다. 이에 따라 시·군 지소에 근무한 농촌지도공무원들은 봉급의 200퍼센트에 해당하는 파격적인 상여금을 받게 되었다.[6] 정부의 전폭적인 지원 의사를 바탕으로 1973년 12월에는 "쌀 3000만석 돌파 생

主穀의自給達成

一九七四年 一月二二日

大統領 朴正熙 [印]

산" 결의대회가 열려 농업 관련 공무원들에 대한 총동원체제가 갖추어졌
다. 박정희는 1974년 1월에는 농촌진흥청에 "주곡의 자급달성"이라는 붓
글씨를 직접 써 보내 "통일" 보급에 대한 지지를 다시금 확인하기도 했다.

　1974년의 재배면적은 전체 논 면적의 25퍼센트인 30만 헥타르로, 전년
대비 두 배 이상 늘어났다. "한 품종이 우리 논 면적의 20퍼센트 이상에
재배된 일이 없었다"는 사실에 비추어볼 때, 이해부터 1970년대 말까지 이
어지는 통일벼의 광작(廣作)은 역사적으로 유례가 없는 일이었다.[7] 전례 없
는 신품종의 대규모 보급에 걸맞게 국가의 행정력도 전례 없이 집중되었
다. 대규모 확대 보급에 따른 위험을 줄이고 신품종 영농에 필요한 행정
지도를 원활히 펼치기 위해 정부 행정·지도·농협 등 관계기관이 모두 참
여한 '식량증산 작전상황실'이 설치되었다. 아울러 농촌진흥청에서는 "쌀
3000만석 돌파 7단계 작전"까지 입안하여 목표 달성을 위해 총력을 기울
였다.

　"통일벼는 해거리를 한다"는 농민들 사이의 입소문을 반영하기라도 하
듯,[8] 1974년의 통일벼 작황은 1973년보다는 좋지 않았다. 모내기철과 5~7
월 생육기에 기온이 낮았던 탓에 단위면적당 생산량은 8킬로그램가량 감
소했다. 1974년 11월 10일 농수산부의 발표에 따르면 이해의 전국 평균 단
위수확량은 369kg/10a로 전년(356kg) 대비 13킬로그램 늘어났지만, "통

〈그림 10〉 경상북도 상주군에서 열린 전국 수도육묘기술평가회(1974년 5월 14일). 발언하는 김인환 농촌진흥청장의 양 옆으로 "통일쌀 증산으로 녹색혁명 이룩하자", "삼천만의 소망이다 통일 심어 식량자급" 등의 구호가 보인다. (출처: 김인환, 『한국의 녹색혁명』, 130쪽)

일"의 단위수확량은 지난해(481kg)보다 줄어든 473킬로그램에 그쳤다. 하지만 그래도 기존 품종의 단위수확량(353kg/10a)보다는 100kg/10a 이상 높은 것이었으므로 전국적으로는 쌀 생산량이 증대되었다.[9] "통일"은 단일 품종으로서 855,844톤(약 600만 석)의 수확량을 올림으로써 증산에 큰 몫을 했다. 그 결과 전국적인 쌀 생산량은 전해의 2천9백만여 석에서 소폭 늘어나 3086만 석이 되어, 3천만 석 생산이라는 목표를 달성할 수 있었다. "통일"을 재배하여 증산된 분량 약 150만8천 석이 전국적인 쌀 생산량의 증가분(약 160만 석)과 거의 맞먹는 것이었기에, 이해의 쌀 생산 증가는 전적으로 "통일"을 더 널리 심었기 때문으로 받아들여졌다.

이해의 "통일"로 인한 증수량 150만8천 석을 당시 정부 수매가격으로 환산하면 그 가치는 427억6천만 원이 되어, 통일벼 재배농가 1호당 70,920원씩 소득이 늘어난 것으로 계산할 수 있다. 물론 이것은 증가한 농경비용 등을 계산에 넣지 않은 것으로 실질소득과는 거리가 있지만, 수치상으로는 당시 농가 평균소득(1974년도 674,451원)의 10퍼센트가 넘는 많은 금액이었다. 통일계 재배 다수확농가(단당 6백kg 이상)도 많이 나와서 상금이 29억4천여만 원에 달했다. 이해 쌀 생산고가 3000만 석을 돌파한 공로로 김인환은 정부로부터 은탑산업훈장을 받았다.[10]

하지만 쌀은 여전히 부족했다. 쌀 소비량의 증대가 증산량을 앞질러 가고 있었기 때문이다. 정부는 혼·분식 장려나 무미일(無米日) 제도 등을 통해 극단적으로 쌀 수요를 억제하고 있었지만, 경제성장으로 생활비에서 쌀 값 비중이 낮아지면서 쌀 수요는 점점 늘어나고 있었다. 1974년 쌀 생산량은 1973년에 비해 5.5퍼센트 늘어났지만, 1인당 연간 쌀 소비량은 123킬로그램에서 6.5퍼센트 늘어난 131킬로그램이 되었다. 이는 정부가 식량자급을 위한 적정 소비량으로 상정한 120킬로그램을 크게 상회하는 것이었다.[11] 정부는 혼·분식 장려 정책을 더욱 강화하는 한편, 1974년 12월부터 쌀을 엿이나 과자 원료로 쓰는 것을 금지하고, 떡을 만들 때 잡곡을 30퍼센트 이상 섞으며, 소매 쌀의 도정비율도 7분도(70퍼센트)로 낮추는 등 쌀 소비 억제를 위해 다양한 정책을 동원했다.[12]

전국적 '증산체제'의 수립

1970년대 중반, 급속도로 쌀 생산량이 증가되는 가운데, 농촌에는 전사회적 동원체제가 형성되었다. 농촌진흥청은 1973년 12월 6일부터 15일까지, 수원 농민회관에서 농촌진흥청 본청과 도원(道院)의 전 간부, 그리고 전국의 시·군 농촌지도소장과 지소장까지 농촌진흥청 산하 전 지도직 공무원들을 세 개 반으로 나누어 특별합숙훈련을 시켰다. 공무원들은 1인당 7개

부락 정도를 맡아 농한기인 겨울철부터 농민들에게 통일벼 재배기술을 교육하고, 농사철이 되면 농민들에게 방제·시비의 적기를 알려주는 등 통일벼 재배를 통한 증산을 지원·감독하는 임무를 맡았다. 정부에도 행정·지도·농협 등 관계기관이 모두 참여한 '식량증산 작전상황실'이 설치되어, 3월부터 11월까지 휴일도 없는 비상근무체제에 돌입하였다. 이를 통해 중앙정부부터 말단 농촌 마을까지를 포괄하는 거국적인 기술지도체제가 확립되었다.[13]

농촌진흥청은 현장 교육에 사용될 각종 교본을 간행·배포하는 데도 힘을 기울였다. 농촌진흥청에서는 공무원용으로 『겨울 영농훈련교본』을 15만 부나 발행했고, 이와 연계하여 각 시도에서는 농민 교재용으로 농사정보, 병해충 발생경보 등 각종 교재를 85만 부나 발행하여 "교재 홍수"를 낳았다.[14] 전 농민에 대한 교육은 이듬해 3월까지 계속되었다. 그리고 특히 남부지방에서 반대해온 통일 품종의 보온육묘를 강력히 추진하기 위하여(남부지방은 기온이 높아 보온육묘가 필요 없다는 의견이 많았다), 이효근(李孝近) 농촌진흥청 식량작물과장이 3월 23, 25, 27일 각각 전북, 광주, 진주 등을 돌며 도내 전 시·군 작물계장과 지소장에 대한 보온묘판 설치요령 특별교육을 실시하였다. 이에 더해 『쌀 3000만석 돌파작전 기술지도 지침』 9,500부, 『기술지도 순기표(循期表)』 3,000부, 『추진상황기록부』 1,700부, 『집단재배단지 재배력(栽培曆)』 표본 10,000부, 『수도육묘기술』 6,400부, 『통일벼 건못자리 육묘법』 4,000부 등 여러 가지 지도 자료를 작성 배부하였다.

이와 같은 동원체제는 "3000만석 생산"이니 "4000만석 생산"이니 하는 정부가 정해놓은 정책 목표를 달성하기 위해 수립된 것이었다. 따라서 일선 농촌지도단위들도 농민을 지원한다는 명분 아래 실제로는 농민들이 정부의 방침에서 벗어나지 않도록 관리·감독하는 역할을 맡았다. 이에 따라 농촌지도조직의 인원도 큰 폭으로 확대되었으며, 직제도 승격되었다. 농촌진흥청은 1964년 서너 개 읍·면마다 한 곳씩 설치했던 농촌지도소 지소를 1975년부터는 읍·면마다 한 곳씩으로 확대 설치하여 농촌지도를 강화하였다. 1977년부터 각 도 농촌진흥원장은 2급 갑(甲)으로, 서울·부산시와 군 농촌지도소장은 3급 갑으로 각각 직급이 올랐으며, 군 지도소에도 3급 을(乙)의 기술담당관이 새로 증원 배치되었다.[15]

이와 같은 전국적인 동원체제는 오늘날의 관점에서 본다면 국가권력의 과잉이라는 비판을 면하기 어려울 것이다. 하지만 이 시기의 증산체제는 적지 않은 농민에게 기회를 제공하기도 했다. 1960년대 한국 경제의 발전이 일방적으로 도시가 농촌을 수탈함으로써 성립될 수 있었다면, 1970년대에는 국가가 도시 부문의 잉여의 일부를 여러 가지 형태로 농촌에 이전해줌으로써 1960년대의 발전을 이어나가고자 하였다. 도시 부문의 잉여를 이전하기 위해 마련한 두 가지의 중요한 경로가 새마을운동과 신품종 벼의 보급이었다.

새마을운동은 처음에는 농촌의 주거·생활환경 개선을 목표로 추진되었으나, 차츰 외연을 확장시켜나가 농촌의 생산성 증대와 "의식 개조"를 위한 모든 동원 운동에 "새마을"이라는 이름이 붙게 되었다. 심지어 1970년대 후반에는 "도시새마을운동"까지 전개됨으로써, 전국에서 벌어진 박정희 정권의 모든 동원사업이 "새마을"의 이름을 달게 되었다. 이처럼 새마을운동의 실체를 파악하는 것은 매우 까다로운 일이 될 수도 있지만, 농촌 환경 개선을 목표로 한 초기의 새마을운동에 국한하여 이해할 경우 모호함을 비교적 덜 수 있다. 이들 새마을운동 초기 사업의 내용은 대부분 정부가 건축자재를 무상 지원하면 농민들이 노동력을 무상 공급함으로써 농촌의 주거환경을 개선하는 것들이었다.[16] 이를 통해 도시 공업부문에서 생산된 시멘트나 철근과 같은 재화가 상당 부분 농촌으로 이전됨으로써 농촌의 생활환경 개선이 이루어졌다.

다수확 신품종 보급도 두 가지 점에서 도시 부문과 농업 부문을 매개하였다. 첫째, 쌀 수확량을 높임으로써 식량자급률을 끌어올리고, 식량 수입에 드는 외자를 아껴 공업 부문으로 돌릴 수 있었다. 둘째, 신품종 재배를 선택한 농가는 추곡수매는 물론 농협을 통해 비료나 장비를 지원 받을 때 우선권을 갖게 되는 등 다양한 인센티브를 얻을 수 있었다. 이를 통해서도 도시의 잉여가치가 농촌으로 이전되었다. 그 결과 "녹색혁명 성취"를 공언한 1970년대 후반에는 통계수치상으로 농촌의 가구당 평균 명목소득이 도시노동자 가구를 앞지른 적도 있었다.[17] 물론 이러한 수치상의 성장은 현실을 정확히 반영한 것은 아니다. 농촌과 도시의 가구당 인원수의 차이, 도시와 농촌의 부동산가격 상승 폭의 차이, 농가부채 등 여러 가지 다른 요소를 고려하지 않았기 때문이다. 그럼에도 불구하고 이중곡가제 아래서 농촌에 꾸준히 현금이 유입됨으로써, 농민들은 1960년대에 비해서는 상대적으로 경제적 여유를 누리게 되었다. 오늘날까지도 적지 않은 농민들이 1970년대 초·중반의 "중농정책"을 긍정적으로 기억하는 까닭도 여기에서 찾을 수 있을 것이다.

요컨대 도시의 산업 부문은 싼값에 식량을 공급받고, 농업 부문에 소비재와 원자재를 공급했다. 농업 부문은 도시로부터 소비재와 원자재를 받아들이고, 증산된 식량을 추곡수매를 통해 국가에 공급했다. 국가는 이중곡가제를 통해 농업 부문에서 높은 가격에 쌀을 사들여 도시에 싸게 공급하고, 도시로부터 원자재를 사들여 각종 새마을사업을 통해 농업 부문에 제공했다. 제3장에서 지적했듯이 구조개선 없는 가격지지 정책이 오래 지속되기는 힘든 것이었지만, 적어도 1970년대 초·중반의 농업 부문은 이와 같은 현금과 재화의 순환고리 안에서 1960년대에 비해 국민경제에 비교적 더 긴밀하게 결합될 수 있었다. 그것을 가능하게 한 핵심 요인은 바로 증산체제를 지탱하는 "통일벼"였다.

'증산왕'의 탄생: 증산체제와 새로운 농촌 지배층의 형성

1960년대 농촌이 워낙 침체되어 있었기 때문에, 농촌을 개발하려는 자원의 투입은 그것의 본질과 장기적 효과가 어떤 것이든 일단 긍정적인 반응을 이끌어낼 수 있었다. 다만 그것이 얼마나 전폭적인 지지였는지는 판단하기가 쉽지 않다. 농민들은 증산체제에 전적으로 만족해서 참여했다기보다는 여기에 참여하지 않을 경우 농촌으로 이전되는 얼마 되지 않는 도시 부문의 잉여조차도 받을 기회가 원천적으로 봉쇄되기 때문에 참여하지 않을 수 없었던 것이다. 추곡수매를 통한 안정적인 판로와 가격의 확보, 비료나 농약의 우선 지원 등 신품종 재배에 대한 대가는 농민들이 쉽게 거부하기 어려운 것들이었다.

일부 농민층은 정부의 정책 방향이 자신의 이해관계와 일치할 수 있음을 감지하고 더 적극적으로 협조하였다. 이를 통해 이들은 자신의 경제적 이익을 극대화할 수 있었음은 물론, 관(官)과 긴밀한 관계를 형성함으로써 마을에서 새로운 지배층으로 떠오를 수 있었다. 증산체제의 형성에서 핵심적인 역할을 한 것은 바로 이들 협조적 농민들이었다. 이들 '협조적 농민'을 범주에 맞추어 정의하는 일은 매우 어렵다. 일차적인 제약은 자료의 부족이다. 정부 측 자료는 마치 모든 농민이 정부 시책에 협조적이었던 것처럼 쓰여 있고, 반대로 한국가톨릭농민회와 같은 재야단체의 자료는 마치 모든 농민이 울며 겨자 먹기로 신품종을 재배했던 것처럼 쓰여 있기 때문에, 농민의 처지와 시기에 따라 신품종에 대한 반응이 서로 다른 것을 확인하기가 대단히 어렵다. 그럼에도 불구하고 제한적이나마 협조적 농민들의 개인사에 대해 확인할 수 있는 기록들이 있다. 안성진의 논문은 1970년대 말에서 1980년대 중반에 걸쳐 전라북도 한 농촌 마을에서 가톨릭농민회 활동의 성쇠를 다루고 있는데, 전사(前史)에 해당하는 논문의 초반부는 1970년대 새마을운동을 전후하여 등장한 마을의 "새로운 지배층"에 대해 설명하고 있다. 기존의 마을 지배층과 비교할 때 이들은 초·중학교 이상의 교육을 받았고, 마을 바깥의 정보에 관심이 많으며, 그러한 정보를 얻을 수 있는 인적 경로(공무원, 도회의 친인척 등)를 확보하고 있고, 자신의 마을 내 지위를 높이고 유지하는 데 그들 자원을 활용한다는 등의 특징을 보인다.[18] 또 김영미의 연구도 1960~70년대 농촌의 마을공동체를 20~30대의 청년층이 주도했다는 사실에 주목하고, 마을 권력의 세대교체가 일어난 배경을 분석하고 있다.[19]

또 다른 자료로 이른바 "증산왕"에 대한 기록들이 있다. 증산왕 시상은 1960년대부터 간간이 이어져 내려왔으나, 1970년대 신품종과 신농법 보급으로 쌀 증산이 실질적인 성과를 거두자 한층 대대적으로 시행되었다. 전국적 규모의 다수확자 시상은 1973년부터 이루어졌다. 김보현(金甫鉉) 당시 농림부장관은 1973년 3월 20일 제18회 전국 4-H클럽 중앙경진대회 시상식에서, "경작면적 20정보당 단[10아르]당 600kg 이상을 생산하는 농가에는 10만 원의 상금을 지원하겠다"는 획기적인 시상제도를 발표했다. 농림부와 농촌진흥청은 장관 발언에 대한 대책을 세웠는데, 당초 600kg/10a 이상 생산할 수 있는 농가가 많아야 1백여 호 정도 나오리라고 생각하고 그에 맞춰 예산을 책정했다. 그런데 가을이 되자 행정기관과 농업통계사무소 직원들이 합동으로 심사한 결과, 다수확 대상 농가는 예상을 훨씬 뛰어넘어 3,765농가에 달했다. 따라서 농수산부는 이들에게 지급할 4억1천여만 원의 시상금을 확보하느라 애를 먹었다.[20] 이해의 최고 다수확 기록은 통일벼를 재배한 충남 서천군 한산면의 농민 조권구였는데, 그의 기록(10a당 평균 780.8kg)은 일반벼의 평균 수확량의 두 배를 뛰어넘는 것이었다. 이후 개인과 단지 증산왕에 대한 시상은 1970년대 말까지 매년 이어졌다. 아래 표에서 볼 수 있듯이, 개인 다수확 농가는 1년 뒤인 1974년에는 29,418가구로 열 배 가까이 급증했고, 1975년에는 53,603가구로 다시 두 배 가까이 늘어났다. 1976년부터는 개인 시상이 축소되고 단지에 대한 시상이 늘어났는데, 단보당 600킬로그램 이상을 거두는 다수확 농가가 5만 가구가 넘어서자 정부가 더 이상 비용을 부담하기가 어려워졌기 때문으로 보인다.

연도	다수확 농가			시상금(백만원)			최고 수확량 (kg/10a)	비고: 전국의 신품종 재배면적(ha) 과 비율
	개인	단지	합계	개인	단지	합계		
1973	3,765	54	3,819	379	32	411	780.8	121,179 (10.4%)
1974	29,418	122	29,540	2,946	52	2,998	830.6	180,916 (15.2%)
1975	53,603	2,243	55,846	4,452	688	6,140	806.7	274,102 (22.9%)
1976	53,808	5,490	59,298	5,472	1,652	7,124	845.2	533,192 (43.9%)

〈표 1〉 다수확 농가(개인 및 단지)와 최고 기록, 1973~1976
(출처: 최현옥, "한국 수도육종의 최근의 진보", 『한국육종학회지』10(3), 1978, 201~238쪽)

정기적으로 "증산왕"을 선정·시상하면서 전국·도별 증산왕들의 성공 수기도 책으로 엮어 나왔다. 농촌진흥청에서 펴낸 "표준영농교본" 가운데 『성공사례』와 같은 소책자들은 해당 연도에 "증산왕"으로 선발된 개인과 단체들의 이야기를 신고 있다. 신품종을 통한 쌀 증산운동이 가장 활발하게 전개되었던 1976~1977년의 사례를 살펴보면, 증산 모범 사례로 상을 받은 농가 가운데는 일부 부농도 있지만 대부분 중농 또는 소농이었다. 예를 들어 1976년의 전국 증산왕 양해섭(전북 김제군 정덕면 대석리)은 논 5헥타르를 경작하는 부농이었지만, 그 밖의 도 증산왕들은 충청남도(김희수,

논 1.8헥타르)를 제외하고는 모두 1헥타르 미만의 중·소농이었다.[21] 특히 전라남도 증산왕 정순기(무안군 몽탄면 내리)는 경지가 적어 논농사를 포기하다시피 하고 원예와 양잠으로 생계를 이어가다가, 1972년부터 좁은 논(0.3헥타르)에 통일벼 재배에 도전한 지 다섯 해 만에 도 증산왕의 영예를 안았다.[22] 이처럼 증산왕 가운데 상대적으로 중·소농의 비중이 높다는 사실은, 신품종 재배를 통한 쌀 증산운동에 적극적으로 협력한 이들이 주로 경제·사회적 지위 상승의 욕구가 강한 중·소농이었으리라는 추측을 가능케 한다. 1974년에 신품종 재배의 파급효과를 분석한 다음 기사의 분석도 신품종 재배농가가 대부분 일반벼 재배농가보다 규모가 작았음을 짐작케 한다. 조금 대담하게 추측하자면, 이미 환금성 작물의 재배를 통해 현금 수입을 올릴 수 있었던 부농층보다는 아직 화폐경제에 완전히 편입되지 못했던 중·소농 층에서 현금 수입의 원천으로서 신품종을 적극적으로 받아들였다고 볼 수도 있다.

> "……통일벼 재배농가에서는 맥류, 두류 및 채소 등 종래의 작부체계에 따른 자가소비의 작물이 일반벼 재배농가보다 비중이 큰 데 비해 담배 참깨 등의 재배면적은 오히려 일반벼 재배농가에서의 증가율이 훨씬 높았다.…… 결국 통일벼 재배농가에서는 통일벼를 재배하여 상품화하는 데 중점을 두고 있는 데 비해 일반벼 재배농가에서는 벼보다는 특작물에 의한 현금 수입의 비율이 높다는 것을 알 수 있었다."[23]

또한 앞서 안성진의 논문에서 살펴볼 수 있는 특징들, 즉 교육받은 젊은 세대이며 성취동기가 강하고, 정부기관을 적극적으로 활용함으로써 자신에게 유리한 정보를 얻어내는 점 등도 이들에게서 발견할 수 있다. 우선 증산왕이라는 개인적 영예, 또 다수확농가를 신청하고 증산 목표를 달성하는 과정에서 맺게 된 정부조직과의 긴밀한 관계가 마을에서 이들이 차지하는 지위를 높여주었으리라는 것은 어렵지 않게 추측할 수 있다. 이런 점에서 이들 협조적 농민은 1970년대의 "새마을 지도자"나 1980년대의 "영농후계자"와 같은 신세대 농민과 상당 부분 겹친다는 것을 알 수 있다. 신품종을 적극적으로 받아들인 농민들은 농촌지도사들과도 신뢰 관계를 유지했다. 통일벼가 처음으로 본격 재배된 1974년에서 1975년 사이에는, 다수확 포상을 받은 농민들이 감사의 표시로 지도소 건물의 대지나 건축비를 부담하거나 부락 지도직원에게 집기나 양복을 선물하는 일도 있었다.[24]

교육의 중요성도 수기 가운데 여러 차례 강조되고 있다. 집단재배 부문을 수상한 용내단지(전북 순창군 풍산면 용내리)는 단지에 참여한 농가 26호의 교육 수준이 "국졸 10명, 중졸 8명, 고졸 7명, 대졸 1명"으로 "비교적 영농기술교육에 이해가 빠르며 새로운 영농기술 수용태세가 민감"했던 것을 성공 요인의 하나로 꼽고 있다. 연령상으로도 "30~45세가 18명으로 가장 많아서" 새로운 농법의 수용이 어렵지 않았다고 주장한다. 경상북도 증산왕 박선조(성주군 선남면 동암동)는 애초 기능공이 될 뜻을 품고 공고까지 졸업했으나, 직장생활이 뜻대로 되지 않던 참에 동계 농민교육 참석을 계기로 농업에 복귀했다. 교육이 이처럼 중요한 요소가 되는 까닭은 두 가지로 생각할 수 있다. 첫째, 제도 교육에 많이 노출될수록 관행을 고집하지 않고 정부가 권장하는 영농기술을 쉽게 받아들일 수 있었던 때문으로 보인다. 둘째, 근대적 보통교육을 통해 농민들은 농촌사회의 전통적 규범과는 여러 면에서 다른 자본주의적 규범을 습득할 수 있었고, 이것은 상품경제의 틀에서 농업을 생각하고 적극적인 이윤 추구 행위를 할 수 있는 배경이 되었을 것이다. 교육의 이러한 역할은 학교에서만 기대할 수 있는 것은 아니다. 강원도 증산왕 김종덕(강원도 원성군 흥업면 사제2리)은 가정 형편으로 중학교를 중퇴하였으나, 1960년대 초 군복무 시절 사단의 영농교육장에서 영농 지식을 얻어 이후 많은 도움을 얻었다고 쓰고 있다.[25] 그는 제대 후 의욕적으로 농업생산성 향상을 도모했고, 1973년에는 영농과 생활에 더 유리한 여건을 좇아 고향의 논을 팔고 더 나은 땅을 사서 이주하기에 이르렀다. 정부의 신품종을 통한 증산정책에 호응할 경우의 이득을 예측하고 그것을 자기 것으로 하기 위해 신품종 재배에 유리한 지역으로 이주를 감행하는 모습은, 분명 고향의 땅에 대해 깊은 애착을 지녀온 전통적인 농민의 심성과는 구별되는 자본주의적 가치관에 바탕을 둔 것이라고 할 수 있다.

이처럼 농촌사회가 자본주의적 규범을 전면적으로 받아들이는 모습은 "계약재배단지"의 운영에서 단적으로 드러난다. 농촌지도관서에서는 "품종과 재배기술을 통일함으로써 필지 간의 격차 없이 모두 다수확할 수 있고 동일한 작업을 동시에 하게 되므로" 신품종 재배에 따른 위험 부담을 줄일 수 있어 신품종의 집단 재배를 적극 권장했다.[26] 농민들이 단지를 결성하여 농촌지도관서에 신청하면 정부와 단지 대표가 서로의 책임과 의무를 규정하여 계약을 맺음으로써 계약재배가 시작된다. 1976년 단지 증산 부문을 수상한 전라남도 영암군 서호면 엄길리 금석동 계약단지의 예를 들면, 증산 목표치를 설정하고 정부 측에서 기술 지도와 자문, 자재 지원 등을 책임지면 농민들은 연중 계획된 날짜를 놓치지 않고 실제 영농을 담당하는 내용의 계약이 체결되어 있다.[27] 다른 영농단지도 모두 비슷한 형태의 계약을 정부와 체결하였다.

개인 증산왕도 계약단지와 마찬가지로, 한 해 농사의 준비 단계에서부터 철저히 농촌지도관서와 협조함으로써 증산 목표를 달성할 수 있었다. 농민이 전체 논 가운데 일부를 "출품답"으로 정하여 다수확농가 신청을 하면, 농촌지도관서는 예년의 실적을 바탕으로 중점 지원할 농가를 선정한다. 선정된 농가에는 겨울철 객토와 지력증진 단계부터 농촌지도사가 밀착하여 사소한 것까지 조언을 해주었다. 이후 해당 농민은 싹 틔우기, 모판 설치·관리, 방제 시기와 약제 선정, 물대기와 물 빼기 등 파종에서 추수까지의 모든 단계에 걸쳐 자재와 기술 지원을 받을 수 있었다. 해당 지역의 농촌지도소도 증산왕 배출에 자신들의 명예가 걸려 있었기에 최선을 다했다. 그 결과 1970년대 중반에는 모든 도의 증산왕들이 자신의 출품답에서 적어도 단보당 700킬로그램, 많으면 800킬로그램이 넘는 높은 수확을 올릴 수 있었다. 비록 엄선된 출품답의 실적과 전체 벼농사 실적을 비교하는 데 다소 무리가 따르기는 하지만, 1960년대까지 한국의 단위면적당 평균 벼 생산량이 단보당 400킬로그램을 넘지 못했던 것을 생각하면 이렇게 농업생산성이 두 배 이상 향상된 것은 괄목할 만한 발전으로 평가할 수 있다.

다수확농가가 급증한 1975년 이후는 정부의 재정부담이 급증함에 따라 "개인보다 단체시상에 중점을 두고 시상방법도 현금에서 영농자재공급으로" 바뀌게 되었다.[28] 하지만 증산왕 시상 등을 통해 이전에 볼 수 없었던 새로운 농민의 상이 눈에 띄게 되고 이들이 농촌사회에서 새로운 영향력을 행사하게 되는 흐름은 되돌릴 수 없는 것이었다. 1970년대 한국 농촌은 실물경제의 차원에서 자본주의 상품경제의 틀 안으로 편입되어가는 동시에, 규범적인 차원에서도 "계획"이나 "계약"과 같은 규범들을 적극적으로 받아들이기 시작했던 것이다. 이런 의미에서 적어도 일부 농민에게는 신품종이 정부의 선전대로 "기적의 씨앗"이었을 것이다.

"통일"을 넘어선 통일벼: 통일형 품종군(群)의 형성

1973년에서 1974년까지 2년이라는 시간은 농정 당국자와 농민들이 미지의 품종이었던 "통일"의 다수성을 확인하고 경계심을 푸는 데 걸린 시간이라고도 할 수 있다. 이는 동시에 그동안 농민들에게 신뢰받지 못했던 농촌진흥청을 비롯한 일선 농촌지도조직이 농민들의 신뢰를 얻고, 앞으로 정책을 추진해나갈 수 있는 기틀을 다지는 과정이기도 했다.

1973년과 이듬해의 "통일"의 성공을 바탕으로 농촌진흥청은 더욱 과감하게 신품종 보급을 추진했다. 또한 "통일"의 다수성을 이어받으면서도, 미질을 개선하고 여러 재배 조건에 적합하게 개량된 후속 품종들을 개발하여 보급하기 시작했다. 통일형 신품종을 남한 전역에 재배함으로써 증산 체제를 전면적으로 추진할 수 있는 조건이 갖추어진 것이다.

다만 "통일"의 다수성에 주목하여 전국의 육종가들이 통일형 품종의 육성에 우선순위를 둔 결과 자포니카 품종의 개량은 상대적으로 등한시되었다. 또한 정치적 고려에 의해 충분한 적응시험도 생략한 채 품종이 보급되면서, 농업 현장에서 문제를 일으키는 일도 잦았다.

1970년대 중반 "통일"이 우여곡절 끝에 자리를 잡기는 했으나 그에 대한 여러 갈래의 비판들은 이미 시험재배 기간부터 널리 알려져왔다. 1975년까지도 "통일"의 재배면적이 전국 논 면적의 약 4분의 1 수준에 머무른 것도 이 때문이다. "통일" 보급에 매진해온 김인환도 "통일"의 단점을 다음과 같이 인정하고 있다.[29]

> 통일은 만식적응성이 낮아 답리작지대 보급상의 문제가 있었으며 종래의 일본형 품종들에 비해서 식미가 다소 떨어지는 결점과 탈립이 용이하여 수확 운반 시에 불편을 주었고 저온에서 발아억제 및 등숙이 크

게 저하된다는 사실도 밝혀졌다.

육종가들은 이러한 한계를 인식하고, "통일"이 실용화되기 시작할 무렵 이미 그 후속 품종의 개발에 착수했다. 품종개량에서 가장 중요한 과제가 되었던 것은 내랭성과 미질이었다. 1972년의 냉해로 한 차례 피해를 입기도 했거니와, "통일"은 열대 품종의 형질을 이어받아 내랭성이 약했다. 따라서 이 부분을 개선하기 위한 연구가 집중적으로 이루어졌다. 보온못자리와 같이 냉해를 막을 수 있는 재배기술도 널리 보급되고 있었지만, 육종가들은 품종개량을 통한 근본적 문제해결을 추구했다.

또 미질, 즉 밥맛의 문제는 일선 농가에서 "통일"의 재배를 꺼리게 만든 가장 중요한 요인이었다. 미질이란 대단히 정의하기 어려운 형질이다. 형질이라기보다는 사실 여러 형질들을 복합적으로 인지하여 얻어내는 종합적 인상에 가깝다. 미질은 물리·화학적 성분에 따른 것과, 개인의 기호에 따른 것으로 구분할 수 있다. 전자는 쌀알의 모양, 쌀알의 투명도, 호화(糊化) 온도, 아밀로스(amylose) 함량 등을 통해 판단할 수 있다. 대개 쌀알 길이를 너비로 나눈 지수에 따라 구하는데, 인디카 계열의 장립종(長粒種)에 가까울수록 이 지수가 커진다. 투명도는 쌀알의 흰 부분, 즉 심백(心白)과 복백(腹白)의 양에 따라 측정할 수 있는데, 심·복백이 적을수록 가장 투명한 쌀알이다. 투명도는 밥맛과는 직접적인 관계는 없으나 소비자들의 선호도에 영향을 미치므로 쌀값을 결정하는 중요한 요인 중의 하나다. 호화온도는 전분의 물리적 특성으로서, 밥을 지을 때 끓이는 온도에 따라 쌀알에 수분이 흡수되고 전분 알갱이의 결정성이 흩어져서 쌀알이 부풀기 시작하는 온도를 말한다. 일반적으로 호화온도가 높으면 밥을 지을 때 물과 시간이 많이 들어가고 밥알이 잘 부풀지 않아 밥맛이 떨어진다. 아밀로스 성분은 낮을수록 밥의 찰기가 높아지는데, 일반적으로 자포니카 계열의 아밀로스 함량은 20퍼센트 아래로 낮은 편이다. 특히 일본의 쌀 품종들은 전 세계적으로 보아도 이례적일 만큼 낮은 아밀로스 함량 분포를 보인다.[30] 그러나 이들 물리·화학적 특성은 여러 가지 벼가 지닌 다양한 특징을 구분하는 역할만 할 뿐, 그중 어떤 특징을 지닌 벼가 '미질이 좋은 벼'라는 근거는 되지 않는다. 이를 판단하는 가장 중요한 근거는 전적으로 개인 또는 사회집단의 취향이다. 가령 남아시아 지역의 사람들은 쌀알이 길고 아밀로스 함량이 중간 정도(21~25퍼센트)이거나 높은(25퍼센트 이상) 쌀을 선호하는 반면, 동아시아 지역에서는 쌀알이 짧고 아밀로스 함량이 낮은 쌀을 선호한다. 이와 같은 기호의 차이는 주로 문화적 요인에서 비롯된 것으로, 계량화하여 파악하기 극히 어렵다. 한국인이 선호하는 쌀은 대체로 "쌀의 길이가 짧고 둥글며 심·복백이 없이 투명한 외형을 갖추면서 아밀로스 함량이 19퍼센트 이하로서 끈기[粘性]가 많고 알칼리 붕괴도가 중·하의 것" 정도로 이야기할 수 있다.[31]

하지만 밥맛은 단순한 기호의 문제가 아니라 농가경제와 직결된 문제이기도 했다. 밥맛이 좋지 않으면 시장가격을 제대로 받을 수 없었기 때문이다. 그리고 통일형 신품종이 인기가 없었던 것을 단순히 인디카와 자포니카에 대한 문화적 반응의 차이로 환원해 설명할 수 없는 측면도 있다. "통일"의 모본인 IR8은 동남아시아에서도 미질로는 좋은 평가를 받지 못했기 때문이다. 이론적으로 쌀의 수확량과 품질은 어느 정도 부(-)의 상관관계가 있다. 한정된 영양 요소를 더 많은 낟알에 분배할 경우 품질의 저하는 피할 수 없기 때문이다. 그런 점에서 IR8은 극단적으로 다수성을 추구하다 보니 맛을 희생한 경우라고 볼 수 있다. 이후 IRRI에서 보급한 IR5나 IR24 등의 품종은 맛을 상당히 개선하였다. 이런 상황에서 가족 중심의 소규모 영농에서는 "통일"을 재배하면 결국 자신들도 1년 내내 "통일"을 주식으로 삼을 수밖에 없었으므로, 통일형 신품종 재배를 계속 확대하려면 미질의 개선은 피할 수 없는 과제였다.

이에 따라 1971년부터 "통일벼의 단점 개선 사업 강화를 위한 대형 연구과제"가 시작되었고, 육종가들은 "통일"이 보급될 무렵 이미 새로운 품종들을 여러모로 시험하고 있었다. 다만 단간다수성 육종이라는 기본 틀은 벗어날 수 없었기 때문에 교배친은 IR계통이 반드시 포함되었고, 자포니카 품종들은 밥맛 개선 등 제한된 형질의 개선을 위해 부분적으로 이용되었다.

"통일" 후계 품종 육성에 중요하게 이용된 IR계통은 "IR24(품종명, 육성번호는 IR661)", "IR781", "IR1317" 등 세 가지를 꼽을 수 있다. IR24(육성번호 IR661, IR8/IR127-2-2)는 IR8의 미질을 개량하기 위해 개발한 품종으로, 1966년 교배를 시작하여 1971년부터 필리핀 농가에 보급되었다. 밥맛이 좋아 동남아시아 여러 지역에서 IR8을 대체하여 널리 재배되었으며, 중국과 카메룬 등에도 보급되었다.[32] IR8의 다수성을 이어받으면서도 맛을 개량한 품종이므로, 한국에서도 단간다수성이지만 맛 좋은 품종을 개발하는 데 이용되었다. 1970년대의 장려품종 가운데는 "밀양21호"와 "밀양22호"(수원231호/IR24), "밀양23호"(수원232호/IR24), "금강벼"(수원231호/IR24), "만석벼"(IR1325/수원228호//IR24), "샛별벼"(수원233호/IR24), "래경"(수원231호/IR24), "태백벼"와 "추풍벼"(IR24*2/IR747) 등이 IR24를 교배친으로 이용했다.[33]

IR781은 IR667 즉 "통일"을 IR8에 백크로스한 품종이므로 통일의 형질을 전달하기 위한 중간 모본으로 연구에 많이 이용되었다. 1970년대에 최종 교배친으로 이용된 것은 "호남조생"(IR667/IR781)이 있다.

IR1317(진흥/IR262-43-8-11//IR262-43-8-11)은 한국 육성 자포니카 품종인 "진흥"과 IR262(Peta*3/TN1)를 교배한 품종이다. IR262는 허문회와 IRRI에서 같이 있었던 정근식이 주목하여 1966년 귀국하면서 들여온 품종 가운데 하나다. TN1(DGWG/Tsai-Yuan Chong)이 디저우젠(低脚烏尖)과 차이위엔총(菜園種)의 교배종이므로, IR262는 IR8(Peta/DGWG)의 양친인 디저우젠과 페타의 유전자를 모두 이어받은 품종이라고 할 수 있다. 이 품종은 그 자체로도 육종 재료로 이용되었지만, 특히 한국에서는 이것을 진흥과 교배한 IR1317이 교배친으로 중요하게 이용되었다. IR1317은 IR262의 단간다수성을 유지하면서도 한국 육성 품종인 진흥에서 유래한 자포니카 형질도 갖고 있어 한국의 자포니카 품종과 조합하는 데 적절했다. 더욱이 "통일"의 문제점으로 지적되었던 남방벼 특유의 적고현상(赤枯現象)이 나타나지 않아서 한국 연구자들의 주목을 받았다. 따라서 이 계통은 1970년대 후반 한국에서 "통일"의 후계 품종을 개발하기 위한 육종 소재로 널리 이용되었다.

다음의 표는 육성번호 IR1300~1400 가운데 한국 자포니카 품종과 IR 계통 품종의 조합을 보여준다. 약 50여 가지의 조합이 다각도로 연구되고 있는데, IR계통의 단간다수성을 유지하면서 한국에 맞는 품종을 개발하기 위한 한국 농학자들의 노력을 엿볼 수 있는 자료이므로 여기에 소개한다. 육종 재료 중 자포니카로는 당시 한국에서 장려품종으로 재배 중이던 팔굉, 진흥, 센본아사히, 후지사카5호, 수원118호(奧羽/노린4호) 등 여러 가지가 이용되고 있다. 조합 양상을 분석하면 1303에서 1315까지는 한국 장려 자포니카와 IR8의 조합을 시도하고 있으며, 1316에서 1325까지는 "진흥/IR262" 조합을 다른 자포니카 또는 인디카와 여러 가지로 교배해보고 있다. 또 1370에서 1384까지는 IR781과 자포니카 품종들의 조합을 시험하고 있다.

육성번호	교배조합
IR1303	팔깅//팔깅/IR8
IR1304	팔깅/IR8//IR8
IR1305	팔깅/IR8//Calady40
IR1306	팔깅/IR8//진흥
IR1307	팔깅/IR8//센본아사히
IR1308	팔깅/IR8//수원118호
IR1309	팔깅/IR8//후지사카5호
IR1310	팔깅/IR8//IR781-483
IR1311	IR8//IR8/팔깅
IR1312	IR8/팔깅//진흥
IR1314	IR8/팔깅//센본아사히
IR1315	IR8/팔깅//수원118호
IR1316	진흥//진흥/IR262-43-8-11
IR1317	진흥/IR262-43-8-11//IR262-43-8-11
IR1318	진흥/IR262-43-8-11//Calady40
IR1319	진흥/IR262-43-8-11//센본아사히
IR1320	진흥/IR262-43-8-11//후지사카5호
IR1321	진흥/IR262-43-8-11//센본아사히
IR1322	진흥/IR262-43-8-11//팔깅
IR1323	진흥/IR262-43-8-11//수원118호
IR1324	진흥/IR262-43-8-11//IR509-1-2-2
IR1325	진흥/IR262-43-8-11//IR781-495
IR1342	Chow-sung//Chow-sung/IR8
IR1370	CH242/IR781-B4-350-2
IR1371	IR781B-394-1/CH242
IR1372	팔깅/IR781-B4-350-2
IR1373	덕적조도(德積早稻)/IR781-B4-331-1
IR1374	팔깅/IR781-B4-394-1
IR1375	노린29호/IR781-B4-331-1
IR1376	노린6호/IR781-B4-394-1
IR1377	노린6호/IR781-B4-394-1
IR1378	노린29호/IR781-B4-350-2
IR1379	진흥/IR781-B4-394-1
IR1380	진흥/IR781-B4-331-1

IR1381	농광/IR781-B4-301-1
IR1382	IR781-B4-394-1/IR452-21-3-1
IR1383	IR781-B4-394-1/IR452-21-3-3
IR1384	IR781-B4-350-2/IR452-27-3-1
IR1391	IR781-B4-331-1/덕적조도
IR1392	농광/IR76-45-1
IR1393	수원118호///진흥/IR262//IR781-84
IR1394	Calady40///진흥/IR262//IR781-84
IR1395	수원82호///진흥/IR262//IR781-84
IR1396	후지사카5호///진흥*2/IR262
IR1397	Calady40/IR8
IR1398	노린29호/IR8
IR1401	수원118호/IR8

〈표 2〉 육성번호 IR1300~1400 사이에서 시도된 한국 자포니카와 IR계통 인디카의 조합들
(출처: IRRI, Parentage of IRRI Crosses)

실용 육종이 무릇 그렇듯, 이 많은 조합 가운데 단 한 가지가 살아남았는데 그것이 "진흥/IR262" 조합을 다시 IR262에 백크로스한 IR1317이었다. IR1317의 계통 가운데 IR1317-392-1은 "통일"의 후계 품종으로 가장 먼저 낙점된 "유신(維新)"의 부본(父本)이 되었다. 이들의 자매 계통 가운데 일부는 수원작물시험장에서 "수원231호", "수원232호" 등으로 명명되었는데, 이들도 "밀양21호"와 "래경", "밀양23호" 등의 모본으로 이용되었다. 이밖에도 IR1317은 허문회가 "통일찰"을 개발할 때도 이용되었으며, 1970년대 말 보급되었던 "밀양30호"의 육종에도 이용되었다. 즉 1970년대 후반의 통일형 신품종은 모두 "통일"과 IR1317 중 적어도 하나를 양친으로 삼고 있다고 해도 과언이 아니다.

"통일" 후계 품종의 개발 과정에서 품종개량의 양상을 구체적으로 살펴보면 첫째 IR667로부터 계통 선발, 둘째 IR667과 다른 자포니카 품종의 교배, 셋째 다른 IR계통을 교배친으로 도입하는 것 등으로 구분해볼 수

있다. 물론 실제 육종 과정에서는 이 세 가지가 혼재되는 경우도 많다.

통일형 신품종 가운데 가장 먼저 실용화된 것은 계통선발을 통해 가려낸 조생품종이었다. "통일"은 아열대 품종의 형질을 이어받았으므로, 한국의 기존 품종에 비해 내랭성이 약하여 북부지역이나 고지대로는 재배를 시도하기가 어려웠다. 이들 지역에 통일형 품종을 보급하려면 내랭성을 높이는 방향으로 육종하는 것도 한 가지 방법이지만, 조생품종을 육성하여 빨리 심고 가을 추위가 닥치기 전에 빨리 거두는 것도 실용적인 해법이었다. 이미 완성된 품종에서 계통을 분리해내는 방식은 새로 교배하는 것보다 육종기간도 짧게 걸린다는 이점도 있었다. 김인환은 조생 통일형 품종의 선발이 자신의 착상으로부터 시작되었다고 회고한다. 1971년 "통일" 시범단지를 시찰하던 중, 7월 20일경 다른 것들보다 일찍 이삭이 팬 개체를 발견하고, 조생계통 선발을 구상하게 되었다는 것이다.[34] 김인환은 이를 계기로 7월 29일 각 지방 시범단지에 조생개체를 선발할 것을 지시하였다. 일선 연구자들이 남방형 품종으로부터 한국 기후에 적응할 수 있는 조생품종을 만드는 일은 어려울 것이라고 회의적인 입장을 취했으나, 김인환은 7월에 이어 8월 2일과 19일 거듭 조생개체의 선발을 독촉했다.[35] 전국에서 수집한 조생개체를 11월 25일부터 세 곳 작물시험장(수원, 밀양, 이리)에서 육성·선발한 결과, 1974년 수원작물시험장과 밀양 영남작물시험장에서 "조생통일"(수원241호: 수원213PL1247-3)과 "영남조생"(밀양16호)을 각각 육성 완료하였다.[36] 조생통일과 영남조생 두 품종 모두 "통일"보다 두 주 정도 빨리 거둘 수 있는 조생종이었다. 이들 품종은 1970년대 후반 상당한 면적에 재배되었으며, 특히 중·북부지방과 고랭지대에 보급되어 통일형 품종의 재배 영역을 넓히는 데 기여하였다. 조생통일은 1977년에는 당시 후계 품종에 밀려 쇠퇴하던 "통일"(69,400여 ha)과 거의 비슷한 면적에서 재배되었고, "통일"의 재배가 사실상 중단된 1978년 이후에도 몇 년 동안 더 경작되었다.

한편 이리(오늘날의 익산)의 호남작물시험장은 조생품종의 선발에서 결과적으로 수원과 밀양에 뒤처지게 되었다. 물론 공식적으로 세 곳 작물시험장이 경쟁했다는 언급은 찾을 수 없으며, 세 시험장 사이에는 인력과 정보의 교류가 항시 이루어지고 있었다. 하지만 조생계통 선발이 농촌진흥청장이 직접 지시한 과제였다는 점을 감안하면, 이리의 연구자들이 이를 만회할 만한 성과를 내야겠다고 부심할 동기가 되었으리라고 짐작할 수는 있다.[37] 호남작물시험장에서는 선발 대신 교배육종을 통해 1977년 "호남조생"(IR667-98-1-3-4/IR781-186-3-1-3-1-3-1)을 육성 완료했으나, 조생통일이나 영남조생에 비해 다소 늦게 보급된 탓에 그다지 널리 재배되지는 못했다.[38]

호남작물시험장은 조생계통의 개발은 한 발 늦었지만, "통일"의 뒤를 이어 전국적으로 보급할 수 있는 후계 품종의 개발에서는 한 발 앞서 나갔다. "통일"의 다수성을 이어받으면서 밥맛을 개량한 "이리317호"(IR667-98-2-3-2-3/IR1317-392-1)를 1974년 육성 완료한 것이다. 이 품종은 "유신(維新)"이라는 이름을 얻고 1975년부터 시험재배와 종자증식에 들어갔다. 김인환은 "유신" 개발의 의의를 다음과 같이 설명하고 있다.

조생통일과 영남조생은 통일에서 분리된 개체들 중에서 선발 육성한 것으로 미질은 개선되지 않고 있었으며 통일은 다수성이기는 하나 미질 때문에 일반미보다 시장가격이 저렴하여 농가수입에 영향을 주고 있었는데 때마침 1974년 호남작물시험장에서는…… 만식의 경우에도 안전 다수확을 기할 수 있고 외형적인 미질과 식미가 종래 일반품종에 비해 손색이 없는 양질 내만식다수성인 신품종 "유신"을 육성하는데 성공하였다. 이 당시까지만 해도 미질개선에 관한 기대와 욕구가 너무나 컸었

던 때라······ 귀한 종자로써 지은 밥을 휴대하고 전남 경남지역을 순회
하면서······ 나 자신 직접 식미검정에 참여하여 밥맛을 확인해 보았던
기억이 지금도 생생하다.[39]

여러 면에서 유신은 "통일"과 유사했지만, 동시에 한국에 맞게 다소 절
충된 형태의 벼였다. 이는 유신이 "통일"을 모본으로 하고 있지만 부본이었
던 IR1317을 통해 자포니카 품종인 진흥의 형질을 이어받았기 때문이다.
시험재배 결과 유신의 줄기(평균 70cm)는 "통일"(64cm)보다는 약간 긴 편
이지만 기존 자포니카 품종 팔굉(95cm)보다는 짧았다. 쌀알의 길이는 "통
일"과 팔굉의 중간 정도였으며, 아밀로스 함량(21.2퍼센트)도 "통일"(23.3퍼
센트)과 팔굉(19.6퍼센트)의 중간 정도였다. 그러면서도 쌀알의 투명도는 자
포니카인 팔굉보다도 뛰어나 한국인이 선호하는 쌀알의 형태에 가까워졌
다.[40] 일반적으로 20퍼센트 안팎이면 아밀로스 함량이 낮은 편에 속하므
로, 유신은 "통일"에 비해 쌀알의 형태나 맛이 기존 자포니카 품종에 한층
가까워진 것으로 볼 수 있다.

"통일"의 다수성을 유지하면서도 그 최대 단점으로 지적되었던 밥맛 문
제를 개선했기 때문에, 유신은 IR계통 신품종의 장래를 활짝 열어준 기대
주로 환영받았다. 품종의 이름으로 다름 아닌 체제의 이름 "유신"을 붙여
준 것은 유신 정권이 "이리317호"에 얼마나 큰 기대를 걸고 있었는지, 또
농촌진흥청이 이 품종에 얼마나 큰 자신감을 가지고 있었는지를 상징적
으로 보여준다. 농촌진흥청은 1975년 시범단지 약 1,600ha에서 거둔 유신
종자를 다음 해 전량 농가에 보급하기로 결정하였다. 그 결과 유신은 1976
년 1년 만에 200배 가까이 재배면적을 늘려 일약 30만9천 헥타르에 재배
되었다.[41] 지나치게 빨리 확대 보급한 탓인지 1975년 시범재배 결과 적지
않은 문제점이 발견되었지만, 농촌진흥청은 시간을 두고 문제를 개선하는

것보다는 일단 광작을 추진하고 농민들에게 주의사항을 교육시키는 쪽을 택했다.[42]

유신을 필두로, "통일"의 다수성을 이어받으면서도 밥맛이 개선된 품종들이 속속 등장하였다. 이들은 이른바 "양질다수성(良質多收性)" 품종으로 불리며 1970년대 말 "통일"을 밀어내고 통일형 신품종의 주력을 차지했다. 앞서 썼듯이 양질다수성 품종 육성에서 가장 널리 쓰였던 중간모본은 IR1317로, 특히 자매 계통 가운데 수원231호(IR1317-316-3-2)와 수원232호(IR1317-392-1)가 많이 이용되었다. 이들 두 계통과 IRRI가 개발한 양질다수성 인디카 품종 IR24의 조합은 각각 "밀양21호"와 "래경", "밀양23호"와 "금강벼(수원258호)" 등으로 실용화되었다.[43]

1975년에는 영남작물시험장에서 "밀양21호"(수원231호/IR24)와 "밀양23호"(수원232호/IR24)가 육성 완료되었다. 1976년에는 더 많은 양질다수성 품종이 앞다투어 발표되었다. 수원작물시험장(작시)에서는 "황금벼"(수원251호: Taichung Yu 129/통일), "금강벼"(수원258호: 수원232호/IR24), "만석벼"(수원264호: IR1325B1-27-2/수원228호//IR24) 등이 육성 완료되었다. 영남작물시험장에서는 "래경"(밀양29호: 수원231호/IR24)과 "밀양30호"(IR1317/IR24///IR1539/IR1317//통일/IR946)가 육성 완료되었다. 호남작물시험장도 "이리326호"(통일/IR24//수원233호)와 "노풍"(이리327호: 통일/KR93)을 같은 해 육성 완료하였다.[44] 특히 "노풍"은 시험재배 결과 미질이 매우 뛰어나고, 탈립성과 내만식성도 개선되었으며, 도열병과 줄기잎마름병에도 저항성을 보여 매우 유망하다는 평가를 받았다.[45] 또 이들 품종은 모두 IRRI 포장에서 겨울 동안 계통선발과 종자증식을 함으로써 육성기간을 절반으로 줄일 수 있었다. 1974/75년 겨울부터 새로운 통일형 품종의 개발이 사실상 중단되는 1980/81년 겨울까지, 총 105계통이 IRRI에서 증식되었으며 이 가운데 30계통이 장려품종으로 지정되었다.[46]

    양질다수성 품종들은 꾸준히 아밀로스 함량을 낮추어 밥맛을 한국인의 기호에 맞추어 개량해나갔다. 아밀로스 함량을 예로 들면 "통일"이 23.2~23.8퍼센트였던 데 비해 유신은 약 21퍼센트로 낮아졌고, 후속 품종들은 19~20퍼센트까지 더 내려갔으며 샛별벼(이리326호)는 당시의 여느 자포니카 품종보다도 낮은 16.3퍼센트까지 내려갔다. 이 밖에 맛과 품질을 결정하는 다른 요소들, 즉 투명도나 쌀알의 형태, 호화온도(糊化溫度) 등도 모두 꾸준히 개선되어나갔다.[47]

    밥맛이란 워낙 복합적인 성질이라 아밀로스 함량이나 호화온도와 같은 것으로 환원하여 설명할 수는 없다. 그럼에도 불구하고 통일형 신품종의 맛이 점점 개선되어갔던 것은 부인할 수 없는 사실이다. 수량성 또한 "기적의 쌀"이라고 선전했던 "통일"에 비해 오히려 날이 갈수록 높아지고 있었다. 물론 재배기술이 발달하고 비료 공급체계나 수리시설이 갖추어진 것도 품종개량 못지않게 중요한 요인이었을 것이다. 하지만 거듭되는 통일형 신품종의 진보는 정치가와 대중들에게 통일형 신품종이 앞으로도 계속 육성되어 "한국의 녹색혁명"을 이끌어갈 것이라는 낙관적 전망을 심어주기에 충분했다. 1977년 1월 21일, 연두순시 중 농수산부를 시찰하던 박정희는 "앞으로는 신품종이 개발되면 개발품종엔 연구한 학자의 이름을 붙여 대대손손 영예가 될 수 있도록 하라"는 지시를 내렸다.[48] 이에 따라 1977년 새로 발표된 "이리327호"와 "밀양29호"는 각각 당시 육종 책임자였던 박노풍(朴魯豊)과 박래경(朴來敬)의 이름을 따서 "노풍(魯豊)"과 "래경(來敬)"이라는 이름을 갖게 되었다.[49] 노풍과 래경은 "통일"보다도 수량성이 개선되었을 뿐 아니라 밥맛이 자포니카에 손색이 없을 만큼 향상되어 큰 기대를 모았다. 이 두 품종은 시험재배를 마치자마자 1978년부터 급격한 광작에 돌입하였다. 노풍은 전년 대비 161배가 늘어난 17만3천6백 헥타르에 재배되었고, 래경도 4,666헥타르에 본격적으로 재배되기 시작하였다.

이처럼 주저 없이 파격적인 광작에 돌입한 것은, 신품종에 대한 정부의 자신감이 절정에 이르렀음을 보여준다.[50]

허문회와 "통일찰"

한편 허문회는 이와는 다른 맥락에서 "통일"의 후속 연구를 계속하고 있었다. 그는 1974년의 논문에서 "통일"이 한국 벼 육종에 새로운 단계를 열어주기는 했으나 아직까지는 "매우 소박한 형태"이며 "새로운 문제점들도 많이 제기"하였으므로 앞으로 개량할 부분이 많다는 점을 스스로 밝힌 바 있다.[51] 새로 품종을 개발하여 "통일"의 문제점을 개선하는 일은 농촌진흥청에서 이미 하고 있었으므로, 허문회는 실용 품종 개발보다는 장차 응용 가능한 육종의 원리를 규명하는 데에 전념했다. 제4장에서 언급했듯이 제자들과 함께 원연교잡종의 줄기 길이의 유전 분리 양상에 대한 연구를 벌여 10여 년 동안 여러 편의 논문을 냈으며, IR계통을 이용한 고단백 벼 육성에 대해서도 일련의 연구 성과를 내었다.[52] 미질을 대략 영양적 요인, 미각적 요인, 시각적 요인의 세 가지로 나누어 생각할 수 있으므로, 고단백 벼 육종 연구는 넓은 의미에서 미질 향상을 위한 연구라고 할 수 있다.[53]

하지만 허문회가 실용화 단계까지 연구한 품종도 하나 있었는데, 바로 "통일찰"이다. "통일찰"(IR1317-315-5-B/IR833-28-1-1//통일*2)은 허문회의 1970년대 연구 가운데 유일하게 실용화로 연결되었다.[54] 허문회는 통일형 찰벼의 육성을 시도할 때 처음부터 실용화까지 염두에 두고 있었던 것으로 보인다. 그가 통일찰 육성을 보고하는 논문 첫머리에 밝힌 바에 따르면, 한국의 논 가운데 약 5만 헥타르에 찰벼가 재배되고 있는데 찰벼의 평균 수량은 일반적인 메벼에 비해 120kg/10a 정도 적다. 그러나 찰벼의 품종개량은 거의 이루어지지 않았으므로, 농민들은 수량성이 크게 떨어지지만 시장 수요에 부응하기 위해 찰벼를 재배할 수밖에 없는 것이 현실이었다. 따라서 "통일"의 다수성을 찰벼에 옮길 수 있다면 찰벼 재배의 경제성을 크게 높일 수 있으리라 기대하고 통일찰을 육성하게 되었다는 것이다.[55] 한편 찰기가 모자란 "통일"의 단점을 보완하는 연구의 일환으로 허문회가 찰벼 계통 육성을 시도했을 가능성도 있다. 허문회가 IRRI에서 시도한 조합 가운데도 "IR1105"(IR8/족제비찰)처럼 IR계통 단간다수성 벼와 한국 찰벼의 교배조합이 있었기 때문이다.[56]

허문회는 통일형 찰벼 육성을 위해 IRRI에서 육성한 반왜성 찰벼 IR833(IR262-43-8-11/Gampai15)를 이용했다. IR833-28-1-1을 반왜성 다수성 품종 IR1317-315-5-B에 교배하고, 그 잡종 제1대를 다시 IR667-98-1-2-2("통일")를 부본으로 2회 교배하여 "wx126"을 얻었다. wx126은 1971년부터 계통선발을 거쳐 wx126-12-21과 wx126-48-67 두 계통이 1974년 "통일찰"로 명명되었다.[57] 생산력 검정시험 결과 통일찰은 기존에 주로 재배하던 찰벼 품종 "올찰"보다 적게는 46퍼센트, 많게는 75퍼센트 증수되는 것으로 나타나 현격한 수량 차이를 보였다. 또한 메벼인 진흥이나 "통일"보다도 높은 수량을 보여 상당한 다수성을 입증했다.[58]

통일찰은 1975년부터 농가에 보급되어 약 1,100헥타르에 재배되었고, 1976년에는 약 2,900헥타르, 1977년에는 약 9,200헥타르, 1978년에는 약 11,800헥타르(최대), 1979년에는 약 8,000헥타르, 1980년에는 약 6,100헥타르 등 찰벼로서는 상당히 널리 재배되었다. 통일찰은 올찰과 같은 기존의 품종을 대체하여, 통일찰이 재배되던 1970년대 후반에는 다른 찰벼 품종은 통계에 잡히지 않았다. 1980년대 통일형 품종 전체가 쇠퇴한 뒤에는 일부 찰벼 재배농민은 올찰로 돌아갔으나, 다수는 "한강찰벼"와 같은 새로 개발된 찰벼 품종을 선택했다.[59] 통일찰 이전까지 찰벼의 품종개량이 거의 이루어지지 않았다는 점을 감안하면, 통일찰은 찰벼 재배농민들이 품종의 중요성을 인식하는 계기가 되었다고 할 수 있다.

허문회는 통일찰 개발 과정에서 반왜성 찰벼를 이용한 "찰벼 운반자 기법(wx-Carrier Technique)"이라는 육종기법을 고안하기도 했다. 이것은 찰벼에 아밀로스가 없으므로 "찰벼와 메벼의 잡종에서 선발된 메벼는 찰벼 품종이 무엇이건 메벼 모본의 아밀로스 함량을 그대로 이어 받는다"는 성질을 응용한 것이다. 즉 A라는 품종을 개발하면서 저항성 등 유용 형질을 아밀로스 함량이 높은 유전자원(B)으로부터 도입하고자 할 때, 우선 찰벼와 저항성 품종 B를 교배하여 저항성을 이어받은 찰벼 계통을 선발하고, 다시 이것을 품질 좋은 메벼 A와 교배하면, B의 저항성 인자를 이어받으

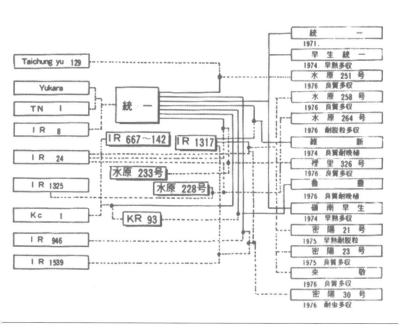

〈그림 11〉 통일형 신품종 육성 계보. (출처: 김인환, 『한국의 녹색혁명』, 농촌진흥청, 1978)

면서도 A의 품질을 유지한 메벼 품종을 얻을 수 있다는 것이다.[60] 즉 육종가의 입장에서는 미질을 저하시키지 않고서도 내병성이나 내충성 같은 다른 형질의 개량에만 공을 들일 수 있게 되는 것이다.[61]

이상과 같이 1977년 무렵에는 "통일"과 그 밖의 IR계통 품종을 모태로 한 다양한 품종들이 개발되었다. 단순히 종류가 많아진 것을 넘어서 "통일의 주요 단점들이 거의 개선되었고 우리나라 전 지역에 걸쳐 지역별 재배 방법에 따르는 품종의 선정 및 재배 보급이 가능케 되었다"는 점이 주목할 만하다.[62] 즉 통일형 신품종이 하나의 품종군(群)을 이루게 되면서, 이론적으로는 전국의 논을 통일형 신품종으로 뒤덮는 일이 가능하게 된 것이다. 농촌진흥청도 통일형 신품종을 특정한 지역이나 조건의 농민에게 권장하는 데서 머물지 않고 전국의 모든 농민이 통일형 신품종을 재배해야 한다는 믿음 아래 더욱 강하게 통일형 신품종 보급을 추진해나갔다. 이는 개별 농가의 소득을 높일 뿐 아니라 나아가서 국가경제를 튼튼히 하고 전국에서 굶주림을 추방하는 지름길이라는 것이 김인환과 농촌진흥청의 믿음이었다. 김인환이 1976년 초 밀양21호와 밀양23호의 보급을 앞두고 직원들에게 한 연설 가운데 다음과 같은 대목은 통일형 신품종에 바탕을 둔 "한국의 녹색혁명"에 대한 그의 믿음을 잘 보여준다.

> 산간, 고랭지와 북부 논보리 후작으로 밀양21호, 조생통일이 그리고 평야지와 중·남부 논보리 후작으로 유신, 밀양22호, 밀양23호가 보급됨으로써 우리나라 전역에서 획기적으로 다수확되는 통일형 품종이 재배될 수 있고 이렇게 되었을 때 10a당 수량은 평균 500kg 선을 넘을 수 있을 것이며, 80년대 이전에 쌀 4,000만석 생산이 가능할 것으로 전망되는 바이며……[63]

그 결과 증산체제는 초기에 비해 더욱 안정된 모습을 갖추고 외연을 넓혀나갔다. 1976~77년의 연이은 대풍은 이렇게 안정된 증산체제가 잠재력을 최대한 발휘한 결과로 볼 수 있다.

그러나 통일형 신품종을 전국 방방곡곡에 재배한다는 꿈은 적잖이 위험한 것이었다. 앞의 〈그림 11〉에서 알 수 있듯이, 통일형 신품종들은 3대에서 4대를 거슬러 올라가면 대부분 공통의 조상을 가지고 있어 유전적으로 대단히 동질적인 집단을 구성하고 있었다. 이렇게 유전적으로 가까운 품종이 전국을 뒤덮는다는 것은 생태적 관점에서는 상당히 큰 위험을 안고 있는 일이었다. 더욱이 생태적 위험 요소를 안고 있는 경우 품종 보급은 더욱 신중히 이루어져야 하는데, 통일형 신품종은 오히려 통상적인 경우보다 더 빠른 속도로 보급되었다. 유신 정권은 "녹색혁명"을 자신의 치적으로 내세워 농촌의 정치적 지지를 얻고자 했으므로 가급적 빨리 성과를 얻고자 했다. 10여 년씩 걸리는 통상적인 육종의 시간표는 그들에게는 너무 긴 것이었다. IRRI와의 왕복선발 덕분에 육종기간을 상당히 단축했음에도 불구하고, 농촌진흥청은 충분한 시간을 두고 시험재배에서 나타난 문제점을 고쳐나가기보다는 일단 보급하고 문제가 나타나면 그에 맞추어 대응하는 방식을 취했다. 그 결과 행정가의 시간표는 육종가의 것보다 항상 앞질러 나가게 되었고, 하나의 과제를 해결하기가 무섭게 다른 과제가 대두되었다.

반드시 그 때문이라고만은 할 수 없겠지만, 결과적으로 1970년대 후반 매년 새로 보급된 품종이 말썽을 일으키는 악순환이 계속되었다. 통일형 품종의 실패 사례로는 1972년의 냉해와 1978년의 이른바 "노풍 파동"이 가장 잘 알려져 있지만, 사실 1975년부터 1980년까지 매년 그해 새로 보급을 시작한 품종이 크고 작은 문제를 일으키곤 했다.

이와 같은 불안 요소에도 불구하고, 1975년은 신품종의 경작면적이 두 배가 넘는 27만4천 헥타르로 늘어났다. 그 가운데 대부분인 26만4천 헥타르가 "통일" 재배지였고, 나머지는 새로 개발된 조생통일, 영남조생, 통일찰, 유신 등의 재배지였다.[64] 이들 품종은 아직 본격적으로 보급되기 전이어서 종자증식과 지역 적응 시험 등을 위해 소규모로 재배되었다.

이해는 "통일"의 짧은 전성기에 해당한다. "통일"은 본격 재배된 지 3년 만인 1975년에 그 경작면적을 최대치로 늘렸지만, 이듬해부터 재배면적이 매년 반 토막으로 줄어들어 1978년 무렵에는 실질적으로 자취를 감추고 말았다. 높은 수량에도 불구하고 미질의 문제를 극복하지 못했기 때문이다.

그 자리를 메우게 되는 것은 앞서 소개한 "양질다수성" 통일형 신품종들이었다. 특히 처음으로 밥맛을 개선한 통일형 품종 유신이 많은 기대를 받았다. 1975년에는 아직 종자증식 중이었음에도 일부 지방 농촌지도 관서에서 "統一벼로 統一, 維新벼로 維新"이라는 구호까지 내걸어가면서, 유신을 더 많이 심기 위한 충성 경쟁에 나서기도 하였다.[65]

또한 1975년에는 조생통일이 보급되면서 중부지방에서도 이모작(二毛作)이 시도되었다. 이전까지는 벼와 논보리의 생육기간이 겹쳐 대전 이북에서는 이모작이 어려웠다. 그런데 1975년부터 조생통일과 함께 극조생종 논보리 신품종 "올보리"가 보급되면서, 벼와 보리 모두 충분한 생육기간을 확보할 수 있게 되었다. 6월 10일경 올보리를 수확하고 6월 20일 전에 조생통일을 이앙하면 9월 하순에 수확할 수 있고, 파종 적기인 10월 상순을 놓치지 않고 다시 논보리를 심을 수 있게 된 것이다. 이로써 한강 이남의 중북부지방에서도 논보리 재배가 가능해졌다. 조생통일과 올보리를 이용한 이모작 시험재배는 1974년 겨울부터 1975년 여름까지 이루어진 김포의 시험포장에서 이루어졌다. 농촌진흥청은 긍정적인 결과에 고무되어 중북부 지방에서 "논보리 재배 확대운동"을 벌였다. 그에 따라 1975년 가을 경기도에서는 사상 처음으로 논보리 약 8천 헥타르 재배에 들어갔다.[66]

이렇게 여러 가지 동원 사업을 벌였음에도 불구하고 1975년의 쌀 생산량은 1974년에 비해 소폭 늘어난 3천2백만여 석에 머물렀다. 물론 1973년부터 3년 연속 증산에는 성공했으나, 통일형 신품종의 보급 면적을 야심차게 배증한 것에 비해서는 증산된 양은 적은 편이었다. 통일형 신품종은 전체 벼 재배면적의 4분의 1에 못 미치는 27만여 헥타르에 재배되었고, 9백58만여 석의 생산고를 올려 전체 쌀 생산량의 3분의 1가량을 차지했다. 기대만큼 증산이 이루어지지 않았던 가장 큰 이유는 통일형 신품종을 따라다닌 병충해였다. 새로운 품종은 늘 예상치 못했던 문제에 부딪히게 마련인데, 특히 통일형 신품종의 경우처럼 새로운 품종이 갑자기 넓은 면적에 보급되는 경우 더욱 그렇다.

유신은 시험재배 결과 몇 가지 병충해에 심각한 약점을 드러냈다. 노균병(露菌病), 갈색엽고병(褐色葉枯病: 갈색잎마름병), 백엽고병(白葉枯病, 흰빛잎마름병), 적고현상, 문고병(紋枯病, 줄무늬잎마름병) 등 여러 가지 문제점이 보고되었다.[67] 특히 노균병은 잎에 황백색의 반점이 생기고 잎 전체가 노랗게 말라 죽는 증상을 보이는데, "방제특효약이 없는 병이며 우리나라에서는 지금까지 발생되지 않았던" 병이었다. 노균병은 못자리가 침수되었을 때 발생하는 것으로 규명되었지만 비슷한 조건에서 유독 유신에서만 많이 발생하여 골칫거리가 되었다.[68] 유신은 1974년 IRRI에서 종자를 들여올 때에도 한 차례 홍역을 치른 바 있다. 종자증식을 위해 유신을 재배하던 IRRI 포장에 흑조세균병(黑條細菌病)이 돌았는데, 이것은 한국에서는 발생한 적이 없던 병이었으므로 유신 종자에 병균이 묻어 들어올 가능성에 대해 여러 전문가들이 염려하였다. 대다수의 병리학자들이 새로운 병원체를 한국에 들여올 위험을 감수하느니 차라리 유신 종자를 전량 폐기해야 한다고 주장하였다. 김인환은 "막대한 국고를 지출하면서 외국에까지 가서 증식 재배한 벼 종자를 폐기한다는 일은 참으로 기가 막히는 일"이라고 항변하면서, 종자 반입 후 소독·방역과 시험재배 전 과정을 책임지고 감독하겠다고 장담하여 가까스로 유신 종자를 들여올 수 있었다.[69] 조생통일도 일부 지역에서 7월 초순에 지나치게 일찍 이삭이 패는 문제가 나타났다. 또한 1975년도의 남서해안지방의 벼멸구 피해는 극심하여, "많은 포장이 수확 개무(皆無)상태에 이르렀다."[70]

하지만 신품종이 거둔 성과 앞에서, 신품종에 대한 문제제기는 부차적인 문제로 치부되었다. 많은 경우 그것은 '관행농법'을 벗어나지 못한 농민의 부주의의 결과로 해석되곤 하였다. "통일"의 문제점을 극복하는 길이 결국에는 농민의 '재배법 숙지'였듯이, 유신의 문제점도 농민 교육으로 해결해야 한다는 것이 관계 공무원들의 생각이었다.[71] 그리하여 1975년 겨울에도 유신 재배면적 확대를 위한 교육 사업이 벌어졌다. 12월 7일부터 이효근 식량작물과장이 8개 도를 순회하면서, 시·군 농촌진흥청의 작물계장들을 모두 소집하여 각각 8시간에 걸쳐 유신의 특성과 재배 시 주의사항을 설명하였다.[72] 새마을 영농교육의 교재도 매년 부수가 늘어만 갔다.

1976년에는 통일계열 신품종의 재배면적은 다시 두 배가 넘는 60만여 헥타르로 확대되었다. 전체 벼 재배면적의 절반에 가까운 면적이었다. 갓 시험재배를 끝낸 유신이 그 절반인 30만9천여 헥타르에 재배되었다. 농가에 첫선을 보인 해에 전체 벼 재배면적의 4분의 1을 차지한 것이다. "통일"(14만1천여ha)은 1975년의 절반 정도로 재배면적이 줄어들었다. 나머지는 조생통일(4만8천여ha) 등 다른 통일형 신품종들이 차지했다. 60만여 헥타르라는 실적을 달성하기 위해 농촌진흥청은 1975년 농한기부터 전국적으로 농민들을 독려하였다. 농촌진흥청은 1975년 12월 18일부터 이틀 동안 전국 도원장, 시·군 농촌지도소장 연찬회를 열고 "주곡의 자급지속화를 위한 우리의 결의" 등을 채택하며 직원들을 독려하였다.[73]

이해 여름에는 이상저온 현상에다 가뭄까지 겹쳤다. 이에 따라 1975년보다 수확이 줄어들 것이라는 예상이 지배적이었다. 하지만 노동력을 집중 동원한 결과 가뭄 피해를 줄일 수 있었다. "연인원 1백20만 명을 동원, 하상굴삭, 집수정 등 간이 용수원 7만1천 개소를 개발"했고 "택시까지 물대기 작전에 나서" 가뭄을 견딜 수 있었다. 그 결과 1975년보다 10퍼센트 이상 증산된 3621만5천 석의 수확을 올릴 수 있었다. 1974년 3천만 석을 넘어선 지 2년 만에 3천5백만 석을 넘어 "사상 최대의 풍작"을 거둔 것이다.[74] 정부는 쌀 생산량이 연간 수요량을 넘어서서 드디어 쌀의 자급을 이루었다고 발표하고, 그 후속 조처로 무미일을 폐지하였다. 또 1977년 연두 기자회견에서는 체제 우월성을 과시하기 위해 북한에 쌀 지원을 제안하기도 하였다.[75]

하지만 "사상 최대의 풍작"의 이면에는 아무도 공개적으로 지적할 수 없었던 뼈아픈 실패가 있었다. 확대 재배 첫해에 유신이 치명적 결점을 드러낸 것이다. 1976년 7월 초 경기도 김포평야와 평택 지방의 유신 재배지에서 한국에는 전례가 없었던 "마디썩음병"이 발생하였다. 이것은 뒷날 분석 결과 일본에서 "청고현상(靑枯現象)"이라는 이름으로 알려져 있던 병으로, 질소 과다에 의해 일어나는 줄무늬잎마름병[紋枯病]의 일종으로 판명되었다. 볏대 첫 마디 부분이 까맣게 썩어 들어가면서 벼 포기들이 급격하게 주저앉기 시작했다. 수확기가 가까워질수록 피해 지역도 늘어났다. 경기도 곡창지대에서 시작된 마디썩음병은 9월 20일까지 전국적으로 확산됐다.[76] 마디썩음병의 발생 면적은 경기도가 6,229헥타르로 가장 많았고 충북이 589헥타르, 경북이 358헥타르, 경남이 314헥타르, 전남 143헥타르, 서울 132헥타르 등 총 7,843헥타르에 이르렀다. 이에 대해 농촌진흥청은 직접적인 감수(減收) 면적은 총 2,162헥타르로 전체 유신 재배면적의 0.7퍼센트에 지나지 않으며, 경기도를 제외한 다른 지역에서는 유신이 좋은 성과를 올렸다는 점을 강조하였다. 또 발병 원인을 저온현상, 질소비료 과다, 도시 폐수의 유입, 재배관리 부실 등 네 가지로 분석할 수 있다고 주장함으로써 농민들에게 책임이 있다는 인식을 슬그머니 내비치기도 했다.[77] 하지만 농민들의 항의에 직면한 경기도는 보상대책을 마련하고, 유신을 "77년도에는 장려품종에서 제외하겠다"고 공식 발표하였다.[78]

경기도 농민들은 보급 첫해에 마디썩음병으로 큰 타격을 입은 유신을 신뢰하지 않았다. 이후 유신의 재배면적은 1976년 30만9천 헥타르에서 1977년에는 23만3천8백 헥타르, 1978년에는 10만2천여 헥타르, 1979년에는 5만3천6백 헥타르 등, 매년 절반가량으로 가파르게 줄어들었다. 그러나 마디썩음병과 경기도 농민의 반발에 대한 기사는 1976년 당시 신문에서 찾아보기 어렵다. 위에서 인용한 기사도 2년이 지난 1978년 "노풍 파동" 당시 쓴 것이다. 비록 벼의 이름이라고는 해도 긴급조치가 횡행하던 당시 상황에서 "유신이 실패했다"는 말은 감히 입 밖으로 꺼낼 수 없었던 것이 아닐까 추측할 따름이다. 김인환도 유신이 "실패했다"고는 차마 말하지 못한 채, 다만 다음과 같이 "곤경"이나 "과오"라는 말로 실패를 에둘러 인정했을 뿐이다.

······72년도의 냉해로 통일을 권장한 지도사들이 당한 곤경을 이번에는 평야지 일부 지역 지도사들이 당하게 되었다.······ 우리는 또 한 번의 교훈을 받게 되었다.······ 그 후 이러한 과오를 다시는 초래하지 않도록 동계농민교육의 철저를 기하였고 이러한 시련을 겪은 우리 농민들의 영농기술은 진일보 발전되었던 것이다.[79]

밀양23호도 1976년 시험재배에서 문제점을 드러냈다. 7월 초순부터 한 국에 알려진 바 없었던 급성형 흰빛잎마름병이 전라남도 시험재배단지에 서 나타난 것이다. 이 병은 인도네시아 등에서는 "크레섹(Kresek)"이라고 부르는 것인데, 종자를 통해 급속도로 전염되어 위험성이 큰 병으로 알려져 있다. 농촌진흥청과 서울대 농대에서 구성한 합동조사반은 종자가 필리핀 에서 감염되어 왔을 가능성을 제기하면서, 피해를 방지하기 위해서는 시 험재배 중인 밀양23호를 전부 뽑아내어 소각해야 한다고 주장했다. 추가 조사 결과 급성 흰빛잎마름병과는 다소 증상이 달라 보이고 이웃 논으로 전염성도 높지 않다는 주장이 나와 전국의 밀양23호를 뽑아 소각하는 일 은 피할 수 있었다. 하지만 당시 급박한 사태에 대처하느라 김인환은 이 논 란의 와중에 스트레스로 병을 얻어 1년 이상 건강을 회복하지 못했다고 회상할 정도였다.[80]

또한 조생통일도 1976년 5월 전라북도에서 냉해를 입었다. 농촌진흥청 에서 조생통일이 강원도 고랭지에서도 재배할 수 있는 내랭성 품종이라고 홍보해왔으므로 농민의 의구심은 더욱 커졌다. 더욱이 조생통일이 "통일" 을 개량한 품종이라는 점에서, "개발 품종에서 나타났던 피해증상이 2차 개발 품종에서도 또 나타난다는 것은 품종 자체에 결점이 있거나 연구진 들이 미숙하다는 지적을 받아들이지 않을 수 없게 됐다."[81]

이에 대해 농민과 일부 학자들은 품종의 문제를 지적했으나, 정부의 진 단과 대응 방침은 이전과 마찬가지였다. 농민들이 신품종의 특성을 제대 로 이해하지 못한 때문이며, 농한기 교육을 철저히 하는 것만이 해결책이 라는 것이다. 그리하여 1976년 겨울에도 냉해를 막기 위해서는 보온묘판 을 설치하고 못자리에 비닐을 씌워야 하며, 비료의 양을 잘 맞춰야 뿌리가 썩지 않는다는 등의 교육 사업이 전국적으로 이어졌다.

공개적으로 말할 수 없었던 "유신"의 실패를 딛고, 1977년에는 통일형 신품종의 총재배면적이 처음으로 자포니카 품종의 총재배면적을 넘어섰다. 통일형 신품종은 총 벼 재배면적의 54퍼센트에 해당하는 66만 헥타르에 재배되었다. 지난해 마디썩음병으로 물의를 빚었던 유신은 확대 보급을 보류한 채 20퍼센트가량 줄어든 23만3천8백 헥타르에 재배되었다. 그리고 시험재배를 마친 밀양21호(121.5천ha)와 밀양23호(82.7천ha)가 대대적으로 확대 보급되었으며, "통일"(69.4천ha), 조생통일(63.9천ha), 밀양22호(46.6천ha), 수원251호(황금벼), 수원258호(금강벼) 등이 그 뒤를 이었다. 특히 전남에서는 총 논 면적의 75퍼센트에 해당하는 15만4천 헥타르에 신품종을 재배하였고, 그중 신품종 재배면적이 전체의 90퍼센트 이상을 차지한 시·군도 곡성군(97퍼센트)을 비롯 광주, 군산, 담양, 구례, 장성 등 6곳이나 되었다. 충북에서도 전체 논의 74퍼센트에 해당하는 5만7천 헥타르에 신품종을 재배하였다. 이 밖에 통일형 신품종 재배에 필수적인 보온묘판 설치 비율도 81퍼센트로 증가되었으며, 재식밀도도 평균 평당 80주로 늘어나 다수확 요인이 크게 개선되었다.[82]

1977년에는 최상의 기상 조건은 아니었지만 큰 병충해를 입지 않은 결과 수확량이 크게 늘었다. 밀양21호와 밀양23호가 흰빛잎마름병에 취약하기는 했으나 이해에는 여느 해와 같은 대규모 피해는 일어나지 않았다. 그 결과 목표량 3650만 석을 14퍼센트나 웃도는 4170만 석을 거두어, 3천만 석을 돌파한 지 3년 만에 연 생산고가 4천만 석을 돌파하게 되었다. 전국 평균 수확량은 10아르당 494킬로그램으로, 일본(1975년)의 종전 세계 최고기록(447kg/10a)을 넘어서는 것이었다. 가장 높은 단위수확량을 기록한 곳은 충청남도로, 17만 헥타르에서 10아르 당 552킬로그램을 생산하여 종전 지자체 세계기록(일본 야마가타현, 1975년, 9만7천 헥타르에서 523kg/10a)을 넘어섰다. 전라남도(519kg/10a)와 충청북도(532kg/10a)가 뒤를 따랐다.[83]

박정희는 이를 "녹색혁명성취"로 선언하고, 관련자들에게 훈장과 포상

금을 수여하였다. 1977년 12월 9일, 전주 실내체육관에서 개최된 전국 새
마을지도자대회에서 박정희는 "세계적으로 식량난이 가중되고 있는 이때
에 이미 주곡의 자급을 실현하고 이제는 쌀이 남아돌아서 걱정을 하게 되
었다는 것은 참으로 기쁘고 자랑스러운 일이 아닐 수 없습니다"라며 증산
운동의 관계자들을 치하했다. 12월 20일에는 "녹색혁명성취"의 휘호를 농
촌진흥청에 전달하고, 신품종 개발과 확대 보급에 기여한 연구·지도 공무
원에게 서훈과 특별 포상금을 수여했다. 정부 관련 부처에서도 앞을 다투
어 4천만 석 돌파를 기념하는 행사를 벌이고 기념물을 제작하였다. 12월
20일, 농수산부장관 최각규(崔珏圭)는 쌀 생산 4천만 석 돌파를 기념하기
위해 각 시도지사에게 "쌀 4,000만석 돌파의 탑"을 수여하였고, 평균 단보
당 수확이 500킬로그램을 넘어선 충남, 충북, 전남의 세 개 도에는 "500kg
돌파탑"을 수여하였으며, 농수산부 산하 2급 이상 관계 공무원 전원에게
는 소형의 "쌀 4,000만석 돌파의 탑"을 주었다. 1977년 12월 28일과 30일
에는 허문회가 은탑산업훈장을, 작물시험장장 최현옥과 농촌진흥청 시험
국장 함영수가 철탑산업훈장을 받은 것을 비롯하여 농촌진흥청, 작물시
험장의 주요 임원과 연구자 등 총 27명이 정부로부터 훈·포장을 받았다.[84]
허문회는 이에 앞서 1977년 5월 16일에는 "5·16민족상" 학예부문 본상을
수상하기도 하였다.

　같은 해 12월에는 14년 만에 쌀막걸리의 제조가 다시 허용되었다. 7분도
의무제도 폐지되었고, 엿과 떡 등의 가공원료로 쌀의 이용을 금지하는 조
치도 3년 만에 해제되었다.[85] 정부는 또 인도네시아에 쌀 48만6천 석을 현
물 차관으로 공여하고, 이것을 "드디어 쌀이 남아 수출하게 되었다"고 홍
보하기도 했다.[86]

　축하 행사는 1978년에도 이어졌다. 김인환은 1978년 3월 13일[87]에는 농
촌진흥청 대강당을 스스로 "녹색혁명의 산실"이라고 명명하고, 5월 10일

에는 "녹색혁명성취의 탑"을 제막했다. 이 탑은 1977년 말 서훈과 포상금을 받은 관계 공무원 14명이 거둔 성금으로 건립된 것이다.[88] 같은 날, 정부는 "13년 동안 매년 두 차례씩 우리나라를 찾아 녹색혁명을 계속 지켜본" 이로서 신품종 개발과 보급에 자문 역할을 해온 IRRI의 비첼(Henry M. Beachell)에게 동탑산업훈장을 수여했다. IRRI에는 이날 행사에 참여한 베가(M. R. Vega) 부소장을 통하여 장덕진(張德鎭) 농수산부장관이 별도의 감사패를 전달했다. 비첼은 시상식 직후 인터뷰를 통해 한국이 쌀의 자급을 이루어낸 것을 축하하며, 앞으로는 맥류의 자급도 도모해야 할 것이라는 메시지를 남기기도 했다.[89]

적어도 일부 농민들에게는 1970년대 초·중반은 기회의 시대였다. 그들은 정부 정책에 적극적으로 협조하는 대가로 농촌지도관서의 지원을 이끌어내어 자신의 경제적 이익을 극대화할 수 있었던 것은 물론, 나아가 새마을운동 등 마을 외부의 정치적 자원을 동원함으로써 향촌사회에서도 자신의 입지를 굳힐 수 있었다. 이들은 정부의 지원을 활용하여, 정부 지원이 없었다면 시도할 엄두가 나지 않았을 근대적 영농기법을 적극적으로 자신의 영농에 도입했고, 그 결과 자신의 소득 증대와 지위 상승에 성공했다.[90] 그리고 이를 통해 한국 농업 전체도 경제개발의 "이륙(take-off)" 단계에 견줄 만한 질적인 변화를 겪었다. 1970년대를 거치면서 대부분의 농가가 근대적 농업기술을 적용할 수 있었고, 계획에 따른 영농을 시도할 수 있었다. 그리고 그 결과 많은 농가가 이 시기 새롭게 전국적인 화폐경제의 흐름에 편입되었다. 1970년대 중반의 "녹색혁명"은 지금까지 평가받던 것에 비해서는 한층 적극적으로 재해석할 필요가 있다.

다만 이 "이륙"이 안고 있는 본질적인 한계도 분명한 것이었다. 첫째, 한국 농업의 "이륙"은 농업 자체의 역량으로 이루어진 것이 아니었다. 계속해

〈그림 12〉 1977년도 박정희로부터 5·16민족상(학예부문 본상)을 받는 허문회. (출처: 국가기록원)

〈그림 13〉 1977년 녹색혁명성취와 단위면적당 수확량 신기록 수립을 기념하여 외국인용으로 만든 벽걸이. (출처: 김인환, 『한국의 녹색혁명』, 농촌진흥청, 1978)

〈그림 14〉 수원 농촌진흥청 구내에 세운 "녹색혁명성취의 탑". (출처: 김인환, 『한국의 녹색혁명』, 농촌진흥청, 1978)

서 잉여를 도시 부문에 수탈당해왔던 탓에 농업의 질적 도약을 위한 "본원적 축적"은 이루어지지 않은 상태였다. 1970년대의 농업이 변모할 수 있었던 것은 도시 부문으로부터 영농자금과 영농자재가 유입됨으로써 비로소 가능했다. 둘째, 도시 부문으로부터 유입된 재화조차도 공짜는 아니었다. 1970년대의 농업생산고의 증가 이면에는 농가부채의 기록적인 증가가 있었다. 농민이 혜택을 입은 것보다 도시 부문이 농촌을 시장경제에 편입시킴으로써 얻은 이득이 더 컸고, 그만큼 도-농의 불균형에 따른 농가경제의 구조적 모순은 더욱 심화되고 있었던 것이다. 셋째, 이러한 변화는 비가역적일 뿐 아니라 비탄력적인 것이었다. 농민이 증산체제에 동참할 수는 있었지만, 동참하지 않을 자유는 실질적으로 보장되지 않았다. 정부 정책에 동참하는 쪽이 농민에게 유리한 경우 이것은 큰 문제가 되지 않을 것이다. 하지만 정부 정책이 농민에게 불리한 결과를 낳을 경우, 농민은 경제적 판단에 따라 당연히 더 이상의 동참을 원치 않게 되지만 정부는 각종 제도적 혜택을 미끼로, 때로 심지어는 물리적인 충돌을 무릅써가며 계속적인 동원을 강요하였다.

1970년대 말, 잇따른 병충해로 신품종에 대한 농민의 불신이 높아졌을 때 이러한 가능성은 현실이 되었다. 이른바 '강제농정'에 반대하는 농민의 저항은 그로부터 비롯되었다. 농민들의 쌓여온 불만에 더하여, 증산체제를 지탱해주던 정부의 정책 방향마저 1970년대 말에 들어 변화의 조짐을 보였다. 중화학공업의 투자가 애초 예상했던 기간에 회수되지 못하면서 과잉투자 논란이 불거졌고, 여기에 석유파동과 같은 외부 요소가 더해져 한국의 경제성장은 주춤해졌다. 이 상황에서 정부가 택한 길은 역시 공업을 살리는 것이었다. 정부는 "고미가정책의 포기"를 선언하고, 1978부터 채소류를 중심으로 농작물 수입을 확대하기 시작했다. 이미 증산체제의 부담은 정부가 감당하기 어려운 수준으로 높아졌던 것이다. 하지만 비대해진 증산체제를 연착륙시키는 일은 쉽지 않았다. 일단 정부와 농민 모두 증산 일변도의 영농 방향에 익숙해져 있었으므로 증산과 추곡수매라는 틀에 갇혀버린 대다수 농가의 수익구조를 바꾸기가 어려웠다. 더욱이 이미 수많은 사람과 기구, 막대한 예산을 아우르게 된 증산체제는 스스로의 관성으로 계속 굴러가고 있어서 방향 전환이 쉽지 않았다. 결국 1977년에 "양에서 질 위주로" 정책을 전환하겠다고 선언했음에도 불구하고, 정부는 증산체제를 발전적으로 전환시키는 방안을 찾지 못한 채 1978년을 맞았다. 이렇게 누적된 모순은 결국 1978년 농산물시장 개방과 도열병 피해라는 두 가지 사건을 계기로 전면적으로 불거져 나오게 되었다.

제5장

녹색혁명이
지나간 자리

1977년 말에서 1978년 초에 걸쳐 "한국의 녹색혁명"의 성취를 축하하는 분위기는 절정에 다다랐다. 그러나 "한국의 녹색혁명"은 잠재적인 불안 요소를 계속 안고 있었다. 앞에서 지적했듯이, 영세한 영농규모가 생산성 향상을 근본적으로 제약한다는 구조적 문제는 "녹색혁명 성취"의 구호가 요란한 가운데서도 해결되지 않은 채로 남아 있었다. 통일형 신품종의 증산 효과가 눈에 띄게 나타나는 동안에는 이러한 구조적 문제를 제기하는 목소리도 상대적으로 잠잠했다. 하지만 신품종의 증산 효과가 언제까지 지속될지는 아무도 장담할 수 없는 상황이었다.

또 다른 근본적인 불안 요인은 품종의 안정성이 충분히 확립되지 않았다는 점이다. 새로 개발한 품종은 충분한 시간을 두고 검정하여 병충해에 대한 강약을 판별한 뒤 농가에 보급해야 예기치 못한 피해를 막을 수 있다. 하지만 당시의 정치적 상황은 그런 여유를 허락하지 않았고, 새 품종은 다소 성급하게 언론에 공표되고 농가에 공급되었다. 1970년대 중반 이후 서둘러 장려품종을 지정하여 대규모로 재배하고, 문제점이 불거져 나오면 또 다른 품종을 언론을 통해 대대적으로 홍보하고 이듬해에 서둘러 장려하는 악순환이 계속되었다. 수치상의 수확량이 계속 올라가고 있었던 1970년대 후반, 증산체제의 이면에서는 사실 모순과 위기가 계속 쌓여가고 있었던 것이다.

1978년의 "노풍 파동"으로 촉발된 신품종의 퇴조는 그렇게 누적되어온 모순과 위기에 자연재해가 방아쇠를 당김으로써 일어난 것이다. 노풍 파동이란 1978년 야심차게 보급을 개시한 신품종 "노풍"이 도열병으로 큰 타격을 입은 사건을 말한다. 노풍 파동은 농민들에게 더 이상 신품종을 강요할 수 없을 정도로 신품종의 위상을 약화시켰다. 여기에 더해 유신 정권이 정치적 혼란의 와중에서 무너짐으로써 증산체제를 밀어붙일 수 있었던 억압적 국민 통제체제도 깨지게 되었다. 비록 짧은 정치적 해빙기를 거친 후 신군부가 다시 억압적 정치체제를 강요하였으나, 그들도 이미 깨어진 증산체제의 틀을 다시 농민들에게 강요할 수는 없었다.

"녹색혁명 성취"를 선포하자마자 말을 바꾼 정부

1970년대 말은 한국 농정의 역사에서 중요한 분기점이었다. 1968년부터 이어져온 "가격지지 정책을 통한 주곡 증산"이라는 농정의 기조가 "개방농정"으로 바뀐 것이 바로 이 시점이기 때문이다. 1970년대 중반까지 농업에 대한 지원은 확대되고 농촌은 외형적으로 크게 성장했다. 그 배경에는 도시노동력을 부양하기 위한 곡물생산력을 확보하려는 정책적 고려, 미국 잉여농산물 원조의 유상 전환과 1970년대 초반의 석유위기와 식량위기 등 안보적 고려, 그리고 농촌의 정치적 지지를 얻으려는 정치적 동기 등이 혼재되어 있었다.

그러나 1970년대 후반이 되면 이와 같은 가격지지를 통한 식량증산론은 세력을 잃고 대신 "비교우위론"이 경제기획원을 중심으로 정부 안에서 힘을 얻게 되었다. 비교우위론의 주된 근거는 정부의 재정부담 경감과 물가안정이었다. 당시 유신 정부는 불안정한 국내외 경제 상황에서 물가안정을 으뜸가는 정책 과제로 삼고 있었다. 특히 절대빈곤을 벗어나면서 식생활이 다양해지자 육류나 과채류에 대한 수요가 급증했는데, 그 여파로 잦은 가격 파동이 빚어지곤 했다. 이에 대해 경제기획원은 고전적 자유주의 경제학의 관점에서, 시장을 개방하여 서로 값싼 재화를 교역하는 것이 국내시장의 물가안정에 기여할 것이라는 주장을 폈다.[1] 특히 식량 물가의 상승은 곧장 도시노동자의 임금인상 요인이 되므로 고미가정책의 폐지와 농산물시장의 개방은 도시노동자의 임금도 묶어놓을 수 있는 유효한 수단이라는 것이 정부의 인식이었다. 한국 경제의 수출 규모가 커지면서 농수산물 시장에 대한 개방 압력이 높아진 것도 또 하나의 이유였다.

1977년 대대적으로 "녹색혁명의 완수"와 "주곡(主穀)의 자급 달성"을 선전한 것도 역설적으로 고미가정책을 포기하는 또 하나의 근거가 되었다. 이미 녹색혁명이 완수되었고 주곡의 자급을 달성했으므로 더 이상 고미가정책을 통해 증산을 유도하지 않아도 된다는 것이 정부의 논리였다. 물론 김인환 등 농업행정가들과 농학자들은 "쌀의 자급을 달성했으니 다음 차례는 밀과 옥수수"라고 포부를 밝혔지만, 한국의 좁은 경지면적과 토지이용 양상, 나아가 쌀과 보리를 제외한 곡류의 낮은 시장가격을 감안할 때 그것은 정치적 수사였을 뿐 실제로는 명백히 실현 불가능한 목표였다.[2] 또한 1970년대 쌀 증산에 일로매진하는 가운데 전체 식량자급률은 오히려 지속적으로 떨어져온 것 또한 공공연히 알려진 사실이었다.[3] 따라서 정부로서는 어차피 궁극적인 식량자급이 불가능하다면, "주곡 자급이라는 상징적인 목표"가 달성된 시점에서 고미가정책도 그 임무를 완수했다고 선언하는 편이 정치적·재정적 부담을 줄일 수 있는 길이었다. 특히 농특적자의 누적에 대한 경제기획원 측의 불만도 이러한 입장을 강화한 것으로 보

인다.[4]

이에 따라 정부는 1978년부터 밀(1750만 섬), 옥수수(2364만 섬), 콩(450만 섬) 등 곡물의 도입량을 대폭 늘리는 한편 쇠고기, 돼지고기, 양고기, 고구마, 고추, 양파, 마늘, 참깨, 땅콩, 달걀 등에 대해서도 문호를 개방했다. 특히 쇠고기 수입은 6만4천 톤으로 전년 대비 12배나 증가하였다. 1978년의 농산물 수입액은 지난해에 비해 56.8퍼센트 늘어난 6억9천만 달러에 이르렀다.[5]

문제는 농산물시장 개방의 여파에 농민들이 아무런 완충 장치 없이 그대로 노출되었다는 점이다. 정부는 매년 농가소득 증대를 명목으로 이런저런 품목을 권장했지만, 농민들은 풍작으로 과잉 생산되는 경우 가격 폭락을 피할 길이 없었으며, 반대로 흉작으로 생산량이 줄어들었을 때에도 정부가 수입을 통해 물가를 조절하기 때문에 헐값에 농산물을 내놓아야 했다. 1978년의 "고추 파동"은 이와 같은 농민의 처지를 잘 보여준다. "고추 파동"은 고추 값이 오르자 정부에서 고추를 대량 수입하였음에도 가격을 조정하는 데 실패한 사건을 말한다. 재배면적 감소와 가뭄, 병해 등으로 고추의 생산량이 1977년 141,091톤에서 1978년 42,196톤으로, 3분의 1 미만으로 급감했다. 이에 따라 1킬로그램당 가격은 1978년 9월에는 1,600원이었던 것이 10월에는 3,500원으로, 11월에는 8,880원으로 천정부지로 치솟았다.[6] 정부는 "세계 고추무역량의 거의 전량인" 4만5천 톤의 고추를 수입했으나 수입 과정의 관리 부실 등으로 제대로 시장에 출하되지 않았고, 고추 값은 근당 1만 원까지 폭등하여 고추가 "금추"로 불리기까지 했다. 고추의 소비자가격이 이렇게 치솟았지만, 중간상인이 폭리를 취했던 데 비해 농민은 흉작에도 고추를 헐값에 넘겨야 했다. 한편 유통질서의 문란으로 배추의 소매가격도 포기당 100~200원 하던 것이 1,700원 이상으로 급등하였다.[7]

농민들이 "시장원리"를 내세운 정부의 정책 선회에 당혹감과 배신감을 느낀 것은 자연스러운 귀결이라 할 수 있다. 1970년대 중반 농민들이 아키바레 등 시장에서 값을 잘 받는 자포니카를 재배하려 했을 때 정부가 반강제로 시장가격이 낮은 통일형 신품종을 권장한 것은, 시장원리로 따지자면 지극히 부당한 일이었다. 그런데 "주곡의 자급 달성"을 선포하자마자 고미가정책을 폐지하고 농산물시장 개방 폭을 늘린다는 것은 농민들의 그동안의 인내와 협조를 무위로 돌리는 셈이었다. 이는 결국 1970년대 증산체제가 국가와 농민의 대등한 참여 위에서 이루어진 것이 아니라 농민의 일방적인 희생을 바탕으로 추진된 것이며, 정부가 증산체제에 참여한 농민들에 대해 그 책임을 다하지 못했음을 보여준다.

농민의 반발과 "강제농정" 시비

시장 개방으로 농산물 가격이 하락하자 농민의 의욕은 더욱 감퇴되었다. 시장가격이 낮게 형성되어 농사를 많이 지을수록 적자만 늘어나는 상황이 된 것이다. 농가소득 증대를 위해 여러 가지 품목을 함께 경영하는 "복합영농"이 권장되었지만, 빚을 얻어 소나 돼지를 구입하여 키워도 외국 축산물이 수입되어 가격이 폭락하는 악순환이 거듭되었다. 앞서 말한 "고추 파동", "배추 파동" 등은 이러한 농산물시장 개방의 와중에서 일어난 일이었기에 농민들에게 더 큰 충격을 주었다. 농정 방침의 전환에 따른 이러한 혼란은 노풍 파동 등과 맞물려 결과적으로 농민들의 이농을 부채질했다. 1978년에 78만 명, 1979년에는 65만 명이 농촌을 떠나 도시로 향했고, 이들은 대부분 도시빈민 계층으로 편입되었다.[8]

정부는 농산물 수입을 개시했지만, 식량의 안정적 자급은 안보상 추구해야 하는 목표였기에 신품종의 확대 보급이라는 기조는 바꾸지 않았다. 또한 "통일벼"의 놀라운 증산 효과를 몇 년 동안 목격해온 일선 공무원들은 관성에 의해 "통일벼" 재배 확대를 도모했다. 신품종 보급을 진두지휘한 김인환이 박정희의 군은 신임 아래 10년 넘게 농촌진흥청장 자리를 지키고 있는 것도 또 하나의 원인이었다. 당시 각종 영농비가 계속 올라가고 있었을 뿐 아니라 재배기술의 발달로 일반벼의 수량성이 점점 개선되고 있어 신품종 재배를 통해 농민이 얻을 수 있는 이익은 점점 줄어들고 있었다. 그러나 농촌지도관서에서는 농가의 이익을 고려하지 않은 채 다수성 신품종 재배를 계속 밀어붙였다. 예를 들어 1977년 1월, 농수산부는 "대풍으로 쌀 생산량이 크게 늘어나고 쌀의 시중 출회량이 늘어 가격이 떨어져 농민들의 통일계통 벼 재배 기피현상이 일어날지도 몰라" 그에 따라 "추곡 매입량을 통일계통 벼 재배면적을 감안, 농가별로 배정키로" 했다고 발표했다.[9] 이 시책에서 일차적인 주안점은 통일계 신품종의 재배면적을 늘리는 것이지, 개별 농가의 소득을 보전하거나 높이는 것이 아니었다. 농민들이 신품종 재배를 기피하는 이유를 근본적으로 없애려 하기보다는 강압적인 수단을 동원해서라도 거시적인 증산 목표를 달성하겠다는 것이 정부의 기본적인 입장이었다. 요컨대 "쌀 자급"이라는 국가적 목표와 개별 농가의 이윤 추구라는 두 가지 목표의 교집합은 1970년대 중반을 지나면서 점점 좁아져갔다.

이른바 "강제농정" 또는 "강권(强勸)농정" 논란은 이런 맥락에서 불거져 나왔다. 정부는 1970년대 내내 추곡수매와 이중곡가제, 영농자재의 우선 공급 등을 통해 통일계 신품종 재배를 유도해왔다. 그러나 농가소득이 높아짐에 따라 농민들은 농가 경영이라는 관점에서 농업에 접근하게 되었고, 그에 따라 영농자재와 노력은 많이 들어가지만 시장가격은 낮은 통일계 신품종 재배를 점점 더 기피하게 되었다. 더욱이 1978년의 노풍 파동 이후로는 통일계 신품종의 장점으로 꼽히던 내병성도 소멸됨에 따라 정부가 권장하는 신품종을 마음 놓고 심을 수 없다는 의구심이 농민들 사이에 확산되었다. 추곡수매 이외의 판로를 확보할 수 있는 농가라면, 신품종을 심어야 할 이유는 이제 거의 남아 있지 않았다. 실제로 일부 대도시 미곡 도매상은 "아키바레를 심도록 선도 자금을 뿌리고 추수가 되면 전량을 거두어가"는 등, 정부의 추곡수매보다 유리한 조건으로 일반벼 재배를 유도하기도 했다.[10] 농민으로서는 신품종을 심어 증산하면 할수록 명목소득은 늘어나지만, 자포니카를 심어 시장가격으로 팔았을 경우와 비교하면 상대적으로 손해와 빚이 늘어나는 셈이었다.

그러나 농촌지도 공무원들은 그런 사정은 아랑곳 않고 신품종 재배를 계속 유도했다. 이는 기술시스템이 획득한 관성(momentum)에서 비롯된 것으로 설명할 수 있다. 농촌지도 공무원들은 자신이 지도하는 부락이나 읍·면에 신품종 재배 실적이 부진한 경우 일차적으로 상급 기관으로부터 경고를 받았다. 따라서 그들은 끝없는 실적 경쟁에 내몰려 있었으며 지도 부락의 신품종 재배면적에 늘 신경을 곤두세우고 있는 처지였다.[11] 이들의 관성은 "통일벼" 중심의 기술시스템에서 이탈하려는 농민의 원심력과 부딪힐 수밖에 없었다. 특히 농민들이 시장경제라는 게임의 규칙을 잘 알고 있는 대도시 인접지역일수록 마찰이 잦았다. 예를 들어 1977년에는 경기도의 일선 공무원들이 봄에 통일벼 식재면적을 허위로 부풀려 보고하고, 가을이 되자 허위 보고한 수치에 생산량을 맞추기 위해 다른 지방이나 연구용 시험답에서 쌀을 사다가 위장 수매하는 일이 벌어지기도 했다.[12] 실적 경쟁에 내몰린 공무원들은 다시 당근과 채찍을 내걸고 농민들을 독려했다. 파종을 앞두고는 지도원들이 각 농가마다 신품종 재배 목표를 설정하여 각서를 쓰게 했다. 때로는 국민학교에 다니는 농민의 자녀들에게 재배

각서를 받아내는 편법 행위도 일어났다. 이에 불응하는 농가엔 영농자금 융자, 비료 외상판매 및 일체의 금융지원을 중단하는 등 행정규제를 남용했다. 또 계획에 비하여 신품종을 적게 재배한 농가는 추곡수매 혜택을 제한하였다. 반면 행정지시에 순응하는 농가는 하곡을 전량 수매하고 영농자금을 특별지원하며 시상금을 준다는 등 각종 회유책을 내걸고 농민들을 달래려 했다. 농가에서 못자리를 꾸리기 위해 볍씨를 침종하려 해도 시·도별로 정해진 날짜에 공무원들의 입회 아래 해야 했다. 기술 지도를 효율적으로 하기 위한 측면도 있었지만, 일반볍씨를 섞어 침종하지 않는지 감시하기 위한 것이기도 했다. 침종에 입회한 공무원들이 일반볍씨를 침종해두지 않았는지 장독대를 검사한 일이 문제가 되기도 했다.[13] 그 밖에도 수시로 도지사·시장·군수의 친서나 경고장이 농가에 날아들었고, 시·군·읍·면·리·동별 증산결의대회에 농민이 동원되곤 했다.[14] 농민의 의사와 상관없이 생산 목표를 정하고 독려하는 것은 "통일벼"에만 국한된 일이 아니었다. 경기도 이천 지역은 보리 이모작지대로 지정되었는데, 지역 주민들은 보리 이모작이 기후에 맞지 않는다고 판단하여 보리를 파종했다는 검사만 받고 나면 밭을 갈아엎고 고추를 심곤 했다. 할당된 보리 수확량은 여름이 되면 다른 지역에서 보리를 빌리거나 사다가 채우곤 했다. 이렇게 보리를 사 오는 값은 당연히 정부수매가보다 높았고, 결국 농민들이 매년 보리 증산정책에 따른 손해를 감수해야 했다. 이천시 부발읍 나래리의 경우, 보리를 사 오기 위한 마을 기금을 따로 마련할 정도였다.[15]

쌀 증산의 결과가 모든 이해당사자에게 만족스러운 것이었다면 이런 꽉 짜인 지도체계는 순기능을 발휘할 수도 있을 것이다. 그러나 신품종 위주의 증산정책을 둘러싼 농민과 정부의 이해관계는 충돌할 수밖에 없었고, 이는 구체적으로는 농촌지도 공무원과 농민 사이의 마찰로 나타났다. 1977년에는 경기도 김포에서 읍 직원들이 통일벼 재배를 강권하며 방위병까지 동원하여 일반벼 못자리를 망치는 일이 일어나 물의를 빚었다.[16] 1978년 봄, 지난해의 "녹색혁명 성취"에 고무된 농정 담당기관은 신품종 재배면적을 더욱 넓히려 했고, 그 과정에서 농민과 지도 공무원 사이에 많은 마찰이 일어났다.[17] 경남 마산시에서는 일반벼를 심은 농민의 명단을 동 게시판에 공고하고, 그들이 출타할 때는 교통편의도 제공하지 말 것을 산하 동장들에게 지시하여 물의를 빚었다. 충남 서산군과 경기도 화성군 향남면 등지에서는 지도 공무원이 일반벼 못자리를 짓밟거나 갈퀴질을 하여 망가뜨리는 일이 벌어졌다.[18] 충북 영동군 학산면에서는 면 직원으로 "일반묘판 폐기조치 독려반"을 편성하여, 아키바레를 심은 농가의 묘판(약 250여 평: 5천 평 이앙 분량)에 제초제를 뿌리고 발로 밟아 폐기한 뒤, 이들 농가의 명단을 농협에 통보하여 영농자금 지원을 중단할 것을 요구한 사건이 일어나 중앙 일간지에까지 보도되었다. 학산면 관계자는 지난해 영동군 내에서 학산면의 신품종 심기 실적이 제일 부진했기 때문에 1978년도 실적을 높이려고 이러한 일을 했다고 밝혀, 일선 공무원들이 받고 있는 압력의 세기를 짐작케 하기도 했다.[19]

통일형 신품종의 병충해 문제

이와 같이 농촌 현장에서 지도 공무원과 농민 사이의 갈등이 누적되어갔다. 그나마 갈등을 봉합하고 증산체제를 지속할 수 있는 근거가 남아 있다면 그것은 통일형 신품종의 다수성이었다. 하지만 통일형 신품종이 안고 있던 생태적 불안 요소는 통일형 신품종이 전국적으로 확대 보급되면서 더욱 증폭되어 나타났다. 앞 장에서 살펴보았듯 매년 새로 보급되는 품종이 새로운 병에 걸리면서 농민들의 불신은 사그라질 기미를 보이지 않았다. 더욱이 1970년대 후반이 되면 그나마 다른 품종에 비해 통일형 품종군이 뛰어난 것으로 평가되었던 도열병 저항성마저도 약해지는 징후가 드러나기 시작하고 있었다.

일반적으로 사람의 손으로 육종한 작물들은 특정한 형질의 유전자에 치우치는 경향을 보인다. 근본적인 이유는 인간이 식량작물에 대해 원하는 것이 다수성(多收性), 병충해 저항성, 내비성(耐肥性), 내도복성(耐倒伏性), 내밀식성(耐密植性) 등 아주 한정된 성질이기 때문이다. 이런 유전형질을 가진 작물을 가려내 선발하는 경우 어쩔 수 없이 특정 유전인자만이 집중적으로 가려내어지게 마련이다. 이들 특정 인자에 의해 육성된 신품종은 자연히 유전적인 다양성을 상실하게 되고, 이런 품종을 넓은 지역에 오래 재배하면 자연적으로 병, 해충, 농약 등과의 상호작용에 의해 재해를 입기 쉬워진다. 이를 작물의 "유전적 취약성(genetic vulnerability)"이라고 한다.

유전적 취약성 문제는 전 세계적인 "녹색혁명"이 일어난 1970년대 이후 세계 농업의 주요한 관심사로 떠올랐다. 특히 1970년 미국에서 광작되던 교잡종 옥수수가 유전적 획일성으로 인해 깨씨무늬병(Helminthos- porium maydis race T)에 커다란 타격을 입으면서 미국 전체 옥수수 생산량의 약 15퍼센트가 줄어든 사건은 많은 학자들에게 유전적 취약성의 심각성을 일깨웠다. 1942년 인도 벵갈 지방에서는 벼깨씨무늬병(Helminthosporium oryzae)이 발생하였고, 이것이 태풍과 전쟁과 겹치는 바람에 수십만 명이 목숨을 잃는 사태가 일어났다. 또 1964년 말레이시아에서 발생한 퉁그로(Tungro) 바이러스에 의해 인도네시아, 인도, 태국 등이 기근을 겪어야 했으며, 1970년에 이 바이러스가 벵갈 서부지방에 다시 창궐함으로써 인도 비하르(Bihar)주에 재해를 가져왔다. 1971년 다시 발병한 퉁그로 바이러스는 "기적의 벼" IR8에 침입하였고, 결국 동남아 여러 나라에서 재배되던 IR8은 쇠

락의 길을 걸었다.[20]

한국의 농학자들은 한국은 미국보다 좁은 땅에서 유전적 다양성이 부족한 상황이므로 더 위험할 수 있다는 사실을 일찍이 지적하였다. 유전적 취약성은 작물의 주요 재배품종 수와 재배면적 비율에 영향을 받기 때문이다. 특히 벼의 경우 "통일" 한 품종이 1976년 현재 전체 벼 재배면적의 절반가량인 약 60만 헥타르에 보급되어 있다는 사실 또한 간과할 수 없는 것이었다. "통일"도 처음에 도입되었을 때는 기존 벼 품종에 유전적 다양성을 더해주는 역할을 했다. 그러나 여러 해 동안 넓은 면적에 재배되다 보니 돌연변이 등에 의해 새로 생긴 병·충원으로부터 침입을 받을 가능성이 점점 높아졌다. 물론 "통일"을 모태로 유신, 밀양21호, 밀양23호 등이 개발되기는 했으나, 이들은 모두 "통일"을 교배친으로 삼고 있으므로 유전적으로 매우 가까웠고 비슷한 위험 인자를 공유하고 있었다.[21]

도열병(稻熱病, *Pyricularia oryzae*)은 곰팡이의 감염에 의해 나타나는 병해로, 세계 약 70여 나라의 벼 재배지에서 가장 심한 피해를 주는 벼 병해의 하나다. 도열병은 잎, 줄기마디, 이삭 목, 이삭 등 벼 식물체의 거의 모든 부위에 걸쳐 발병한다. 일반적으로 습한 환경에서 벼를 재배하는 경우, 또는 질소비료를 과다 사용하는 경우 발병 확률이 높아진다.

모든 도열병균은 형태적 특성을 공유하지만 구체적인 기생성이나 생리적 성질은 여러 가지로 나뉘는데, 이것은 다시 몇 가지의 레이스(race), 즉 "생리형" 또는 "균군(菌群)"으로 분류할 수 있다. 도열병균의 생리형을 분류하기 위해서는 몇 개의 특정 판별품종에 병원균을 접종하여 그 반응양상을 관찰한다. 도열병균은 그 병원성의 변이가 심하여 새로운 균계의 분화가 다양하다. 즉 도열병 균군의 분화는 끊임없이 이루어진다. 일찍이 일본에서 도열병의 균계를 세 가지 균군 T, C, N으로 분류한 뒤, 계속 새로운 균계(菌係)가 알려지고 있다.[22] 한국에서는 1962년 안재준과 정후섭 등이

10개 판별품종을 이용해 다섯 가지 생리형으로 구별한 뒤부터 본격적인 연구가 추진되어, 1986년 현재까지 네 개 군 33개 생리형이 알려져 있다.[23]

육종학자들은 도열병 피해를 줄이기 위해 도열병에 견딜 수 있는 벼를 찾아내고 그 형질을 다른 벼에 옮기는 데 주력해왔다. 도열병저항성은 보통 특이적 저항성(또는 眞性저항성, 垂直저항성)과 비특이적 저항성(또는 圃場저항성, 水平저항성)으로 나뉜다. 특이적 저항성은 특정 생리형의 도열병에 대해서는 저항성을 보이나 다른 생리형에 대해서는 저항성을 갖지 않는 것을 말하며, 이에 비해 비특이적 저항성은 모든 균계에 대해 일반적으로 표현되는 저항성을 의미한다.[24] 도열병 균계의 분화가 끊임없이 이루어지므로, 특이적 저항성은 영속적인 것이 될 수 없다. 기존 균군에 저항성을 지닌 품종도 시간이 흘러 새로운 생리형의 병원체가 나타나면 도열병에 감염될 수 있다. 이렇게 새로운 균군의 출현에 의해 저항성을 잃고 병에 취약한 품종이 되는 것을 "이병화(罹病化)"라 한다.

도열병저항성을 지녀 장려되었던 벼 품종이 이병화되어 도열병에 취약해진 사례는 드물지 않다. 한국에서는 1960년대 "간토(關東)51호"가 가지는 도열병저항성유전자(Pi-K)를 도입하여 내병성 품종 "관옥(關玉)"을 육성하였다.[25] 그러나 막상 농가에 보급하자 불과 2~3년 만에 격심한 이병화가 일어나 곧 장려품종에서 삭제되었다. 일본에서도 동일한 저항성유전자(Pi-K)의 도입으로 육성한 "쿠사부에"가 3년 만에 이병화되었으며, 같은 시기에 "통일"의 모본으로 이용된 홋카이도의 내랭·내병성 품종 유카라도 이병화되었다. 또 미국산 벼에서 저항성유전자(Pi-Z)를 도입하여 육성한 "후쿠니시키"도 마찬가지의 길을 걸었다. 필리핀에서도 인디카 재래종 "타두칸(Tadukan)"의 도열병저항성유전자(Pi-ta^2)를 도입하여 'Pi-No. 5'가 육성되었으나 곧 이병화되었다. 이와 같이 외국 벼의 진성저항성유전자의 도입으로 육성된 도열병저항성 품종들이 보급에 옮긴 지 3~4년 경과하면 격

심한 이병화 현상을 보이는 것은 보편적 현상이다.[26]

통일벼는 1975년까지는 도열병에 대해 고도의 저항성을 보였다. "1971~1977년까지는 도열병을 잊을 정도로" 안정성을 보였다는 것이 일반적인 평가다.[27] 심지어 1978년의 도열병 피해는 통일형이 도열병에 강하다 보니 도열병 방제의 필요성을 느끼지 못해서 방제를 등한히 한 탓이라는 해석이 있을 정도였다. 1975년 한국에서 실험한 결과에서 통일벼는 인공적으로 방사선 조사를 하여 만든 새 병원체에만 감염성으로 나타났을 뿐, 그 밖의 기존의 도열병 균군에는 모두 저항성을 보여 다른 품종들보다 뛰어난 내병성을 자랑했다.

그러나 이병화는 빠르고 늦고의 문제일 뿐, 사실 통일계의 보급 무렵부터 예견된 것이었다. 병원체가 끊임없이 변이를 일으키는 한, 높은 저항성을 보이던 품종도 언젠가는 이병화된다는 것은 육종에서 보편적인 현상이기 때문이다. 더욱이 통일벼의 도열병저항성이 얼마나 안정적인 것인지에 대해서는 육성 당시부터 이미 강한 의문이 제기되었다. 1972년에서 1973년에 걸쳐 한국의 수원 포장과 필리핀의 IRRI 포장 두 곳에서 각각 통일벼의 못자리도열병에 대한 저항성을 검정한 결과, 수원 포장에서는 저항성으로 판명된 반면 IRRI 포장에서는 그 저항성이 뚝 떨어지는 것으로 나타났다. 1975년에 인도네시아를 비롯한 12개국 22개소에서 국제연락시험으로 실시한 잎도열병 못자리 검정의 결과 또한 비슷한 것이었다. 통일벼는 한국, 네팔의 2개소에서는 고도의 저항성을 보였으나 필리핀, 말레이시아 등의 다수의 시험지에서는 저항성이 전혀 결여된 것으로 나타났다.[28] 요컨대 한국에서 재배할 경우 모든 균군에 강한 저항성을 나타내기는 하나, "그 저항성의 장래는 극히 의문시"된다는 것이 육종학자들의 견해였다.[29]

이에 대해 많은 농학자들은 이미 광작 단계에 접어든 "통일벼"가 이병화되어 농가에 큰 피해를 끼치기 전에 대책을 마련할 필요성을 제기하였다. 허문회도 1974년의 글에서 "통일벼"의 이병화에 대해 다음과 같은 대책을 세워야 함을 지적하고 있다.

> 조만간 "통일" 또는 그 자매계통에서 병반을 발견하게 될 것인데, 그에 대처하기 위한 육종적인 대책은 무엇인가? 현재 이에 대처하여 3가지 조처가 시도되고 있다. 하나는 IR667-98의 자매계통을 수백 계통 유지하고 그들의 유전적인 변이를 가급적 크게 유지하려는 노력이다. 일단 "통일"을 침해하는 race가 나타나면 그 race에 저항할 수 있는 계통을 골라보자는 것이다. 둘째로는…… IRRI에서의 저항성계통들을 모본으로 "통일"을 backcross하여 많은 계통을 만들어 가지고 한국과 IRRI의 도열병苗坐에서 선발을 계속하는 일이다. 셋째로는 광범한 저항성을 가진 품종들을 여러 개 poly cross로 다수성단간초형으로 육성해 가는 것이다. 어느 것이나 다 성공의 보장은 없지만 지금 가능한 모든 수단은 강구해야 하겠다. 연구에 시간만 허락되는 것이라면 광범한 저항성을 가진 여러 품종으로 Borlaug이 제안한 소위 multiline을 만들어 이것을 다시 하나의 품종으로 종합해가는 방법도 시도해 볼 만하다고 생각한다.[30]

그러나 행정가들의 입장은 농학자들과는 다를 수밖에 없었다. 이미 대대적으로 행정력을 기울여 홍보하고 보급한 통일계 신품종을 바꾸기에는 명분도 부족했고, 이병성 이야기를 섣불리 꺼냈다가는 농민들의 불안감만 부추길 뿐이고 뚜렷한 현실적인 대안도 없었던 것이다. 행정가들은 농민의 불만을 무릅쓰고 통일벼 확대 보급이라는 목표 달성에 매진하고 있던 터라 유전적 다양성 이야기를 섣불리 꺼낼 입장이 아니었다.[31] 더욱이

1977년까지는 누가 보아도 한반도의 도열병 균군에 대해 통일형 품종이 자포니카 품종들보다 잘 견디고 있었으므로 당장 품종 다변화를 추진할 근거가 없었다. 결국 1970년대 중반, 통일벼의 도열병 이병화가 시간문제로 인식되었음에도 불구하고 실제 농가의 품종 보급은 전면적인 단작화로 치닫고 있었다.

이윽고 통일벼의 도열병저항성이 약해지고 있음을 보이는 조짐이 나타나기 시작했다. 1976년, 전북 진안군의 농가에서 재배되던 통일찰과 유신에서 통일계 품종에서 전혀 나타나지 않았던 잎도열병 병반이 최초로 발견되었다. 이 균을 분리하여 실험한 결과 통일찰, 유신, 밀양23호 등이 이 새로운 병원체에 대해 감수성을 보였다.

이듬해인 1977년에는 잎도열병이 경기, 강원, 제주를 제외한 전국의 87개 지역 5000평에 확대 발생되었다. 목도열병도 54개 지역 39,800평에 산발적으로 발생하였다. 특히 전북 진안과 임실, 경남 진양, 전남 함평 등지에서 나타난 도열병균을 분리해 실험한 결과, 밀양30호를 제외한 대부분의 통일계 품종이 이병화되었음이 확인되었다. 기존의 균계에 저항성을 지닌 통일계 품종들도 새로 나타난 생리형의 병원체에는 완전히 이병화되었던 것이다.[32]

1977년 여름에는 남쪽 지방에서 발생한 두 개의 태풍이 한반도를 지나 갔는데 이때 새 병원체가 들어온 것이 아닌가 하는 것이 일부 농학자들의 생각이었다. 그러나 전문 농학자들을 제외하고는, 남도 세 곳에서 국지적으로 발생한 도열병에 주의하는 사람은 그해 가을에는 거의 찾아볼 수 없었다. "4천만석 고지"를 넘어서 "역사상 최고의 대풍"을 이룬 것으로 전국에 경축 분위기가 조성되었기 때문이다. 그 결과 1978년 통일형 품종을 감염시키는 새로운 도열병 균군이 내습했을 때 정부 차원의 대책은 전혀 갖추어져 있지 않았다.

"노풍 파동"과 3년 연속 감수(減收)

1978년 봄은 무척 가물어 4월 10일부터 6월 상순까지 혹심한 한발이 이어졌다.[33] 3월부터 5월 사이의 평년 강수량이 200밀리미터였던 데 비해 이해에는 같은 기간 10밀리미터에 그쳤다. 5월 16일부터 광주에서는 4일 간격 급수제가 실시되었고, 정부는 가뭄 비상령을 내렸다.[34]

가뭄으로 모내기가 늦어지고 못자리 기간이 길어지자 5월 하순부터 진양, 사천, 해남, 나주, 청원 등지에서 모도열병이 발생되기 시작했다. 6월 상순에는 경기, 강원 등 전국적으로 이앙이 늦어진 못자리에 모도열병이 발생되었다. 여기에 6월 하순부터 7월 중순까지 장마가 계속되자, 모도열병은 잎도열병으로 연결되었다. 7월 25일 현재 잎도열병 발생 면적은 741헥타르로 집계 조사되었다. 이 중 통일형 신품종 노풍과 밀양23호가 도열병 발생 면적의 84퍼센트(노풍 432ha, 밀양23호 194ha)를 차지했으며, 정도의 차이가 있지만 당시 보급하던 통일형 신품종 13개 품종 거의 모두에서 잎도열병이 발생하였다.

비는 8월 상순에서 중순까지 이어졌고, 8월 15일부터 20일 사이에는 태풍 "카르멘"이 한반도를 지나갔다. 그 결과 8월이 되어도 잎도열병은 사라지지 않고 이삭도열병으로 번지기 시작했다. 이삭도열병은 직접적으로 수확량에 영향을 미치기 때문에 가장 방제에 신경을 써야 하는 것인데, 전국적으로 이삭도열병이 번짐으로써 통일계 신품종의 수확량은 크게 떨어졌다. 1978년도 총 이삭도열병 발생 면적은 15만6천 헥타르로 전체 벼 재배 면적의 13퍼센트에 달하며, 이 중 98.9퍼센트가 통일계 신품종(154,300ha)이고 나머지 1.1퍼센트가 일반계 품종(1,700ha)이었다. 15만4천여 헥타르는 통일형 신품종 재배면적 92만9천여 헥타르의 16.6퍼센트에 해당되는 면적이었다. 특히 이해 새로 보급된 노풍은 66퍼센트, 래경은 53퍼센트가 이삭

도열병에 감염되었다.

이와 같은 대규모 도열병 피해는 일부는 앞서 열거한 기상 요인들에 의한 것이며, 일부는 재배상의 미숙에 따른 것이다. 내비성(內肥性)이 좋은 신품종 재배가 널리 퍼지면서 수확량 증대를 위해 질소비료를 정량보다 많이 주는 농가가 생겨났다. 뿐만 아니라 농민들과 일부 농촌지도사들 사이에는 통일계 신품종은 도열병에 강하다는 인식이 굳어져 있었는데 이들이 방제를 게을리한 것도 도열병 피해를 키웠다. 그러나 가장 큰 원인은 역시 유전적으로 획일화된 품종들이 전국 논의 대부분을 차지한 상황에서 통일벼가 이병화되었던 점이다. 특히 노풍과 래경은 "지역적응시험은 1~2년의 시험만으로는 품종의 특성을 제대로 알 수 없는 경우가 있으므로 반드시 3년간 반복 시험하는 것이 바람직하다"는 벼 육종의 기본 원칙을 지키지 않은 채 성급하게 확대 보급하는 바람에 도열병에 속수무책으로 당하고 말았다.[35] 농촌진흥청의 연구 결과 1976년부터 나타난 신변이균은 전국에 재배된 신품종으로 번져가서 1978년에는 전체 도열병균의 79.6퍼센트까지 늘어났다. 반면 기존의 도열병균의 비중은 20.4퍼센트까지 줄어들었다. 재래종의 도열병 피해가 면적 기준 1.1퍼센트에 그친 것은 이 때문이다. 농촌진흥청은 이 같은 변이형태의 도열병균을 77년 시험재배 중에 밝혀내었지만, 기상이변 등 환경 변화에 따른 돌발 대책을 세우지 않은 채 신품종의 확대 보급에만 골몰하여 결국 품종 자체의 결함을 보고도 못 본 체한 셈이 되었다. 요컨대 1978년의 도열병 피해는 부실한 사전 대책과 무리한 확대 재배가 낳은 결과였다.[36]

여기에 벼멸구 피해까지 겹치는 바람에 10아르당 쌀 수량은 474킬로그램으로 1977년보다 20킬로그램이나 감소되었다. 물론 이해의 작황만을 놓고 보면 역사상 두 번째로 높은 단위 수량이어서, '실패'라고 할 수만은 없는 것이었다.[37] 그러나 신품종의 재배면적이 54퍼센트에서 85퍼센트로 늘어나면서 더 높은 수확을 올릴 것이 기대되었다는 점에서, 이해의 재배는 많은 이들에게 실패로 인식되었다.[38] 특히 중요한 사실은 통일계 품종과 일반계 품종 사이의 수량 차이가 줄어들었다는 점이다. 1977년에는 130킬로그램이었던 10아르당 수량차가 50킬로그램으로 줄어들었고 이는 통일계 신품종 재배의 채산성을 더욱 악화시켰다.[39] 통일벼를 재배할 경우 영농비가 많이 들고 시장가격이 낮기 때문에 수량차가 커야 상대적으로 이득을 볼 수 있었으므로, 수량차가 줄어든다면 통일벼를 재배할 실익도 줄어드는 것이었다. 이듬해부터 통일계 신품종 재배면적이 급격히 줄어든 것은 이의 직접적인 결과로 볼 수 있다.

특히 1978년부터 정부가 의욕적으로 새롭게 보급한 두 품종 "노풍"과 "래경"에 도열병 피해가 집중되었기 때문에 신품종의 안정성에 대한 의문은 더욱 커졌다. 1977년 말 농수산부는 "증산일변도의 쌀생산시책을 바꾸어 미질 향상과 농가소득 증대를 위해 미질이 떨어지는 통일, 조생통일, 영남조생 등 일반통일벼의 재배면적을 크게 줄이고 미질이 일반미와 비슷하고 생산수율이 높은 밀양23호, 수원264호, 노풍, 래경 등 다수확성 개량 통일벼 식부 면적을 확대해 나가기로" 했다고 발표했다.[40] 이 시책에 따라 노풍은 장려품종으로 지정된 이듬해 밀양23호(274.8천ha), 밀양21호(176.5천ha)에 이어 세 번째로 넓은 면적(173.6천ha)에 재배되는 파격 대우를 입었다. 이는 재배 장려 첫해(1,076ha)보다 무려 161배가 늘어난 것이었다. 한편 래경도 1978년에는 재배면적을 크게 늘렸다. 전체 면적은 4666헥타르로 그다지 넓지 않았지만, 1977년(14ha)과 비교하면 무려 333배가 늘어난 것이었다.[41] 시험재배가 끝나자마자 이렇게 파격적인 광작에 돌입하는 것은 유례가 없는 일이었는데, 이는 노풍과 래경에 대해 정부가 거는 기대가 그만큼 컸음을 보여준다.

그러나 이 두 품종은 1978년의 신종 도열병에 가장 큰 피해를 입은 품종이라는 오명을 쓰고 말았다. 이삭도열병의 창궐로 정상적인 추수를 기대할 수 없게 된 8월 말부터 언론을 통해 이들 두 품종의 문제점이 집중적으로 지적되기 시작했다. 논 전체가 썩어버려 여물지도 않은 벼를 모두 베어버린 사례가 곳곳에서 드러났다.[42] 농촌진흥청은 화급히 피해 규모 조사에 나섰고, 9월 1일 피해 상황을 집계하여 발표했다. 전체 이삭도열병 피해의 98.4퍼센트(면적 기준)가 신품종 논에 발생했고 그 가운데서도 노풍(28,819.1ha, 전체 피해 면적의 80.3퍼센트)이 거의 전적으로 도열병 피해를 입었다. 래경은 재배면적이 작았던 탓에 전체 피해 규모에는 큰 상관이 없었지만, 품종별 발병률(21.0퍼센트)로만 따지면 노풍(16.9퍼센트)을 제치고 가장 높았다. 반면 자포니카 품종은 전체 논의 23.5퍼센트에 재배되었지만 도열병 피해는 0.2퍼센트에 불과하여 거의 영향을 받지 않았다.[43] 농촌진흥청과 농수산부는 부락마다 지도요원을 배치하고 농약 재고량을 점검하는 등 긴급 방제 작업에 들어갔지만, 이미 피해 규모가 커져 상당한 감수(減收)를 각오할 수밖에 없었다.[44]

새로 보급된 노풍과 래경에 도열병 피해가 집중되었으므로 신품종의 결함 가능성에 대한 문제제기는 당연한 것이었다. 그러나 통일계 신품종 보급을 자신의 사명처럼 여겨온 김인환은 농촌진흥청의 책임을 인정하지 않고 민감하게 반응했다. 김인환은 8월 31일, "농민들이 자신들의 잘못은 제쳐두고 정부책임으로 돌리고 있다"면서, "통일벼 보급 당시에도 일부 농가에서 신품종에 대한 거부반응이 있었"지만, "우수품종도 지상여건에 따라 품종의 결함이 나타날 수도 있으며" "신품종이 잘못된 것이 아니"라고 주장했다.[45] 기실 그의 발언은 통일벼 보급 초기부터 그가 견지했던 지론의 연장선상에서 나온 것이었다. 1972년 "통일"의 시험재배가 실패하여 여론이 부정적이었을 때도, 그는 "실패한 농민들은 모두 다 예외없이 재배상의 잘못이 있었기 때문"이라고 해석한 바 있다.[46] 그의 지론은 통일벼의 우수성에 대한 믿음과 아울러 "녹색혁명도 혁명임에 틀림이 없을진대 혁명의 길이 순탄할 수 있겠느냐"는 일종의 순교자적 사명감에서 비롯된 것이었다.[47]

하지만 농민의 감정이 격앙된 상황에서 그의 고압적인 대응은 오히려 농민의 분노와 야당의 공세를 부채질하는 결과를 가져왔다. 야당인 신민당은 이를 대정부 공세를 강화하는 기회로 삼았다. 이철승(李哲承) 신민당 대표는 9월 4일 "소속의원들은 민주전선기자의 입장에서 피해상황을 철저히 조사, 자료를 정기국회에서 활용할 수 있도록 하겠다"며 정기국회와 노풍 파동을 연결시키겠다는 의사를 밝혔다. 대변인 한영수(韓英洙)도 "농촌진흥청이 노풍벼 피해는 품종 자체에 문제가 있는 것이 아니라, 농민들의 관리 잘못에 있다는 발언에 이르러서는 시시비비에 앞서 분노가 앞선다"고 김인환의 발언을 공격했다.[48] 《동아일보》 등 언론에서도 철저한 원인 규명과 피해 보상을 요구했다.[49]

공세에 직면한 장덕진(張德鎭) 농수산부장관은 조사와 피해 보상 방안 마련을 서둘렀다.[50] 9월 25일 국회 농수산위원회에 출석한 장덕진은, 업무현황보고를 통해 농가의 피해 상황을 설명하고 노풍 피해 농가를 세 등급(총 경지면적의 20퍼센트, 50퍼센트, 70퍼센트 이상 피해)으로 분류하여 보상하는 방안을 제시하였다. 20퍼센트 이상 피해 농가에게는 농지세 면제, 수세 감면, 1979년 영농자금 우선 융자, 식량부족 농가에 한하여 정부 양곡 1년간 외상 판매 등의 지원이 계획되었다. 50퍼센트 이상 피해 농가에게는 이에 더하여 1979년 영농자금 1년간 상환 연기, 이자 감면 등의 조치가 따랐다. 그리고 70퍼센트 이상 피해 농가에게는 그 밖에 감수량의 60퍼센트에 해당하는 양곡을 정부가 무상으로 공급하고, 감수량(액)의 40퍼센트 범위 내에서 정부가 취로사업을 알선해주는 것이 보상 대책의 골자였다.[51] 논란을 의식한 듯 "이번 피해를 농민들의 잘못으로 돌리려는 생각은 추호도 없다"는 말도 덧붙였다. 이날 농수산위 소속 의원들은 여야 구분 없이 장 장관을 일제히 질타하였다. 또한 전국적인 방제 협력을 위한 "병충해 방제공사"를 설립할 것을 주문하기도 하였다. 품종의 하자 문제에 대한 국회의원들의 질문 공세에 장덕진은 "내년부터 노풍 내경 등 벼 품종 선택은 농민들에게 맡기고 정부는 영농기술 보급에 치중하겠다"는 답변을 했다.[52]

그러나 정부의 보상안은 발표 직후부터 논란의 대상이 되었다. 당장 9월 25일 농수산위원회 질의 과정에서 문제제기가 잇따랐다. 논란거리는 주로 피해액의 집계와 피해 보상의 기준에 관한 것이었다. 야당 의원은 물론 유정회(維政會) 소속의 남상돈(南相敦) 의원마저도 "농민이 재배하는 품종의 선택은 절대로 농민에게 맡겨야 한다. 농민들이 채산이 맞는 농사를 하도록 하는 것이 증산이고, 양만 많이 나는 게 증산이 아니다"라는 주장을 펴 정부의 신품종 보급 정책을 정면으로 비판하기도 했다. 유정회 소속 의원도 정부의 농업 정책을 비판했다는 사실은 당시 농정에 대한 농민의 불만이 얼마나 높은 수준이었는지, 또 노풍 사건이 정부에게 얼마나 큰 정치

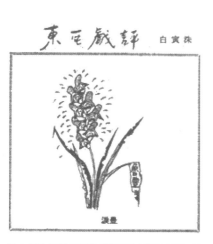

〈그림 15〉 신품종 "노풍"이 농민을 울리는 "누풍"이 되었다는 풍자 만평.
(출처: 《동아일보》 1978년 9월 26일)

〈그림 16〉 만평, 《조선일보》 1978. 10. 21. 여론은 노풍 피해에 대한 정부의 보상안을 미흡하게 여겼다.

적 타격이었는지 잘 보여주고 있다.[53] 이해 12월 12일 실시된 제10대 총선에서 공화당은 지역구 154석 가운데 31.7퍼센트의 득표로 68석을 얻는 데 그쳤다. 여당은 유정회 77석을 더하여 과반수를 유지하기는 했으나, 득표율에서 신민당(32.8퍼센트)에 뒤지는 등 사실상 완패했다. 선거 패배의 원인으로는 부가가치세 도입이나 유신 독재체제에 대한 염증 등 여러 가지를 꼽을 수 있겠으나, 노풍 파동도 표심에 영향을 미쳤을 것으로 보인다.

정부에서는 박정희의 동정 기사(새마을유공자와의 대화)를 신문에 실어 "증산된 양으로 피해량을 보충하고 남는다"거나 "노풍을 심어 다수확을 올린 농가도 많이 있다"는 이야기를 전하고자 했으나, 여론을 돌리기는 쉽지 않았다.[54] 이어서 정부는 10월 21일 1978년도 추곡수매가를 2급 기준 3만 원으로 인상(전년 대비 15.4퍼센트)하며 신품종 벼를 1100만 석 사들이겠다는 추곡수매안을 발표했으나, "영농 원가에도 크게 미달하는" 수매가라는 야당의 비판을 감수해야 했다.[55] 같은 날《조선일보》에 정부 발표 보도와 나란히 실린 해설 기사에서도 농수산부가 수매가 산출의 근거로 제시한 쌀 한 가마당 평균 생산비(18,512원)의 현실성에 강하게 의문을 제기하였다. 또 지난해 추수기부터 1978년 추수기까지의 물가상승률이 15.5퍼센트라는 점, 방제를 위해 농약(평균 14.8퍼센트)이 두 배 이상 사용된 곳이 많았다는 점, 노임이 30~40퍼센트 올랐다는 점 등을 들어 수매가가 충분치 않음을 시사했다.[56] 더욱이 노풍벼는 쭉정이가 많아 검정 과정에서 등급이 낮게 매겨지는 바람에 2급 쌀의 가격도 받지 못하는 경우가 허다했다. 이것이 문제가 되자 정부는 노풍벼만은 등급을 하나 올려 매입하는 방안을 검토하기도 했다.[57] 하지만《동아일보》는 이에 대해 "공정해야 할 농산물 검정 업무 자체를 정부 스스로 유린하는 행위"라고 비판하고, 본질적 문제는 정부의 무리한 신품종 보급이라는 사실을 인정해야 한다고 주장했다.[58]

1978년 연말, 농수산부는 노풍 피해조사를 끝내고 12월 26일부터 보상에 착수했다. 20퍼센트 이상 피해를 본 전체 보상 대상 농가는 300,520가구, 피해 면적은 154,272헥타르, 수확량 감소는 2,304,345석, 피해액 1382억 원으로 집계되었다. 도별로는 전남이 47,874정보(68만 석)으로 가장 피해가 컸고 다음으로 전북, 충남, 충북의 순서였다.[59] 이와 함께 정부는 보상 대책으로서 양곡 무상공급 223,215석, 취로사업 혜택 80억3천5백여만 원, 농지세와 수세감면액 27억8천8백만 원 등을 제시하였다.[60]

도열병 피해가 노풍과 래경에 집중되었던 만큼, 정부의 권유를 믿고 이 두 품종을 재배했던 농민들은 매우 어려운 상황에 놓였다. 도열병 피해에서 가까스로 건져낸 벼도 제대로 영글지 못해 일반벼에 비해 쭉정이가 많았다. 심지어 아래 신문 기사와 같이 탈곡기를 구하기도 어려운 형편이 되었다.

……수확량의 3~4퍼센트를 받고 있는 탈곡기 소유 농민들이 하루 3만 5천~4만원의 탈곡료를 벌 수 있는 일반벼만 탈곡해주고 쭉정이와 싸라기가 많아 수확률이 낮은 노풍은 외면하고 있는 것이다.…… 때문에 탈곡기를 가진 농가들만 노풍벼를 탈곡할 뿐, 홍성군 일대와 충남 서부지방의 노풍 재배농가들은 탈곡기를 기다리다 못해 재래식 타작방법까지 쓰고 있다.…… 홍성군 장곡면 지정리 권오창씨(55)의 경우 3천여 평에서 노풍벼를 베어 20여일 전부터 탈곡기 소유자에게 탈곡해달라고 10여 차례나 청했으나 거절당했다고 했다. 같은 마을 황창규씨(49)도 탈곡기

〈그림 17〉 탈곡기를 구하지 못해 벼를 태질하고 있는 노풍 재배 농민.
(출처: 《조선일보》, 1978. 10. 12, 7면)

를 얻지 못해 가족끼리 옛 나무 절구통을 눕혀놓고 재래식 태질방법으로 벼타작을 해 6백여 평의 벼를 3일만에야 겨우 끝냈다고 말했다.[61]

이렇게 궁박한 처지에 몰린 노풍 피해 농민들에게 정부가 제시한 피해 보상액은 크게 부족한 것이었다. 1979년 1월 24일자 《동아일보》는 정부의 피해보상액이 전체 피해액(1,382억원)의 19.2퍼센트인 265억 원에 불과한 데다 70퍼센트 이상 피해 농가에 대해 무상 지급키로 한 정부양곡도 22만 섬으로 노풍 재배농가 전체 감수량(230만 섬)의 10분의 1에도 미치지 못한다며 정부 대책의 보완을 촉구했다.[62]

더욱이 미흡한 계획조차 제대로 지켜지지 않기 일쑤였다. 영농지도를 잘못했다는 문책을 당할까 두려워 공무원들이 피해조사를 제대로 하지 않거나 축소 보고하는 것은 전국적인 현상이었다.[63] 심지어 피해를 보고도 보상에서 제외된 농민이 있었던 반면, 공무원과 친분이 있는 사람 중에는 피해를 보지 않고도 보상을 받은 사람이 있어 문제가 되기도 했다.[64] 일부 농가는 공무원들이 피해 상황을 집계하기 위해 추수를 시작하지 말 것을 주문하는 바람에 추수 적기를 놓쳐 이중의 피해를 입기도 했다.[65] 또 보상이 제때 이루어지지 않은 데다 보상 과정에서 혼선이 빚어진 결과, 많은 농가가 영농자금을 고리채를 내어 상환했거나 농지세 수세를 납부해버리는 바람에 보상의 혜택에서 제외되었다.[66] 그 밖에도 보상체계가 대농에게 유리하고 소농에게는 상대적으로 불리하다는 불만도 있었다.[67]

정치적 책임론도 피할 수 없었다. 야당 의원들은 사태 직후부터 농수산부 장관의 사임을 요구했고, 결국 박정희가 제9대 대통령으로 취임(12월 27일)하기 직전에 시행된 개각에서 장덕진 장관은 남덕우(南德祐) 부총리 겸 경제기획원 장관을 위시한 경제팀과 함께 문책성 경질을 당했다.[68] 하지만 노풍 파동의 더 직접적인 책임을 물을 수 있는 농촌진흥청장 김인환은 자리를 지켰다. 김인환은 박정희 사후 전두환 등 신군부가 이른바 "국가보위최고위원회(국보위)" 체제를 구축하고 권력을 확고히 한 1980년 6월 1일까지 자리를 지켰다. 노풍 파동에도 불구하고 김인환을 유임시킨 것은 박정희의 그에 대한 신임이 절대적이었음을 보여준다.

이후 농촌진흥청은 신품종의 하락세를 되돌리기 위해 "신품종 벼의 노래"(가제)를 지어 농민들에게 보급할 계획까지 세웠으나, 농민들의 반응은 냉담했다.[69] 1979년의 통일형 신품종 재배면적은 지난해보다 20퍼센트 줄어든 744,100헥타르(전체 벼 재배면적의 61퍼센트)였다. 파동의 주인공이었던 노풍의 재배면적은 173,547헥타르에서 2,379헥타르로 무려 98.6퍼센트 감소했다. 노풍은 본격 재배를 시작하고 한 해 만에 백 배 단위로(161배) 재배면적이 늘어났다가 다시 한 해 만에 백 분의 일 단위로 줄어든 전무후무한 품종이라는 불명예를 안았다. 래경의 재배면적 또한 통계적으로 큰 의미가 없는 수준으로 내려갔다. 다른 통일형 신품종들의 재배면적이 모두 축소된 가운데, 밀양23호만이 재배면적을 약 371,900헥타르(전체 벼 재배면적의 35퍼센트)로 늘려 지난해에 이어 2년 연속으로 가장 널리 재배되는 품종이 되었다. 본격 재배가 시작된 1977년 82,700헥타르에 재배된 것과 비교하면 2년 만에 재배면적을 4.5배 정도 늘린 셈이다. 그 뒤를 이어 자포니카계 국내육성종인 "밀양15호"(낙동벼)가 재배면적을 지난해(115,000ha)에 비해 235,700헥타르로 크게 늘렸다.[70] 아키바레는 1978년 강제농정의 결과로 재배면적이 전년 대비 30퍼센트(245,500ha에서 7,500ha로)까지 줄어들었던 것을 회복하여, 157,400헥타르로 세 번째로 넓은 면적에 재배되었다. 이는 아키바레에 대한 농민들의 선호가 굳건함을 여실히 보여준다. 특기할 만한 것은 자포니카 계열인 2위(낙동벼)와 3위(아키바레)의 재배면적을 합치면 1위(밀양23호)보다 커진다는 점이다. 물론 통일계(744,271ha)는 일반계(479,886ha)에 비해 여전히 두 배 가까이 넓은 면적에서 재배되고 있었지만, 그 차이는 1978년(929,004ha 대 290,067ha)보다는 크게 줄어들었다.

하지만 통일벼의 운이 다했는지, 1979년의 결과도 좋지 않았다. 이해 6월에는 25~26일에 걸쳐 전라남북도, 충청남북도, 경기도 일원에 집중호우가 내려 많은 논이 침수피해를 입었다. 그리고 이삭이 팰 무렵인 8월에는 16~17일 태풍 "어빙"이, 8월 25~26일에는 태풍 "주디"가 한반도를 지나가면서 많은 비를 뿌렸다. 여름의 잦은 비로 모두 114,200헥타르의 논에서 침·관수(浸·冠水) 피해가 일어났다.[71] 여기에 더해, 지난해에 이어 이해에도 주력 보급 품종이 병충해에 심대한 타격을 받는 일이 벌어졌다. 1978년 노풍이 도열병에 큰 타격을 입은 데 이어 1979년에는 밀양23호가 흰빛잎마름병에 큰 피해를 입은 것이다. 통일형 신품종은 대체로 생육 후기에 수분이 많으면 병충해에 취약하다는 특징을 지니고 있다. 따라서 잦은 침수로 저항력이 약해진 벼에 흰빛잎마름병이 돌자 신품종은 더 큰 타격을 입었다. 더욱이 가장 널리 재배되던 밀양23호가 원래 흰빛잎마름병에 취약한 품종이었으므로 그 피해는 한층 클 수밖에 없었다. 흰빛잎마름병의 발생은 8월 하순 무렵부터 "백수(白穗)현상"이라는 이름으로 언론에 보도되기 시작하였다. "곳곳의 벼논에 이삭이 하얗게 말라 쭉정이만 남는" 흰빛잎마름병은 지난해의 도열병에 이어 다시 한번 농민들을 놀라게 했다. 경남의 울주·양산·거창·합천·밀양 등지와 경북의 영덕·포항·영양 지역, 전남의 승주·순천·구례·고흥, 전북의 남원·순창·옥구 지역, 충남의 보령·서산·당진, 강원의 삼척·강릉, 충북의 영동 지역 등, 곡창지대인 영·호남 지방의 신품종에서 집중적으로 발생함으로써 추수를 앞두고 "50퍼센트 감수(減收)"라는 비관적인 전망까지 나오게 되었다.[72] 특히 금강 유역의 침수지에 재배된 밀양23호에서 피해가 심했던 것으로 조사되었다.[73] 정부는 피해 상황 집계와 함께 피해 농가에 대해서는 농작물재해지원기준에 따라 생계비를 보전해주겠다고 서둘러 발표하였다.[74] 이해의 흰빛잎마름병 피해 면적은 모두 48,500헥타르로 집계되었다.[75]

그 여파로 1979년의 전체 쌀 생산량은 1978년(40,257,833석)보다도 줄어든 38,644,500석에 그쳤다. "녹색혁명의 성취"를 선포한 지 2년 만에 다시 4천만 석 아래로 생산량이 줄어든 것이다. 전체 단위면적당 수확량도 지난해보다 21킬로그램 줄어든 453kg/10a에 머물렀다. 특히 통일형 신품종의 단위면적당 수확량은 1977년(553kg/10a)보다 크게 줄어든 463kg/10a에 머물렀고, 이는 곧 전체 수확량 감소로 이어졌다. 통일계 신품종(463kg/10a)과 자포니카(437kg/10a) 사이의 생산성 격차는 26킬로그램까지 줄어들었다.[76] 이로써 신품종은 경제성 면에서 일반벼에 비해 확실한 열세에 놓이게 되었다. 1980년 봄의 쌀 가격을 기준으로 계산하면 신품종을 심을 경우 10아르에서 거두는 쌀을 팔아 얻을 수 있는 명목수익이 일반벼에 비해 1만5천 원 떨어지는 것으로 나타났다. 여기에 신품종 재배 시 추가로 부담해야 하는 비료 값과 방제비(10a당 평균 2천 원)를 더하고 일반벼 재배 시 볏짚을 팔아 얻을 수 있는 소득을 빼면 둘 사이의 수익차는 1만9천 원에 이른다.[77] 그리고 1979년 가을 정국의 혼란은 절정에 달했고, 10월 26일 박정희의 죽음과 함께 유신체제도 무너졌다.

유신체제는 끝났지만, 1980년 농사철이 될 때까지도 권력의 향배나 새로운 체제의 윤곽은 드러나지 않았다. 김인환도 1980년 5월 말까지 농촌진흥청장 자리를 지켰다. 따라서 농정 관계 부처와 지도 공무원들은 관성에 의해 신품종 재배를 권유하고자 노력했다. 파종기인 4월이 되자 농수산부는 27억 원에 이르는 거액의 식량증산상금을 확보하고, 신품종을 많이 심은 시·군에 우선 상금을 주겠다고 밝혔다. 1979~1980년 두 해 동안의 신품종 재배면적이 벼 전체 재배면적의 90퍼센트가 되는 시·군에는 2천5백만 원, (신품종 재배면적이 최대였던)1978년에 비해 1980년에 신품종이 더 많아진 시·군에는 2천만 원, 1978~1979년 2년 동안 심은 평균 실적보다 더 많이 심은 시·군에는 1천만 원, 1979년보다 더 많이 심은 시·군에는 5백만 원씩의 시상금을 각각 준다는 것이 계획의 골자였다.[78] 일반벼 재배농가에 대한 일선 지도관서의 비협조도 사라지지 않았다. 일례로 충청북도에서는 모내기 일손 지원을 통일계 신품종 재배농가에만 차별 배정하여 일반벼 재배농가의 반발을 사기도 했다.[79]

그러나 오랜 정치적 억압으로부터 다소 자유로워진 농민들은 좀처럼 신품종을 심으려 하지 않았다. 유신체제의 통제에서 벗어난 언론도 농민의 편을 들면서, 강제농정에 대해 비판적인 보도를 싣기 시작했다. 《조선일보》는 3월 20일 한 면을 거의 다 할애하여 신품종의 수익성과 안정성에 대한 농민의 불만을 각 도별로 상세히 보도했다. 이 기사에서는 "지난 10년 동안 벼 신품종은 1년에 2~3종씩 나왔지만 아직까지 아끼바레 등 재래종만큼 뿌리 깊은 인기종은 없다"며 신품종에 대한 농민의 불신을 그대로 전하는가 하면, 경기도 농민들이 "신품종을 만들어낸 관계기관의 특정인의 공명심을 채워주기 위해 더 이상 적자영농을 지탱할 수 없다고 주장하고 있다"면서 농민의 입을 빌려 간접적으로 김인환 농촌진흥청장을 비롯한 농정 관계자들을 비판하고 있다(강조는 글쓴이).[80] 또 4월에는 한국가톨릭농민회의 "민주농정실현을 위한 전국농민대회" 소식과 그 주장을 보도하는가 하면,[81] 농수산부의 방침을 소개하면서 '강권농정'이라는 표현을 그대로 싣기도 했다.[82] 1980년 6월 1일 김인환이 농촌진흥청장에서 물러나고 나자 6월 7일에는 신품종과 일반벼의 생산 비용을 비교하여 신품종 벼 재배농가가 "단보당 1만9천 원 정도씩 실질적으로 손해를 보고 있는 것으로 나타났다"는 기사를 싣기도 했다.[83] 《동아일보》도 "독자의 편지"란에서 무리한 신품종 재배 강권을 비판하는 농민의 의견을 실음으로써 간접적인 비판 의사를 나타냈다.[84]

이런 분위기에서 통일계 신품종 재배면적은 일반벼 재배면적 615,688 헥타르보다 좁은 604,153헥타르까지 줄어들었다. 1977년 통일계 신품종의 재배면적이 자포니카를 앞지른 이래 3년 만의 일이었다. 통일계 신품종을 통한 증산체제가 1974년 이후 계속 이루어졌음에도 불구하고, 막상 통일계 신품종이 전국 논의 50퍼센트 이상을 차지한 것은 1977년부터 1979년까지의 3년에 불과하다. 재배면적 수위 품종도 통일형 신품종에서 다시 자포니카로 바뀌었다. 1980년의 주요 품종 가운데 가장 넓은 면적을 차지한 것은 자포니카인 밀양15호(낙동벼)로, 지난해보다 20퍼센트 정도 늘어난 283,700헥타르에 재배되었다. 흰빛잎마름병 피해를 불러왔던 밀양23호와 밀양21호가 퇴조한 가운데, 재배면적 2위는 249,300헥타르의 "밀양30호"가 차지했다.[85] 밀양30호는 높은 병충해 저항성을 갖도록 육성되었으나, 냉해에 약하고 만식(晚植) 적응성이 낮으며 수량성도 그다지 높지 않아서 1977년 장려품종으로 지정된 이후에도 농가에 보급이 잘 되지 않았다. 하지만 1978년의 도열병 피해 이후 내병성 때문에 주목받기 시작하여 1979년에 59,900헥타르 재배된 데 이어 1980년 비약적으로 재배면적을 늘렸다. 3위는 아키바레로, 지난해보다 다시 30퍼센트 이상 늘어난 202,800헥타르에 재배되었다. 1979년 흰빛잎마름병의 온상이 되었던 밀양23호는 절반으로 줄어든 18만5천 헥타르의 재배면적을 확보하는 데 그쳤다.

거듭되는 병충해에 맞서 병충해 저항성 품종인 밀양30호를 전면에 내세웠음에도 불구하고, 1980년은 통일형 신품종으로서는 최악의 한 해였다. 이번에는 병충해가 아니고 낮은 기온이 문제였다. 수십 년 만에 찾아온 강력한 냉해로 품종을 막론하고 전반적으로 작황이 나빠졌다. 그중에서도 원래부터 내랭성이 약했던 통일형 신품종은 더욱 큰 타격을 입었다. 더욱이 이해에도 새로이 장려한 품종이 농민 피해의 주범이 되는 악순환이 되풀이되었다. 새로 널리 보급되던 밀양30호는 병충해에 복합 저항성을 가지고 있었지만, 유독 내랭성은 취약했다. 그런데 마침 1980년에 냉해가 닥치면서 밀양30호가 그 피해를 가장 많이 입었다. 1978년의 노풍, 1979년의 밀양23호에 이어 1980년에도 새로 보급하려던 품종이 집중적인 피해를 입고 말았다.

1980년 여름은 일부 지방에서 기상관측 이후 가장 낮은 여름 기온을 보였을 정도로 서늘했다.[86] 전반적으로 기온이 낮고 일조시간이 부족하여 생육부진, 출수(出穗)지연, 등숙(登熟)장애가 모두 합쳐진 "혼합형 냉해"가 닥쳤다. 냉해는 전체 논 면적의 64.2퍼센트를 강타할 정도로 광범위한 것이었다. 통일계 신품종은 일반계 품종보다 생육온도가 높기 때문에 더 큰 피해를 입었다. 일반벼가 평년에 비해 1일에서 11일 늦게 출수된 데 비해 통일계 신품종은 4일에서 많게는 17일까지 출수가 지연되었다. 늦게 팬 이삭은 속이 빈 쭉정이인 경우가 많아, 신품종의 불임률(不稔率)은 일반벼(5.5~15.7퍼센트)보다 두세 배에 이르는 12.5~30.9퍼센트에 달했다.[87] 또 수확기를 앞두고 남부지방에 내린 집중호우로 3만6천 정보의 논이 침수되었고, 곳곳에 대형 우박이 떨어져 농작물에 해를 입히기도 했다.[88] 여기에 이삭도열병이 다시 창궐하여 통일계 신품종의 피해는 더욱 가중되었다. 곳곳에서 열매가 익지 않아 고개를 숙이지 않은 통일계 벼포기를 볼 수 있었으며, 농민들은 이를 빗대어 "양반벼"니 "대감벼"라고 부르기도 했다. 감수가 심한 해안이나 산간 지방에는 아예 벼를 베지 않은 논도 볼 수 있었다.[89]

그 결과 1980년의 벼 수확은 지난해에 비해 대폭 줄어들고 말았다. 실제 작황은 가장 비관적인 전망보다도 더 나빴다. 단위수량은 일반벼 292kg/10a, 통일계는 287kg/10a로 각각 전년 대비 33퍼센트와 38퍼센트 줄어들었다. 특히 앞서 말한 이유로 통일벼의 감수 폭이 더 커서 단위수확량에서 일반벼가 통일벼를 앞지르는 현상이 벌어졌다. 전체 수확량도 일반벼가 통일벼를 근소하게 앞선 가운데, 일반벼 12,476,800석과 통일계 12,033,900석을 합쳐 총 24,654,563석에 그쳤다. 지난해(38,644,500석)에 비해서는 36퍼센트 감수, "녹색혁명의 성취"를 기뻐했던 1977년(41,705,625석)에 비해서는 무려 41퍼센트 감수된 양이었다.

1978년부터 1980년까지 3년 연속 총수확고가 줄어들면서, 1977년에 일시적으로 달성했던 쌀 자급은 유지되지 못했다. 정종택(鄭宗澤) 농수산부 장관은 "평년작인 3천8백만 섬을 다소 하회할 것이나(……) 양곡수급에 별 지장이 없다"고 하며 국민들을 안심시키고자 했지만, 정부는 절량농가(絕糧農家)가 생길 것에 대비해 급히 냉해 농가 지원책을 내놓았다.[90] 한 사람 앞에 하루 쌀 200g, 보리쌀 및 밀가루 각각 150g 등 매일 500g씩의 양곡을 무상 대여하고, 1981년과 1982년 두 차례에 걸쳐 이자 없이 현물로 상환한다는 조건이었다.[91] 그러나 이미 시장에서는 9월 초부터 흉작이 우려된다는 전망이 나오면서 전국적으로 쌀값이 오르기 시작했다. 일반미 한 가마의 가격은 9월 초 5만5천 원에서 9월 말 6만5천 원으로 한 달 새 약 20퍼센트나 급등했다. 정부미도 한 가마에 8월에는 46,571원 하던 것이 12월에는 넉 달 새 59,357원으로 27.5퍼센트나 올랐다. 시중에는 1981년 초에는 쌀 한 가마 값이 10만 원을 넘을 것이라는 유언비어까지 나돌았다.[92] 정부는 비축미 방출을 확대하여 10월에서 12월 사이 355만 석에 이르는 쌀을 시장에 풀었지만 쌀값은 쉽사리 잡히지 않았다. 결국 정부는 처음에 공언한 1백30만 섬의 열 배가 넘는 220만 톤(약 1500만 석)의 외곡을 들여와야 했다. 1980년 계약한 외곡 도입은 우여곡절 끝에 1983년까지 이어져, 전체 수입량은 필요한 양보다도 많은 약 300만 톤에 달했다. 이렇게 과잉 도입된 외국산 쌀은 결국 1980년대 초반 미곡시장을 어지럽혔으며 정부 재정에도 큰 짐으로 남았다.[93]

증산체제에 대한 농민의 저항

1978년 노풍 파동을 기점으로 무리한 증산체제에 대한 농민의 저항은 마침내 표면으로 드러나기 시작했다. "녹색혁명"의 구호와 명목상의 소득 증대에도 불구하고, 늘어나는 농가부채와 도·농간의 발전 격차 등으로 인해 1970년대 내내 농민의 가계 여건은 실제로는 크게 개선되지 않았다. 이러한 상황에서 추곡수매를 고리로 하여 정부와 농민을 연결해주었던 통일형 신품종이 신뢰를 잃게 되자 농민들은 증산체제 자체를 거부하기에 이르렀다. 특히 1970년대 말에는 개별 농민이 산발적으로 분노를 표출하는 단계를 넘어서 "한국가톨릭농민회"와 같은 단체가 농민의 투쟁에 연대하고 나아가서 지역을 넘어선 투쟁을 조직하기 시작했다. 이는 유신체제 철폐를 주장하는 민주화운동과도 맥을 같이하는 것이었고, 나아가 1980년대 이후 조직화된 농민운동이 출현하게 되는 실마리가 되었다는 점에서 중요한 의미가 있다.

노풍 파동에 대한 피해보상이 제대로 이루어지지 않은 채 해를 넘기자 농민들의 반발이 산발적으로 나타났다. 농민운동이 전국적으로 조직화되지 않은 시점이었지만, "한국가톨릭농민회"(약칭 "가농")와 같은 단체들을 중심으로 집단적인 피해보상운동의 조짐도 나타났다. 가농은 조직화된 농민운동 단체는 아니었으나 농민 복지 증진을 위해 정부 시책을 비판하는 과정에서 결과적으로 농민운동의 구심점 역할을 하게 되었다. 가농은 이미 1975년부터 "쌀 생산비 조사보고운동"을 벌여왔는데, 이는 정부가 산정한 추곡수매가격이 농촌의 실제 생산비에도 미치지 못함을 지적하고 추곡수매가격의 인상을 촉구하기 위한 것이었다. 노풍 파동이 일어나자 가농은 1978년 12월 6일부터 이듬해 1월 10일까지 피해 실태에 대한 자체 설문조사에 들어갔다. 전국 241개 농가를 대상으로 노풍 피해 실태에 대한 설문조사를 실시한 결과 농가당 평균 노풍 재배면적은 1,289평이었으며 단보당 평균 피해량은 4.55가마로 나타났다. 이를 근거로 가농은 노풍 재배농가의 평균 피해량을 쌀 19.55가마로 추산하고, 정부수매 2등품 가격 3만 원을 기준으로 환산한 농가당 평균 피해액 586,500원을 정부가 보상해야 한다고 주장했다.[94] 전북 완주군 고산면 등지에서는 부실한 피해 보상에 항의하는 농민들이 지역 가톨릭농민회를 중심으로 피해 조사 활동을 벌이고, 1979년 4월 9일에는 잘못된 피해 조사와 "강제농정"을 비판하는 기도회를 열었다. 행정 당국은 기도회 당일 갑자기 예비군 비상 훈련을 소집하는 등 문제가 커지는 것을 막으려 안간힘을 썼다. 그러나 지역 가톨릭농민회는 연합회 단위로 문제를 확대할 움직임을 보임으로써 도(道) 당국을 압박했고, 결국 6월 21일에는 "고산·수류·원평 지역의 농민들에게 1천만 원을 보상하고 다시는 강제행정을 하지 않겠다"는 약속을 받아냈다. 전북 임실에서도 가톨릭농민회가 중심이 되어 500만 원의 추가 보상을 받아내었다.[95]

가농은 노풍 파동을 계기로 쌀 생산비 조사보고운동을 "쌀 생산비 보장운동"으로 발전시켰다. 가농이 1978년 190개 농가(통일벼 142, 일반 48)를 자체 조사하여 집계한 평균 생산비는 통일 45,178원, 일반 43,445원이었으며, 한계생산비는 53,000원이었다.[96] 정부가 제시한 가격인 2등품 기준 30,000원과는 최고 가마당 23,000원의 격차가 나는 것이었다. 가농은 정부에게 적극적인 추곡수매가 인상을 촉구하기로 하고 이해 11월 "78년 쌀 생산자대회 및 추수감사제"를 열었다. 이 대회는 추수감사절 미사를 명분으로 한 사실상의 생산비 보장 시위가 되었고, 11월 13일부터 28일까지 원주, 대전, 상주 함창, 광주 등 네 곳에서 연인원 4,300여명이 참석한 가운데 열렸다. 집회의 자유를 부정한 유신 정권의 긴급조치체제 아래였다는 것을 감안하면, 결코 작지 않은 규모의 농민 집회였다.[97]

강제농정에 대한 농민들의 항의는 유신체제의 억압이 정점에 달한 1979년에는 잠시 가라앉는 듯했으나, 유신체제가 붕괴한 뒤 다시 봇물 터지듯 쏟아져 나왔다. 가농은 1980년의 일시적인 정치적 해빙기를 맞아 강제농정 철폐투쟁에 전면적으로 나섰다. 이들은 1980년 3월 27일 "민주농정 실시하라"라는 제목의 성명서를 발표하고, 경제성과 안정성이 떨어지는 신품종을 무리하게 강요한 점, 재배면적을 늘리는 데 집착하여 부적격지(산간답, 고랭지, 그늘진 논, 침수지, 해안지 등) 재배를 강요한 점, 신품종 재배 권장이라는 이름 아래 각종 부당한 행정규제를 남용하여 농촌공동체를 뒤흔든 점 등을 들어 강제농정의 폐해를 지적하였다.[98] 또한 농산물 수입을 중단하고 최저생산비를 보장할 것, 신품종 재배 등에 따른 피해 보상에 정부가 전적으로 책임을 질 것, 정부가 농민의 자율성을 존중하고 영농정보 제공이나 증산을 위한 기술 협조에만 주력할 것 등을 요구했다.[99] 4월 11일에는 대전 가톨릭문화회관 대강당에서 정당대표, 국회의원, 김대중, 함석헌 등의 재야인사와 농민회원 등 4천여 명이 모인 가운데 "민주농정실현을 위한 전국농민대회"를 열었다. 이날 채택된 결의문은 농민에게 품종선택권을 돌려줄 것을 요구하였으며, 그 밖에도 지방자치제 실시, 소작농문제 해결, 비생산적 토지의 농민 환원, 농협임시조치법 철폐, 저곡가정책과 농산물 수입정책 철폐 등의 여러 가지 의제를 제시하였다.[100]

1980년 5월 신군부가 정치 전면에 나섬으로써 짧은 정치적 해빙기는 막을 내렸고, 농민들의 주장도 당분간 표면에 드러나지 않게 되었다. 그러나 1970년대 중반 쌀 생산비 조사보고라는 제한된 영역에서 이루어지던 조직적 농민운동이 1970년대 말에 이르러 노풍 피해보상 운동과 강제농정 반대운동으로 확대되면서, 농민운동은 조직적 역량과 대중적 영향력을 크게 강화할 수 있었다. 이는 1989년 "전국농민운동연합(전농련)"을 거쳐 1990년 "전국농민회총연맹(전농)"으로 이어지는 전국적 농민운동조직의 맹아가 되었다는 데서 그 의의를 찾을 수 있다. 또한 강제농정의 문제를 공론화함으로써 1980년대 들어 강제농정이 차츰 사라지고 농민의 종자 선택권을 되찾게 되는 계기를 마련했다. 나아가 일부 사회운동가와 농민들은 농민의 삶과 자연환경을 피폐하게 하면서까지 증산에만 치중했던 1970년대 농업을 비판적으로 되돌아보고, 이를 극복하는 차원에서 생태주의적 농업이 필요하다는 주장을 펴기에 이르렀다. 원주에서 태동한 "한살림" 운동이나 수도권을 중심으로 한 생협(생활협동조합) 운동도 이런 흐름과 맥이 닿아 있다.[101]

통일형 신품종의 퇴장

신군부는 농업 재정의 부담을 더는 동시에 농민들의 지지를 얻기 위해, 끊임없는 논란이 되어온 강제농정의 폐지 의사를 내비쳤다. 새로 대통령에 취임한 전두환은 1980년 9월 29일 경기도 김포에서 청와대 직원들과 벼베기 행사를 했는데, 그 자리에서 "신품종을 필리핀 같은 더운 나라에서 개발, 시험하고 우리나라에 보급해 실패하는 경우가 많다"고 하면서 앞 정권의 신품종을 통한 증산정책을 우회적으로 비판했다. 또 "농사는 조상 때부터 내려오는 전통이 있어서 누가 말한다고 해서 갑작스럽게 바꾸어지기가 어렵다"며 "앞으로 관 주도를 지양, 농민이 자진해서 농사를 하도록 해야 한다"고 말해 적어도 공식적으로는 앞으로 더 이상의 강제농정은 없을 것이라는 점을 밝혔다.[102] 새 정부의 방침이 정해짐에 따라 농촌진흥청에서도 농민에게 품종선택권을 돌려주기 위한 조치를 취했다. 농촌진흥청은 1980년도 냉해대책 지원비로 1981년부터 '벼 품종 비교 시범포'를 읍·

면당 3개소씩 모두 4,658개소를 설치하였다. 농민들이 이곳에서 시범재배되는 벼 품종을 비교하고 스스로 지역에 알맞은 품종을 선택할 수 있도록하자는 취지였다.[103]

전두환 정부는 공식적으로는 농민의 자율적인 품종선택권 보장을 천명했지만, 사실상 통일형 신품종의 연구와 재배를 억제하는 조치들을 취했다. 우선 통일형 신품종의 수매량을 줄여나가고, 1970년대 장려하던 통일형 품종 중 일부를 장려품종에서 탈락시켰으며 새로 개발된 통일형 신품종의 장려품종 지정에는 소극적인 태도를 보였다.[104] 장려품종으로 지정되지 않은 품종을 재배할 경우 정부로부터 영농 지원이나 병충해 보상을 받을 수 없게 되므로, 장려품종 탈락은 사실상 농민들에게 재배를 포기하도록 권유하는 것과 같은 조치였다. 당시 통일형 품종에 대한 불만이 많기는 했으나, 추곡수매라는 안정된 판로가 보장되는 한 계속 재배하고자 하는 농민도 적지 않았다. 특히 영농 규모가 작을수록 시장가격이 낮아도 "통일벼"를 재배하여 수확량을 높이는 쪽을 선호하였다.[105] 그러나 장려품종에서 탈락한 품종을 재배하려는 농민은 거의 없으므로 통일형 품종의 재배면적은 차츰 줄어들었다.

통일형 신품종의 연구도 차츰 축소되었다. 당시 농촌진흥청의 육종가들 중 상당수는 1970년대 육종에 입문하면서 통일형 품종으로 육종을 익힌 이들이었다. 따라서 이들은 손에 익은 통일형 육종을 지속하기를 원했다. 또 통일형 육종에 종사하던 연구자들은 "노풍 파동"과 냉해 이후에 도열병 저항성과 내랭성을 높이는 쪽으로 육종 목표를 잡고 계획을 세워놓고 있었다.[106] 그러나 정부가 통일형 신품종 육성에 소극적인 태도를 보이자 통일형 후계 품종을 육성하려는 시도도 차츰 줄어들었다. 이와 함께 소강상태에 빠져 있던 자포니카 품종 연구가 다시 활기를 띠었다.[107] 특히 1980년 냉해 이후 농촌진흥청 육종 연구의 중심은 고품질 다수성 자포니카 연구로 빠르게 이동하였다.

품종 연구와 재배 장려 정책이 모두 축소되자, "통일벼"의 재배면적은 감소 일로를 걸었다. 1981년 통일계 신품종의 재배면적은 1980년의 절반이 조금 넘는 321,346헥타르(전체 벼 재배면적의 26.5퍼센트)로 대폭 줄어들었다. 이후 1982년 다시 상승세로 돌아서 1983년(418,552ha)까지 소폭 증가하기도 했으나, 그 뒤로는 지속적으로 감소하여 1991년(48,576ha)에는 10만헥타르 아래로 줄어들었다.[108]

그럼에도 불구하고 통일벼가 전두환 정부가 장려 정책을 폐지한 뒤에도 약 10년 동안 더 명맥을 유지했다는 점은 특기할 만하다. 비록 최전성기인 1978년에 비해서는 3분의 1, 전성기인 1977년이나 1979년에 비해서는 절반 정도로 줄어들기는 했지만, 〈그림 18〉에 보이듯 통일형 신품종은 1980년대 내내 20만 헥타르에서 40만 헥타르 사이의 재배면적을 유지하여 전체 벼 재배면적의 20~30퍼센트 선을 차지하고 있었다. 심지어 1980년의 기록적 냉해에도 불구하고 1982년과 1983년에는 재배면적이 소폭 늘어나

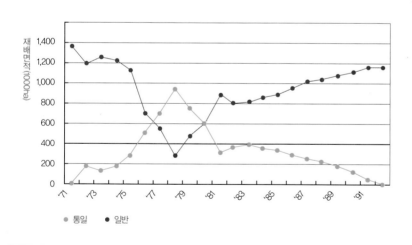

〈그림 18〉 통일형 품종과 일반계(자포니카) 품종의 연도별 재배면적, 1971~1992.
(자료: 박래경·임무상, 「한국의 벼농사와 품종의 변천」, 허문회 외, 『벼의 유전과 육종』, 서울대학교출판부, 1986, 369–424쪽의 부표의 수치를 토대로 글쓴이가 작성)

1983년에는 다시 40만 헥타르 선을 웃돌기도 하였다.[109] 유신 정권의 강압이 사라지자 농민들이 통일벼 재배 대열에서 이탈한 것은 분명한 사실이지만, 그것이 통일벼의 전면적 퇴출로 이어지지는 않았던 것이다.

통일형 신품종의 재배가 중단된 것은 사실상 정부가 통일벼의 퇴출을 유도했기 때문이다. 1990년 당시 정부비축미 재고량은 1천3백만 석으로 적정 재고인 7백만 석의 거의 두 배에 이르렀고, 비축미의 구입과 관리에 따른 부대비용을 포함한 양특적자(糧特赤字)의 누계도 4조 원을 넘어섰다. 더욱이 통일쌀은 1980년대 후반 이후 일반 소매시장에서는 경쟁력이 전혀 없었으므로 시장에 방출하여 소모하기도 기대하기 어려웠다. 통일쌀은 정부가 많은 양을 사주어야 하지만 정작 팔 곳은 없는 계륵과 같은 존재가 되었다.[110] 결국 정부는 통일형 신품종의 퇴출을 유도하기로 결정하고, 1987년부터 신규 장려품종 지정 대상에 통일계의 신품종을 포함시키지 않기로 했다. 그리고 1991년에는 장려품종으로 지정되어 있던 통일계 신품종도 장려 대상에서 해제하였다. 아울러 통일벼 재배의 가장 큰 동기가 되었던 추곡수매제도도 개편하였다. "우루과이라운드" 농산물협상 타결이 임박한 1990년, 농림수산부는 이듬해부터 통일벼 종자의 공급을 중단하고 일반벼 생산을 유도하겠다는 방침을 밝혔다.[111] 아울러 정부 추곡수매를 줄이고 농협을 통한 일반미 매입을 확대하였다. 1991년에는 통일벼 재배농가의 일반벼 전환을 더욱 촉진하기 위하여, 통일벼 재배를 배정받은 농가가 일반벼로 바꾸어 심어도 같은 양을 수매하겠다고 발표했다.[112] 그리고 1992년에는 통일벼 추곡수매가 중단되었다. 통일형 품종은 추곡수매가 중단됨에 따라 재배면적이 781헥타르로 급감, 실질적으로 재배가 중단되었다.[113]

일부에서는 통일형 품종이 사라진 뒤 쌀 생산량이 줄어들 가능성을 우려했으나 통일벼 퇴장 후에도 쌀 생산은 줄지 않았다. 통일벼 재배가 중단된 첫 해인 1992년은 1991년보다 약간 감수되기는 했으나 평년작을 웃도는 풍년이었다.[114] 이는 자포니카형에서도 꾸준히 품종개량이 이루어져 1970년대와 비교하면 수확량이 39퍼센트 이상 늘어난 품종들이 보급되었기 때문이다.[115] 물론 비료나 재배기술의 발전도 큰 몫을 했다.

1980년 6월 무려 13년간 농촌진흥청을 장악해온 김인환이 청장에서 물러난 뒤 농촌진흥청 내부에서도 일반계 신품종의 육성이 늘어났다. 1980년대 초에는 병충해와 냉해로 인한 감수를 되풀이하지 않기 위해 많은 연구자들이 통일형을 기반으로 한 내병성·내랭성 품종의 육종에 주력했다. 그러다가 통일형 품종의 재배가 줄어들면서 차츰 자포니카 계열의 육종이 회복되어 통일형을 압도하기에 이르렀다. 예컨대 1970년대 육성·보급된 30개의 품종 가운데 일반계 품종은 5개(17퍼센트)에 불과했다. 그러나 1980년부터 1999년까지 육성·보급된 61개 품종 가운데는 일반계가 46품종(75퍼센트)으로 다수를 차지하게 되었다.[116]

육종의 주요 목표도 양보다 질을 중시하는 쪽으로 바뀌었다. 통일형 품종의 퇴장 이후 일본 품종의 강세가 지속되었지만, 국내에서 육성된 자포니카 품종 가운데 수량이나 맛 등 여러 면에서 일본 도입 품종보다 뛰어난 것들이 속속 나타났다. 특히 1992년 개발된 "일품벼"(수원295SV3/이나바다세)는 수확량도 많은 편(534kg/10a)이지만 일본의 최고 인기 품종 "고시히카리"보다 맛이 뛰어난 것으로 널리 알려졌다.[117] 이 밖에도 1981년부터 10년 동안, "동진(東津)벼"와 같이 밥맛도 좋으면서 수량이 500kg/10a을 넘나드는 양질다수성 자포니카 품종이 37종이나 육성되었다.[118]

그럼에도 불구하고 통일형 품종이 완전히 사라진 것은 아니다. 농가에서 재배되는 것은 아니지만 오늘날도 육종가들은 장래 필요할 경우에 대비하여 초다수성(超多收性) 품종의 개발을 지속하고 있다. 통일형 품종의 수량은 계속 개선되어 1980년대 "용문(龍門)벼"와 "안다(安多)벼" 등이 단보당 600킬로그램을 넘어섰으며, 1990년대의 "다산(多産)벼"와 "남천(南川)벼" 등은 700킬로그램, 2000년대의 "아름벼"와 "한마음" 같은 품종은 750킬로그램에 이르렀다. "수원잡종"과 같은 품종은 수량이 901kg/10a에 이른다.[119]

통일형 품종은 기후가 맞는 다른 나라에서는 오늘날에도 재배되고 있다. 허문회는 자신이 육성한 품종들의 보급에 대해 다음과 같이 말하고 있다.

> ……내가 필리핀에서 만든 품종 중에는 여러 개가 인도, 인도네시아, 네팔 등지에서 쓰였고, 인도에서는 우리나라의 통일벼보다도 더 넓은 지역에서 재배되기도 했어요. 나는 그걸 자랑으로만 생각할 뿐이오. 중국의 경우는 내가 만든 품종뿐만 아니라, 우리가 좋은 잡종벼를 만들어놓기가 무섭게 백퍼센트 모두 가져가서 높은 수확을 얻곤 해요. 우리가 만든 품종은 IRRI와의 협약에 의해 일단 모두 IRRI에 제공해야 하는데 중국 사람들이 여기서 가져다가 재미를 많이 보았어요. 물론, 우리나라에 있는 것도 몰래 가져가지요.[120]

실제로 1980년대 중반부터 한국에서는 퇴역한 통일형 품종들이 중국에 도입되어 널리 재배되기도 했다. "밀양46호"는 1985년부터 중국 화중(華中) 지방의 장려품종으로 선정되어 1990년대 초반 1천만 헥타르가 넘는 넓은 면적에서 재배되기도 했다. 또 "태백벼", "밀양23호", "한강찰벼" 등도 화중·화남(華南)지방에서 수백만 헥타르씩 재배된 바 있다. 이 밖에 찰벼 "이리352호"는 베트남에서, "가야벼"는 부탄 등에서 각각 재배되었다.[121]

인디카 육종에 관심을 보이지 않았던 일본도 통일형 품종의 성공을 목격한 뒤에는 이를 도입하여 육종 재료로 이용하였다. 밀양23호나 수원258

호 등은 "다수성에 가장 이상적인 초형"이라는 평가를 받고 있으며, 오늘날까지도 일본에서 초다수성 계통을 육성하기 위한 육종 재료로 이용된다. 비록 "사료용 벼"라는 이례적인 범주로 묶이기는 했으나, "쿠사호나미(クサホナミ)" "쿠사노호시(クサノホシ)" 등이 수원258호와 IR667 등을 이용해 육성한 초다수성 품종들이다.[122]

또 다른 맥락에서도 통일벼의 영향은 현재형으로 살아남아 있다. 오늘날 한국의 벼 육종을 주도하는 세대는 대부분 1970년대에서 1980년대 사이 육종에 입문하였다. 그 시기는 통일형 품종의 개발을 위해 국가적으로 상당한 자원이 투입되던 시기였고, 이들은 통일형 품종 연구 개발에 참여하면서 육종을 배우게 되었다. 일례로 앞서 소개한 양질 벼 일품벼의 개발 팀장 조수연, 그리고 개발에 참여한 최해춘 등은 모두 통일형 품종 개발에도 활발히 참여한 바 있다.[123] 또한, 통일형 품종의 육성 과정에서 IRRI와 활발히 교류한 것은 양질의 교배친을 널리 확보하는 데 큰 도움을 주었다. 오늘날 한국은 약 2만여 종의 교배친을 확보하고 있는데, 이는 IRRI의 8만여 종에는 미치지 못하지만 자포니카 위주의 나라에서는 적은 것이 아니다.[124]

통일벼에 대한 엇갈린 기억들

기억은 과거의 사건들 가운데 특정한 것을 취사선택하는 행위이므로, 본질적으로 정치적 행위다. 벤야민(Walter Benjamin)이 "보편적" 역사의 개념을 비판하고 개인의 기억의 특수성을 강조한 이래, 역사적 사건이 어떻게 기억되는지에 대한 많은 연구가 이루어졌다. 특히 전쟁이나 대학살과 같은 극단적인 상황이 어떻게 기억되는지에 대한 연구가 많은데, 이는 극단적인 상황의 체험이 이후 생존자들의 삶의 양식을 개인적으로 또는 집단적으로 규정하기 때문일 것이다. 통일벼와 1970년대 증산체제에 대한 기억은 물론 생사를 가르는 전쟁에 대한 것만큼 극단적이지는 않을 것이다. 하지만 1970년대 동원체제의 폭과 깊이는 전시를 방불케 하는 것이었던 만큼, 증산체제를 겪은 이들의 여러 가지 기억을 견주어보는 것도 의미가 있을 것이다.[125]

통일형 신품종에 대한 기억은 사람마다 제각각이다. 그 기억은 농촌 사람에게는 "근면·자조·협동"의 정신으로 보릿고개를 물리친 자리에 나타난 꽉 들어찬 곳간일 수도, 지도 공무원의 발아래 망가진 일반벼 모종일 수도 있다. 도시 사람에게는 주머니가 넉넉지 않을 때 정부미를 사 먹어야 했던 씁쓸함일 수도, 맛이야 어쨌든 시장에 쌀이 부족하지 않게 되어 느꼈을 안도감일 수도 있다. 정치인에게는 "통일벼"란 주곡 자급의 쾌거를 이룩하게 한 기특한 품종일 수도, 독재정권의 농정 실패를 드러낸 상징적 존재일 수도 있다.

그런데 이렇게 다양하고 아귀가 맞지 않는 여러 기억들을 나란히 늘어놓고 보면, 1970년대 "위로부터의 녹색혁명"을 이해하는 데 중요한 질문을 하나 만들 수 있다. "그렇게 좋은 품종이 왜 그렇게 큰 원망의 대상이 되었는가?"라는 의문이 그것이다. 이것을 설명하려면 농학자, 농업행정가, 농민이라는 세 집단이 통일계 신품종에 대해 어떻게 기억하는지, 그리고 그들의 기억 사이의 차이점이 후대의 관찰자들이 "통일벼"라는 기술적 구성물을 평가하는 데 어떤 단서를 주는지 살펴보아야 한다.

당시 활동했던 행정가들은 통일계 신품종의 장점을 적극적으로 평가하기를 주저하지 않는다. 농촌진흥청장 김인환은 1977년 쌀 생산고가 4천만 석을 넘어서자마자 신품종 보급에 얽힌 이야기들을 모아 『韓國의 綠色革命:

벼 新品種의 開發과 普及』이라는 책자를 내고, 이것을 영문으로도 번역하여 세계 각국에 배포하였다.[126] 김인환은 쌀 생산의 증대로 "보릿고개"라는 말이 사라졌을 뿐 아니라 농가소득이 도시근로자 가구 소득보다 높아졌다면서 "한국의 녹색혁명"의 의미를 높이 사고 있다. 김인환의 책은 "노풍파동"이 터지기 직전에 나온 것이므로 "녹색혁명"의 전성기에 행정가들이 생각하던 신품종의 위상과 역할을 잘 보여주고 있다.

이런 인식은 김인환처럼 농업행정의 최고위층에 있었던 이들만의 것은 아니며, 또 통일계 신품종의 쇠퇴와 함께 사라지지도 않았다. 1970년대에 경기도 가평군 농촌지도소 작물계에서 통일계 신품종 보급 업무를 맡았던 전세창(田世昌)은 1999년의 회고담에서 이들 신품종이 "쌀 자급달성, 농가소득증대, 농촌생활의 향상, 농업기술의 혁신, 국위선양" 등 여러 가지 면에서 한국 사회에 기여했다고 회고하면서, 다음과 같이 신품종에 대해 애정 어린 작별인사를 건네고 있다.[127]

이제 우리는 일품벼, 동안벼 등 양질 다수성 일반계품종 시대에서 벼농사를 짓고 있지만 통일계품종이 중국 등지에서는 아직도 다수성 품종으로 재배되고 있어 자랑스러움을 금치 못하며 통일계품종이 비록 우리 농민 손을 떠났지만 농촌진흥청 종자은행이나 어느 육종가의 교배모본 역할을 하면서 지난날의 영광을 간직한 채 영원히 역사 속에 남아 있을 것이다. 통일계품종이여 안녕히⋯.

행정가들에게 신품종을 통한 증산정책은 불가피한 선택이었으며, 또 당시로서는 최선의 결과를 낳은 것이었다. "강제농정"에 대한 문제제기가 끊이지 않았지만, 이것도 그들에게는 구조적인 문제라기보다는 개별 공무원의 의욕이 앞선 나머지 빚어진 실수로 받아들여졌다. 전세창은《중앙일보》의 취재 도중 "녹색혁명"의 부작용을 지적하는 목소리에 대해 "배부르니까 나오는 소리"라며 "굶주림 때문에 아이들이 영양실조로 죽어가는 북한의 참상을 보면서도 그런 얘기가 나오느냐"고 강한 어조로 비판하기도 했다.[128] 1990년대 이후 생겨난 박정희 재평가 움직임에서도 "녹색혁명"은 박정희의 주요 치적 가운데 하나로 거론된다. 박정희의 치적을 기리려는 이들이 만들어놓은 "박정희대통령 인터넷 기념관"에서는 박정희의 주요 업적 가운데 "기적의 볍씨를 통한 '녹색혁명'"을 첫손에 꼽고 있다.[129]

실제로 일선 행정가들은 대단히 헌신적으로 "녹색혁명" 실현을 위해 노력했다. 휴일도 없이 마을에 상주하면서 재배의 전 과정을 지켜보는 것은 기본이었고, 신품종을 신뢰하지 않는 농민에게 자기 집을 담보로 걸어가며 계약재배를 성사시키기도 했다. 이렇게 헌신적으로 일하는 과정에서 사고나 과로로 사상자가 발생하기도 했다. 의욕이 지나쳐 과실이 없었던 것은 아니지만, 많은 농민들이 이들의 의욕과 열정을 인정하고, 증산에 적극적으로 참여하게 되었다.[130]

한편, 행정가들은 자신들의 실천력을 강조하는 가운데 학계의 반대자들에 대한 미묘한 감정을 드러내기도 한다. 김인환은 "유신"의 육성 과정에서 필리핀에서 흑조세균병이 발생하여 농학자들이 IRRI에서 증식된 유신 종자 반입에 반대했던 일을 떠올리면서, 무조건 반입을 반대했던 이들을 "병원균 전파 방지책의 원칙론만을 주장하는 사람들"이라고 평가하고 있다. 그는 "막대한 국고를 지출하면서 외국에까지 가서 증식 재배한 벼 종자를 폐기한다는 일은 참으로 기가 막히는 일"이라고 이들의 주장을 비판하면서, 결국 종자 도입을 강행했던 자신의 판단이 옳았음을 다음과 같이 주장하고 있다.

다른 사람들은 모험이라고 할지 모르나 나의 견해는 달랐다. 우리 지도 공무원들이 지금까지 보여준 왕성한 책임감, 성실한 지도, 농민들의 열성은 충분히 정밀 작업이 가능하고 병해 방제의 만전을 기할 수 있다고 믿었던 것이다.[131]

"책임감과 열성"으로 병원체의 유입을 막을 수 있다는 것은 너무 낙관적인 주장같이 보이기는 하지만, 다행히도 유신의 경우 충실히 소독과 방역을 실시한 결과 흑조세균병은 유입되지 않았다. 김인환은 이러한 경험을 통해 자신의 방식에 대해 더 확고한 믿음을 갖게 된 것으로 보인다. 2년 뒤 밀양23호 시범재배단지에서 급성 흰빛잎마름병이 발생했을 때에도, 농학자들로 구성된 합동조사단은 수입 병해일 가능성을 제기하며 전량 소각을 주장했지만 김인환은 농촌진흥청 직원의 보고를 믿고 사후 방제 쪽으로 가닥을 잡았다. 결과적으로 그해의 시범재배는 큰 차질 없이 끝났고, 김인환은 다음과 같이 지도사와 농민들을 "교수들"과 대조하여 추켜세웠다.

나는 관계문헌 조사의 부족과 경험부족에 연유한 교수들이 주장한 단지소각[團地燒却]을 하지 않은 것을 참으로 다행으로 생각하며 신품종 시범단지 지도에 부심한 일선 지도사들과 관리작업에 고생한 농민들의 노고를 잊을 수가 없다.[132]

농학자들의 기억은 이보다는 조금 더 복잡하다. 이들의 기억은 대개 세 가지 이야기를 전하고 있다. 첫째는 이들이 좁게는 품종개량, 넓게는 국가 발전을 위해 개인의 영달을 돌보지 않고 헌신적으로 노력했다는 것이다. 이는 1960~70년대 고도성장기에 청장년기를 보낸 대부분의 사람들이 공유하고 있는 기억이기도 하다. 1950년대 "진흥(振興)'을 개발하고 작물시험장장으로서 "통일"의 개발 과정을 총괄한 최현옥(崔鉉玉)은 1980년의 인터뷰에서 "두 알의 볍씨[진흥과 통일]는 두 자식택"으로 여기고 "35년 동안…… 오직 볍씨개발을 위해 살아"왔다고 스스로 말하고 있다. 그는 시험답이 장마에 휩쓸리면 직접 둑을 막고 벼 포기를 건져내곤 했으며, "말라 타죽어 가는 벼를 보고 있노라니 꼭 못난 자식을 보는 것 같아 마음이 한없이 아파 밤잠을 이룰 수가 없었다."고 회고했다. 그리고 박봉에 시달리면서 "개량볍씨가 세상에서 매도를 당할 때는 당장 떨치고 '좋은 일자리'로 옮겨보고 싶은때도 많았"지만, 예순을 넘긴 1980년에도 "통일이 중병(重病)을 앓아가고 있는 것을 알면서도 자신이 떠나는 것은 비도덕적"이라며 신품종에 대한 애착을 드러냈다.[133]

이들이 이렇게 헌신적으로 품종개량을 위해 노력했던 것은 자신들의 실존적 체험과도 관련이 있다. 허문회는 한국전쟁 중 군에 복무했는데, 그때의 경험이 먹을거리에 대한 자신의 생각에 큰 영향을 남겼다며 다음과 같이 말하고 있다.

> 수색대로 배치를 받았는데 일선에서 겪은 기아는 상상을 초월하는 거였소. 배가 계속 곯다가 2~3일에 한번 먹으면 기갈이 들려서 항고(반합)로 5개를 먹어도 먹은 것 같지가 않았소. 보통 때는 항고로 하나 가득 먹으면 배탈이 나지요. 이런 극한을 겪으면서 인간도 동물과 다르지 않다는 것을 깨달았다오. 나는 일제시대와 6·25를 겪고 난 사람이 물건이나 식량에 대한 인식이 보통사람과 다를 수밖에 없다고 생각하는 거요.[134]

이와 같은 굶주림의 경험은 겪어보지 않은 이들은 이해하기 힘든 것이다. 굶주림을 경험한 세대는 그 사실을 잘 알고 있으며, 자신들의 체험의

무게를 강조하곤 한다. 그런 맥락에서 1999년 통일벼 품종 개발 과정을 회고하며 허문회가 쓴 글이 다음과 같은 첫 문장으로 시작한다는 사실은 의미심장하다.

> 배고픈 사람에게는 처음 몇 숟갈의 밥은 매우 귀중한 것이지만 배가 차갈수록 그 가치는 덜 귀중하고 일정 정도 이상의 식물을 취하면 도리어 고통이 될 수도 있다.[135]

둘째는 열악한 조건에서 열심히 노력했지만 사회로부터 합당한 인정을 받지 못했다는 아쉬움이다. 자신들은 품종이 실패했을 경우 그 책임을 지고 비난의 표적이 되었던 반면, 사회적인 존중과 영예는 증산정책을 펼친 행정가 집단이 주로 차지했다는 것이다. 이런 인식에는 국외자들도 공감하고 있었다. 《조선일보》의 송형목(宋衡穆) 기자는 한국의 농업 연구와 연구자들이 "행정우위에 눌려 그늘 속에 가려져" 있고 "계속되는 풍작에도 빛을 보지 못하고 있"지만 "오히려 외국의 관심대상이 되고 있"다며 이들에 대한 관심을 촉구했다. 이어 농촌진흥청 연구자들이 겪는 현실적 어려움을 다음과 같이 소개하였다.[136]

> 그러나 한국의 농업연구는 행정에 눌려 그늘에서 시들고 있다. 박사학위를 가진 경력 15~20년의 연구관이 10년 내외의 경력으로 차지하는 3급공무원의 직급에서 월 6만~7만원의 급여로 지낸다. 연구수당도 시간외수당도 없다. 퇴근시간이 지난 밤늦게까지 연구실을 지켜도 생활급에도 미달하는 급여다. 여기에 승진의 기회도 거의 봉쇄당하고 있다.…… 한 가지 예로 일반연구기관의 3급 대 4급의 연구직은 30 대 70 정도의 비율인데 반해 농촌진흥청은 1대 27이다.…… 그 많은 포상 하나 없다.

공은 행정이 차지하고 무거운 책임만이 남는다.…… 농업연구직의 이직률은 연평균 8퍼센트에 이른다. 작년 한해에만도 박사연구관 64명중 18퍼센트, 석사연구관 1백48명중 무려 28퍼센트가 민간기업체 또는 외국으로 떠났다.

한편 같은 기사에서는 연구관들의 잦은 이직 이유 가운데 저임금과 인사적체뿐 아니라 "연구의 결실을 맺기 위한 의견의 제시나 자유로운 연구 분위기마저 조성되지 않고 있다는 것"을 들고 있다.[137] 실제로 1970년대 말까지 농촌진흥청의 고위직은 자신들의 연구 결과가 가지는 정치적 의미에 대해 대단히 민감했으며, 그에 따라 조직 전체의 연구 방향을 특정한 쪽으로 맞추고자 했다. 이태현이 "희농1호"를, 김인환이 "통일"을 자신의 정치적 명운을 걸고 육성했던 것은 대표적인 사례다. 제4장에서 다루었듯이 허문회가 처음 IRRI에서 귀국했을 때는 "인디카 품종에 대해서는 말도 하기 어려운 분위기"였으며, 통일벼의 장려·보급이 본격적으로 추진되기 시작한 것은 이태현이 물러난 뒤 새 청장으로 김인환이 부임한 뒤부터의 일이었다. 김인환도 자신이 취임했을 무렵만 해도 인디카 품종의 가능성에 대해서는 회의적인 분위기가 농촌진흥청 안에 팽배해 있었다고 회고하고 있다.[138]

그런데 이와 같은 "행정우위"가 반드시 농학자들에게 손해만은 아니었다. 신품종의 보급을 행정기관이 도맡아 했다는 사실은, 농학자들이 신품종의 보급 과정에 따른 논란에서 자유로울 수 있음을 뜻하는 일이었다. 시간이 제법 흐른 뒤 이들의 농학적 기여는 재평가되고 있으며, 신품종의 농학적 성취와 "강제농정"의 폐단을 구분하여 보아야 한다는 인식이 형성되기 시작했다. 이에 따라 두 번째 이야기는 더 적극적인 형태로 그 모습을 바꾸어 나타났다. 허문회는 1998년에 쓴 글에서 통일벼 육성 과정을 회고하면서, "녹색혁명의 아버지"로 불리는 노먼 볼로그(Norman E. Borlaug)와 만나 나눈 이야기를 소개하고 있다.

> 1969년 4월 IRRI에서 개최된 국제미작회의에 참석한 기회에…… 보록 (N. E. Borlaug) 박사와…… 아침식사를 같이 하게 되어…… [그는] 육종학자, 연구관리자, 행정가의 역할을 나에게 설득력 있게 들려주었다.…… 육종가는 자기가 육성한 품종을 자기 스스로 농가포장에 들여갈 생각을 하지 말라는 것이었다. 연구의 업적은 연구관리자의 몫이고 증산의 업적은 행정가의 몫이기 때문이라는 것이다.…… 육종가에게는 품종육성 그것 자체가 업적인 것이다.[139]

주목해야 할 것은, 허문회가 이 이야기를 집어넣은 대목이 김인환이 농촌진흥청 차원에서 본격적인 통일벼 보급에 나서기로 마음을 먹는 대목 바로 앞이라는 점이다. 허문회는 간접적으로 "나의 업적은 통일벼를 육성한 것으로 끝이다", 또는 나아가 "그 뒤의 일에 대해서는 내게 책임을 묻지 말라"는 뜻을 전하고 있는 것은 아닐까? 이처럼 농학자들은 자신들의 공헌에 자부심을 가지고 있으면서도, "통일벼"에 대한 좋지 않은 기억이 한국 사회에 남아 있음을 의식하지 않을 수 없는 미묘한 처지에 놓여 있다. 따라서 이들은 논란의 대상이 되어온 농업행정과 자신들의 연구 활동 사이에 선을 그어가며 조심스레 당시를 회고하고 있다.[140]

한편 당시 정부 시책에 비판적이었던 농민들이 기억하는 1970년대의 증산정책의 모습은 이와는 사뭇 다르다. 정부가 통일벼를 강요한 것은 진정 농민을 위해서가 아니라, 농민을 국가 목표의 실현을 위한 수단이나 방법으로 여겼기 때문이라는 것이 농민들의 기억이다. 그리고 다음과 같은 일화는 그런 기억이 사실과 부합하는 면이 있음을 보여준다.

당시 농림장관 김보현 (金甫炫,73) 씨의 증언. "통일벼는 일반벼보다 키가 작아 지붕이엉을 엮는데 나쁘다는" 얘기가 나왔지요. 朴대통령께서 "지붕을 개량하면 되지 무슨 소리냐"고 일축하데요. 농촌 지붕개량이 신속하게 이뤄진 데는 통일벼 영향도 클 겁니다.[141]

쌀 증산에 걸림돌이 되니 농가 지붕도 바꾼다? 물론 이것이 당시 농가 개량 사업이 추진된 결정적인 이유는 아니며, 농가 개량 사업은 농민의 생활환경 개선에 기여했던 것도 사실이다. 그러나 이 대화에서 드러나는 문제는, 정책의 우선순위를 정할 때 농민의 이해관계는 뒷전으로 밀려나도 좋은 것으로 치부되었다는 점이다. 행정가들이 자랑스레 회고하는 신속한 "농촌근대화"의 이면에서, 개별 농민이나 농가의 이해관계는 국가 목표를 위해서는 언제든지 희생할 수 있는, 또는 "국가의 이익이 개인의 이익"이라는 논리 아래 묻어버릴 수 있는 이차적인 고려 대상에 불과했다. 여기에 이의를 제기하는 경우 "배부른 소리"라는 핀잔 말고는 얻을 것이 별로 없었다. 다음의 기사는 이런 분위기를 보여주는 대표적인 예이다.

박정희의 총애를 한 몸에 받았던 '독설가' 김학렬(金鶴烈,작고) 전 부총리는 열성적인 통일벼 옹호론자였다.…… "누군가 밥맛 얘기를 꺼내면서 조기보급 신중론을 폈지요. 그런데 그 양반 '이게 어디가 어때. 배부른 놈들이구만. 맛없다는 놈들 칼로 배를 찔러버려야 돼' 라고 벼락같이 소리를 지르는 거예요."[142]

행정가들은 1970년대의 농촌이 "도시근로자 가구보다 높은 소득을 올린" 살 만했던 곳으로 변모한 것으로 기억한다. 물론 1970년대 내내 이중곡가제와 새마을운동 등을 통해 상당한 양의 자본과 재화가 농촌으로 흘러들어간 것은 사실이며, 그 결과 농가의 명목소득이 도시노동자 가구보다 높았던 적이 있었던 것도 사실이다. 그러나 통계에 숫자로 드러나는 소득이 실제 생활수준을 반영하는 것은 아니다. 주거, 교통, 통신, 교육, 문화 등 종합적인 생활환경을 고려할 때, 농가의 명목소득이 도시 평균보다 높다고 해서 농촌이 도시에 못지않게 살기 좋아졌다고 주장하는 것은 설득력이 없었다. 농가 명목소득이 도시노동자 가구보다 높아지던 바로 그 무렵 농민의 이농도 역시 대규모로 이루어졌다는 사실은 이 통계의 허구성을 잘 보여준다.

비판적인 농민들이 기억하는 통일벼는 노력과 품은 많이 들고, 이전보다 농협에 더 많은 비료와 농약 값을 주어야 하고, 잦은 방제(防除)로 농부의 건강에 해를 끼치고, 그럼에도 불구하고 시장에 내놓으면 제값을 받지 못하는 품종이었다.

>……현재 권장하고 있는 신품종 자체에 문제점이 있다. 특히 도열병, 백엽고, 백수현상 등 병충해 재해 등에 매우 약하다는 점이다.…… 절대로 도열병엔 걸리지 않고 강하다는 신품종이 노풍피해라는 충격적 결과를 가져왔다. 또한 생산비가 많이 들고, 재배 기술상의 문제도 많다. 재배조건이 까다로와 항상 재배상의 위험이 도사리고 있으며, 현재의 실제 수확량에 있어서도 일반벼와 별 차이가 없다는 점이다. 더구나 시장가격에 있어서도 그 경제성이 일반벼보다 훨씬 낮기 때문에 이런 수지맞지 않는 것을 기피하는 것은 당연한 것이라 할 수 있다.[143]

정부에서는 품종의 문제를 곧잘 농민의 미숙한 재배기술 탓으로 돌려버리곤 했다. 1970년대 "증산왕"들의 성공사례 수기에는 비닐을 씌운 보온못자리를 준비하여 씨를 뿌리는 것부터 많게는 10회에 이르는 농약 살포, 세

심한 물 관리, 수확 후 탈립(脫粒)을 막기 위해 볏단을 조금씩 묶어 논바닥에 세워 말리는 것[小束立乾]에 이르기까지, 매우 많은 유의사항들이 꼼꼼히 적혀 있다.[144] 이것은 뒤집어 말하면 이만큼 1년 내내 세심한 주의를 기울여가며 농사를 짓지 않으면 통일계 신품종의 장점은 제대로 살릴 수 없다는 뜻이기도 했다. 원론적으로 말하자면, 신품종이 한국 기후와 맞지 않는 점이 있다면 까다로운 재배법을 고안하기보다는 기후에 더 잘 맞는 품종으로 개량해서 보급하는 편이 옳을 것이다. 그러나 현실은 그와는 반대로, 신품종을 심고도 증산이 되지 않았다면 그것은 "관행농법"에서 벗어나지 못한 농민의 나태와 관리 소홀 때문이라는 것이 당시 농촌지도 공무원들의 공식적인 입장이었다. 심지어 1978년 "노풍 파동" 당시 김인환이 처음 보였던 반응도 농민에게 일차적인 책임이 있다는 것이었다.[145]

품종의 문제점을 보완하기는커녕 농민들에게 책임을 떠넘기는 일선 지도관서의 방침은 농민들에게는 용납하기 어려운 것이었다. 일부 농민에게 성취의 기회를 제공했던 "증산왕" 선발과 시상금제도 또한, 정부에 비판적인 다른 농민들에게는 "강요된 경쟁으로 농민 내부의 분열을 조장함으로써 전통적 공동체의식을 파괴하고 비인간화하는 용납할 수 없는 행위"로 받아들여졌다. 한마디로 이들에게 강제농정은 "아직도 농민을 정책을 위한 한갓 수단이나 도구로 취급하는 전근대적 관료 독재의 횡포"였다.[146] 통일계 신품종 재배를 기피한 농민들이 단순히 자포니카를 심어 약간의 돈을 더 벌기 위해서 공무원과의 마찰을 무릅쓴 것은 아니었다.

여기서 드러나는 것은, 성과와 비용이 서로 다른 집단으로 귀속되었다는 점이야말로 통일계 신품종을 둘러싼 갈등의 본질이라는 것이다. 행정가들은 신품종 재배로 쌀 수확량이 늘어나면 그에 따르는 영예를 얻었다. 물론 노풍 파동에 의해 장덕진 농수산부장관이 퇴임한 것에서 보듯 권장 품종이 실패하면 책임을 지는 경우도 있었지만, 그 책임은 노풍을 재배한 농가가 절량(絕糧)을 걱정해야 할 정도로 타격을 입은 것에 비하면 무거운 것이라고는 할 수 없다. 농학자들은 행정가들의 그늘에 가려 성과에 따르는 영예를 온전히 누리지는 못했지만, 자신들이 개발한 품종이 실패하더라도 명예가 깎일 뿐 현실적인 어려움을 겪는 것은 아니었다. 반면 농민들은 성과는 그다지 크지 않았으나 가장 많은 비용을 부담해야 했다. 쌀 생산고가 3천만 석을 지나 4천만 석을 향해 늘어나는 동안 농민들의 영농비용은 이전보다 훨씬 늘어났다. 그리고 농약의 위험성에 대한 역학 조사와 안전 교육보다 증산을 위한 농약 살포 관행이 먼저 자리 잡으면서, 생태계에 악영향을 미친 것은 물론 많은 농민들이 그것이 농약 중독인 줄도 모르고 농약 중독에 시달려야 했다.[147] 물론 성과가 없었던 것은 아니다. 신품종 보급과 기술 지도에 힘입어 많은 농가가 절량의 위험에서 벗어났다. 하지만 영농비용과 그로 인한 부채가 불어나면서 농가의 실질소득은 크게 향상되지 않았다. 게다가 신품종 벼는 아키바레와 같이 더 큰 성과를 보장하는 다른 상품과 경쟁해야 했다.

절량농가가 많고 쌀 생산의 절대량이 부족했을 때에는 신품종 재배를 반기는 농가도 많이 있었다. 특히 통일벼가 처음으로 본격 재배된 1974년에서 1975년 사이에는, 다수확 포상을 받은 농민들이 감사의 표시로 지도소 건물의 대지나 건축비를 부담하거나 부락 지도직원에게 집기나 양복을 선물하는 일도 있었다.[148] 그러나 절량의 위협에서 벗어나자 농민들은 스스로를 경영의 주체로 인식하기 시작했다. 더 적은 노동을 투입하고도 더 많은 소득을 올릴 수 있다면, 왜 구태여 통일벼를 재배하려고 하겠는가? 마치 새마을운동이 초창기에는 농촌의 소득 증대에 기여했지만 농촌이 상품경제권에 편입되면서 그 존재 의의를 잃고 대중 동원 운동으로 남게 된 것과 마찬가지로, 신품종도 그 보급 초기에는 농민의 소득을 높이는 데 이바지했지만 일단 농민의 소득이 어느 정도 높아지고 나자 더 이상의 소

득 증대에 장애물로 작용하게 되었다.[149]

통일계 신품종은 그 나름의 분명한 장점을 지니고 있었다. 그러나 단점 또한 그에 못지않게 분명했다. 이 단점은 행정가, 농학자, 농민 세 당사자가 힘을 합쳐 개선해야 하는 것이었다. 당사자들이 이 과제를 게을리한 것은 아니다. 농학자들은 단점을 개선한 새 품종을 잇달아 내어놓았고, 행정가들은 새 기술교범을 만들고 재배법 교육에 애를 썼다. 그러나 이들은 "장려품종은 통일계여야 한다"는 전제에 지나치게 사로잡혀 있었다. 이들의 개선은 어디까지나 "통일계 신품종의 보급을 통한 식량증산"이라는 대전제 안에서만 이루어졌고, 따라서 통일계 신품종이 지닌 근본적인 한계는 끝내 극복되지 않았다. 신품종의 문제점에 대한 개선이 불완전했을 때 가장 많은 부담을 지게 되는 것은, 사회적 힘이 가장 약한 세력이자 직접 농작물을 키우고 그 풍흉에 대해 생활로 책임을 져야 하는 농민이었다. 해마다 새 품종이 개발되고 새 기술교범이 쏟아져 나와도, 농민들에게는 해야 할 일이 더 늘어나는 것에 다름 아니었던 것이다. 이와 같은 성과와 비용의 비대칭성이야말로 농민들에게 가장 큰 고민거리였을 것이다.

제6장

양, 질 그리고 꿈: 식량을 둘러싼 다양한 기대들과 식생활의 변화

벼농사가 한반도에 전래된 이래 벼는 한국인에게 가장 중요한 작물이었다. 벼농사에 의존하는 아시아 다른 나라들과 마찬가지로, 벼와 쌀에 대해 한국인이 보여준 애정과 집착은 실은 쌀을 배불리 먹기가 너무나 어려웠던 처지를 반영하는 것이었다.

쌀 소비 감축을 위한 눈물겨운 노력

일제강점기에는 "산미증식계획"과 같이 공권력이 적극적으로 농업에 개입함으로써 쌀 생산량이 상당히 높아지기는 했다. 그러나 공권력의 적극적인 개입을 통해 농업생산성이 높아져도, 그 열매는 한반도의 농민에게 돌아오지 않았다. 식민지 경제라는 기형적 구조 안에서 한반도와 타이완 같은 식민지의 쌀 생산성이 높아진다 해도, 그것은 어디까지나 일본에서 늘어나는 쌀 수요를 조선산 쌀을 반출하여 충당하기 위한 수단이었다. 따라서 지속적인 증산에도 불구하고 매년 그보다 더 많은 양의 쌀이 일본으로 반출되었고, 조선 사람들의 쌀 소비량은 오히려 점점 줄어드는 역설적인 상황이 닥쳤다. 예컨대 1928년의 쌀 생산고는 1912년에 비해 50퍼센트 가까이 늘어났지만, 일본으로 수출한 쌀의 양은 86퍼센트 늘어났고 조선 사람들의 쌀 소비량은 69퍼센트로 줄어들었다. 높아진 쌀 생산성의 과실(果實)은 지주 계층이나 쌀 수출업자 등이 독차지했던 반면, 조선 민중은 점점 쌀 구경하기가 어려워졌다. 1912년대부터 1929년까지 일본인의 연간 1인당 쌀 소비량은 1석 내외로 일정하게 유지되었던 데 비해 조선인의 수치는 0.772석(약 60킬로그램)에서 0.446석(약 36킬로그램)으로 크게 줄어들었다. 한반도의 쌀이 빠져나가 일본인의 쌀 소비를 지탱하고 있었던 것이다.[1]

태평양전쟁이 본격화하자 일제는 쌀을 확보하기 위해 강제 공출과 배급제를 실시하였다. 공출량은 계속 늘어나 1942년에는 전체 쌀 생산량의 55.8퍼센트, 1943년에는 68퍼센트가 공출을 통해 빠져나갔다. 더욱이 만주 침략이 지속되면서 만주로부터의 잡곡 도입도 점점 줄어들었다. 그 결과 조선의 농민들은 스스로 생산한 쌀을 공출로 빼앗기고 만주에서 수입한 잡곡 또는 "면미(麵米)"와 같은 대체식품, 심지어는 비료 원료로 쓰이던 콩깻묵 등으로 연명해야 했다. 면미란 잡곡을 가루 내어 쌀알 모양으로 빚어 말린 것으로 일제강점기 말에 쌀 대용으로 배급되기 시작했고, 뒷날 1970년대에도 "인조미"라는 이름으로 다시 등장했다. 이처럼 일제강점기 심화된 굶주림의 경험은 한국 민중들에게 쌀에 대한 염원을 강하게 각인시켰고, 혼분식과 내핍을 강하게 결부시키는 원초적 기억을 형성하기도 했다.

일제는 도를 넘어선 쌀 수탈을 정당화하기 위해 혼식이 영양학적으로 우월하다거나 심지어 흰쌀밥을 먹는 것은 건강에 해롭다는 주장을 의학의 이름으로 각종 매체에 퍼뜨렸다. 백미만 먹다 보면 각기병에 걸린다는 이야기가 대표적이다. 각기병을 예방하기 위해서는 쌀을 완전히 도정하지 않고 비타민B가 들어 있는 쌀눈을 함께 먹어야 한다는 점이 알려진 것은 사실이다. 하지만 이것은 쌀을 먹되 도정을 적당히 하라는 것이지, 쌀이 몸에 좋지 않다거나 다른 곡식보다 영양학적 가치가 낮다는 뜻은 아니다. 그러나 전쟁 준비를 위해 쌀의 수탈을 강화하던 일제는 이 말을 교묘히 비틀어 마치 보리나 밀이 쌀보다 몸에 좋다는 식으로 선전했다. 당시 최신 과학으로 각광받던 영양학을 신봉하던 의사들과 가정학자들도 이 주장을 되풀이했다.[2] 이와 같은 선전은 뒷날 시대를 뛰어넘어 거의 똑같은 모습으로 1960~70년대 한국에 다시 나타났다.

광복 후에도 농민들은 가장 쌀값이 쌀 때 수확량의 절반을 시가의 절반도 안 되는 헐값에 빼앗기고, 농한기의 쌀값 앙등과 인플레이션의 부담을 고스란히 몸으로 떠안아야 했다. 이 시기 쌀값은 전쟁 통에 폭등을 거듭하여, 1950년 한 석에 906원 하던 것이 1952년에는 9,300원에 이르렀다. 평균 "월 45퍼센트의 상승률"이었다. 정부는 살인적인 인플레이션에 대응하기 위해 통화 가치를 100분의 1로 절하하였고,[3] 쌀 수매가를 더욱 낮춘 결과 가까스로 쌀값을 잡을 수 있었다. 그러나 다른 부문의 인플레이션은 진정되지 않은 가운데 쌀값만 내려감으로써 농민들은 다시금 손해를 감수해야 했다.

1950년대 중반 이후 농촌이 더욱 황폐해진 것은 미국의 공법 480조 (PL480)를 근거로 1955년부터 미국 잉여농산물이 도입되었기 때문이었다. 잉여농산물 도입은 곡물 부족에 시달리던 이승만 정부와 제2차 세계대전이 끝난 후 농산물의 소비처를 찾지 못한 미국의 이해가 일치하여 이루어졌다. 밀가루를 중심으로 한 잉여농산물의 대규모 도입은 곡물 부족을 일시적으로 완화하는 데 기여하기는 했으나 여러 가지 부작용을 낳았다. 우선 밀의 자급 기반이 무너졌다. 1955년 국내 밀 수요의 70퍼센트가 국내산 밀로 충당되었으나 불과 3년 뒤인 1958년에는 25퍼센트만이 국내산 밀이었고 나머지 수요는 미국산으로 채워졌다. 면화도 대규모로 도입되면서 국내 면화 생산기반도 붕괴되었다. 그 결과 쌀의 단작화(單作化)가 한층 심해졌지만, 쌀농사도 적자를 면할 수 없었다. 정부의 저미가 정책을 유지하기 위해 값싼 밀가루를 시중에 풀어 쌀값을 끌어내리는 일이 계속되었기 때문이다. 도시 인구가 급증하는 한편 미곡 중개상의 농간으로 풍흉에 상관없이 쌀 파동이 빈번히 일어나고 있었던 때이므로, 쌀값을 적정 수준으로 유지하는 것은 정부가 마땅히 해야 하는 일이었던 것은 사실이다. 그러나 정부가 미곡 유통구조개선이라는 어려운 과제를 해결하는 것보다는 쌀보다 싼 곡물을 시장에 대량으로 푸는 손쉬운 방책을 택했던 탓에 농민들은 농사를 지어도 빚만 늘어나는 곤경에 빠졌다.

1960년대에는 큰 폭의 증산이 이루어졌음에도 불구하고 오히려 국민 개인이 피부로 느끼는 쌀의 수급 상황은 더 나빠졌다. 국민소득이 조금씩 높아지면서 보리쌀의 소비가 급격히 감소하고 쌀 수요가 급증했기 때문이다. 쌀 수요 증가분이 쌀 생산 증가분을 앞지르자 정부는 쌀을 수입할 수밖에 없었다. 특히 1962년 가을에는 벼의 흉작으로 추곡 생산이 600만 석이나 줄어들었고, 쌀값은 한때 전년 대비 400퍼센트나 솟구쳐 가마당 5,000원 선에 이르렀다. 또한 북한이 이 기회를 놓치지 않고 쌀을 지원해주겠다는 정치 선전을 개시하면서, 1962년의 쌀 파동은 박정희에게는 정권 초기의 위기가 되었다.

쌀 부족으로 인한 정국 혼란을 타개하기 위해 정부는 1962년 11월 '혼분식 장려운동'을 전개하기로 결정하였다. 미곡 판매상은 백미만 따로 파는 것이 금지되고 반드시 2할씩 잡곡을 섞어 팔아야 했으며, 음식점에서도 2할의 잡곡을 섞어 밥을 제공해야 하는 것이 의무가 되었다. 또한 학교나 관공서의 구내식당에서도 백미를 사용하지 못했고, 가정에서도 잡곡 혼식이 권장되기 시작하였다.[4] 이듬해인 1963년에는 분식 장려운동이 한층 강화되었다. 여름 농산물 흉작까지 겹치자 7월에는 점심시간에 쌀로 만든 음식의 판매가 일체 금지되었다. 또한 1963년 2월 26일에는 "탁주 제조자에 대한 원료 미곡의 사용 금지 조치"(재무부 고시 제313호)를 발동하여 연말까지 한시적으로 쌀을 이용한 양조를 금지하였다. 이 조치는 소폭 변경과 연장을 거듭한 끝에 1966년 8월 28일부터는 아예 백미를 주조에 사용하는 것을 전면 금지하기에 이르렀다.[5] 이후 쌀 자급 달성을 선언한 1977년 말까지 쌀을 이용한 양조는 금지되었고, 밀막걸리가 그 빈자리를 메웠다. 한편 1964년 8월부터는 육개장과 설렁탕 등 음식점에서 파는 탕반류에 쌀의 함량을 절반으로 줄이고, 잡곡을 4분의 1, 그리고 국수를 4분의 1 혼합 조리하도록 하였다. 설렁탕에 소면을 넣어먹는 것은 이때 비롯된 것이다. 1969년부터는 매주 수요일과 토요일을 '무미일(無米日)'로 지정하여 오전 11시부터 오후 5시까지 쌀로 만든 음식을 팔지 못하도록 규제하였다. 민간의 식당에서도 혼식 판매가 사실상 강제되었다. 그뿐 아니라, 밥그릇의 크기도 줄이도록 규제해 쌀 소비 감소를 유도했다.[6] 이 "혼분식 강제 정책"에 의해 종래의 밥그릇보다 작은 스테인리스스틸제의 밥공기를 보급함에 따라 거기에 담긴 밥을 "공기밥"이라고 부르게 되었다.[7]

1970년대 역시 쌀이 부족하기는 마찬가지였다. 통일벼 보급을 통해 쌀 생산량이 큰 폭으로 늘어났지만, 쌀 소비량의 증대가 증산량을 앞질러 가고 있었기 때문이다. 정부는 혼·분식 장려나 무미일 제도 등을 통해 극단적으로 쌀 수요를 억제했지만, 경제성장으로 생활비에서 쌀값 비중이 낮아지면서 쌀 수요의 증가를 막을 수 없었다. 1974년 쌀 생산량은 1973년에 비해 5.5퍼센트 늘어났지만, 1인당 연간 쌀 소비량은 123킬로그램에서 6.5퍼센트 늘어난 131킬로그램이 되었다. 이는 정부가 식량자급을 위한 적정 소비량으로 상정한 120킬로그램을 크게 상회하는 것이었다. 정부는 쌀 소비를 강제적으로 감소시키려 했다. 혼·분식 장려정책을 더욱 강화하는 한편, 1974년 12월부터 쌀을 엿이나 과자 원료로 쓰는 것을 금지하고, 떡을 만들 때 잡곡을 30퍼센트 이상 섞으며, 소매 쌀의 도정비율도 7분도(70퍼센트)로 낮추고 심지어 학교에서 도시락을 3할 이상 잡곡을 섞어 싸 오지 않은 학생들은 도시락을 먹지 못하도록 하는 등 쌀 소비 억제를 위해 다양하고 극단적인 정책을 동원했다.

이와 같은 각양각색의 혼분식 강제 조치들은 1980년대 초반까지 이어졌다. 그 과정을 통해 "쌀이 모자라다"는 집단적 기억은 오랜 시간에 걸쳐 여러 가지 형태로 변주되어 두껍게 쌓여왔다. 그리고 이 기억은 다시 쌀에 대한 집착을 더욱 강하게 만들어주었다.

통일벼 수용의 지역적 편차

이렇게 쌀이 모자라다는 집단적 기억이 강렬했음에도 불구하고, 1970년대 쌀 증산의 선봉이었던 통일벼는 시장에서 인기가 없었다. 그리고 통일벼가 퇴장하고 한 세대 넘게 지난 오늘날에도, 도시 소비자의 쌀에 대한 선호의 기원을 추적하다 보면 그것이 통일벼의 기억과 결부되어 있음을 알 수 있다. 특히 통일벼 재배가 특정 지역에 편중되었다는 사실이 통일벼에 대한 기억이 형성되는 데 결정적인 역할을 했고, 그것은 "쌀을 배불리 먹고 싶다"는 일차적인 욕구가 충족된 이후 "맛좋은 쌀을 먹고 싶다"는 욕구가 분출되는 과정에서 소비자의 선택에 큰 영향을 미쳤다.

1970년대의 통일벼에 대한 기억이 1980년대 이후 소비자의 선택과 연결되는 가장 중요한 고리는, 농민의 통일벼 수용 양상이 전국적으로 고르지 않고 지역에 따라 큰 편차를 보였다는 사실이다. 〈그림 19〉가 보여주듯 통일벼는 남부지방에서는 압도적인 우세 품종이었지만, 중부지방에서는 최

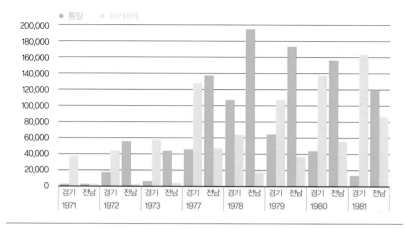

〈그림 19〉 경기도와 전라남도에서 통일형 품종과 아키바레의 재배면적 비교(단위는 헥타르), 1971~1973년 그리고 1977~1981년.
(자료: 『농림통계연보』의 해당 연도 「벼 품종별 재배 면적」 항목을 토대로 글쓴이가 작성)
* 1974~1976년은 품종별 재배면적 통계가 집계되지 않아 생략하였음.

전성기인 1970년대 말의 두세 해를 빼고는 일반벼의 대표 품종이었던 아키바레에 비해 확연히 열세였다. 1977년 녹색혁명 완수 선언에 고무된 행정 당국이 행정력을 집중함으로써 1978년 경기도에서도 통일형 품종의 재배면적이 아키바레를 앞질렀지만, 바로 그해 도열병 파동이 일어나는 바람에 통일벼의 우위는 단 한 해에 그치고 말았다. 전두환이 강제농정 철폐를 공언한 1980년 이후에는 아키바레가 경기도를 사실상 평정하게 되었다. 이에 비해 전라남도는 통일벼 재배 초창기인 1972년부터 적극적으로 통일벼를 수용하는 양상을 보였다. 통일벼의 전성기인 1970년대 말에는 사실상 통일벼 일변도였고, 박정희 정권이 종식되고 강제농정이 철폐된 뒤에도 아키바레의 재배가 늘어나기는 하지만 통일벼가 여전히 우세하였다. 특히 1978년의 '노풍 파동'에서 가장 큰 피해를 입었던 지역이 전라남도였던 것을 감안하면, 1979년 이후에도 통일벼의 우위가 유지되는 것은 일견 놀라운 일이다.[8] 〈그림 19〉에서는 편의상 전라남도만을 분석했지만 남부 지방의 다른 농업지대도 비슷한 양상을 보인다. 전남의 뒤를 이어 경북, 충남, 전북, 경남 순으로 통일벼 재배면적이 넓었다.

중부와 남부에서 통일벼의 수용 양상이 이렇게 크게 차이가 나는 까닭은 무엇일까? 우선 자연적 요인을 생각해볼 수 있다. 통일벼는 인디카 계열의 다수확품종을 한국의 기온과 일조량에서도 자랄 수 있도록 개량한 것이므로, 비록 어버이였던 아열대 품종에 비해서는 추위에 잘 견딜 수 있었지만 여전히 따뜻한 곳에서 더 좋은 작황을 보여주었다. 통일벼 보급을 위해 농민을 교육시킬 때 가장 강조했던 기술 중 하나가 이른 봄 모를 키울 때 못자리에 비닐을 씌워 "보온못자리"를 만드는 것이었다는 점에서도 드러나듯이, 계절에 따른 한랭의 차이가 큰 한반도에서 통일벼를 재배하려면 상당히 많은 품을 들여야 했다. 상대적으로 봄과 가을의 기온이 높은 남부지방에서는 그나마 통일벼가 큰 문제없이 안착할 수 있었다. 그러나 경기도 지역으로의 보급은 순탄치 않았다. 농촌진흥청은 경기도 등 중부지방에서 통일벼의 재배 확대를 노리고 중부지방의 기후에 적합한 통일형 신품종을 개발하는 데 많은 공을 들였으나, 후술하듯이 결국 성공하지 못했다.

경기도 평택의 농민 신권식과 전라북도 창평의 농민 최내우의 일기를 비교 분석한 문만용의 연구에 드러나듯, 농민들은 이와 같은 지역의 환경 생태적 차이를 잘 알고 있었다. 평택의 신권식은 정부가 장려한 통일형 신품종이 "우리 지방에선 맞지 않는"다는 것을 알았고 "아주 싫어한 신품종"이었지만, "정부에서 강요를 해서 마지못해" 재배할 수밖에 없었고, 결국 "냉해가 심하여 아주 붉어지며 죽은 모가 아주 많"아 한 해 농사를 망치는 낭패를 겪었다. 그에게 "동네의 신품종 이외 [재배]하는 농가에 대해선 수단과 방법을 가리지 않고…… 모판을 벗기고 파헤치"는 면사무소 직원의 폭력은 전혀 정당성을 가질 수 없는 것이었다.[9]

이에 비해 전라북도의 최내우가 남긴 일기에는 강제농정에 대한 서술이 드물다. 물론 최내우도 1978년 호남을 휩쓸었던 노풍 파동으로 피해를 보았고, 자신이 운영하는 도정공장에 정부가 미맥혼합기 장착을 강제하는 것에 대해 불만도 있었지만, 정부가 장려한 품종을 재배하여 다수확상을 받는 등 대체로 협조적인 관계를 유지했다.[10] 물론 개인의 일기에는 개인의 정치적 성향이나 사회적 지위 등 여러 요소가 반영되어 있으므로 이 두 사례로 지역 농민의 정서를 일반화하는 것은 무리이지만, 노풍 파동 이전까지는 호남 지역에서 경기도에 비해 통일형 신품종 재배를 둘러싼 논란이 적었음은 다른 자료들로 확인할 수 있는 바와 대체로 일치한다.

한편 통일벼가 종래 한반도에서 재배되던 자포니카 품종들과 유전적으로 상이하다는 것이 지역에 따라서는 장점이 되기도 하였다. 기존 품종에 비해 냉해에는 취약하지만 특정 병충해에는 강한 면모를 보여주기도 했기 때문이다. 특히 한국에서 벼의 수확량을 감소시키는 가장 큰 원인이었던 도열병에 대해 통일벼는 높은 저항성을 자랑했다. 통일벼는 1970년대 중반까지 한반도에 퍼져 있던 도열병 균계에 대해 고도의 저항성을 보였다. 통일벼 보급 이후 남부지방의 농민들과 농학자들 사이에서는 1971년부터 1977년까지는 도열병 방제를 잊고 살았다는 이야기가 나올 정도였다. 도열병의 병원체는 여러 균계가 공존하기 때문에, 통일벼가 1978년 이후 새로운 균계에 이병화되었다고 해도 여전히 기존의 균계에 대해서는 자포니카 품종에 비해 높은 저항성을 유지하였다. 통일벼는 이런 점에서 호남 지역의 농민들에게는 단순히 수확량이 높다는 것 이상의 매력을 지닌 품종이었다. 그리고 전라남도 지역은 통일벼가 보급되기 전에도 기후와 병충해 등의 지역적 요인으로 여타 지역과는 주 재배 품종이 달랐는데, 이 또한 통일벼라는 새로운 품종을 쉽게 받아들일 수 있었던 배경으로 보인다.

환경생태적 요인 못지않게 중요했던 것이 경제지리적 요인이었다. 이에 대해 설명하려면 다시 자연적 요인, 즉 통일벼라는 품종의 독특함으로 돌아가야 한다. 통일벼는 인디카 품종에 바탕을 두고 있기 때문에 그 형태나 맛도 자포니카보다는 인디카에 가까웠다. 쌀알의 형태는 길고, 아밀로스 함량이 높아서 조리했을 때 표면에 윤기도 적고 씹었을 때 찰기가 적은 편이었다. 이러한 특징들은 한국인이 역사적으로 선호해온 '좋은 쌀'의 특징, 즉 짧고 둥근 모양과 조리했을 때 나타나는 표면의 윤기와 차진 맛 등과는 상반되는 것이었다. 비록 기호라는 것은 절대적 기준이 있는 것이 아니라 사회적으로 학습을 통해 형성된 것이기는 하지만, 한국이라는 좁고 균질적인 시장 안에서 소비자들이 선호하지 않는 모양과 맛의 쌀은 푸대접을 받을 수밖에 없었다. 소비자가 선호하지 않음에 따라 통일쌀은 시장에서 자포니카 품종의 통칭 '일반미'에 비해 현저히 낮은 가격에 거래되었다.

시장에서 통일벼가 외면당할 위기에 빠지자 정부는 통일벼 재배를 유도하기 위해 추곡수매제도를 동원했다. 추곡수매제도는 조봉암이 제1공화국 농림부장관으로 재임하던 중 농민 권익을 보호하기 위해 만든 것이었지만, 1960년대 말까지는 정부의 매입가가 시장가격을 밑돌았기 때문에 농민들의 외면을 받고 있었다. 그런데 통일벼가 전국적 규모로 재배되면서 시장가격이 기대를 밑도는 쌀이 다량으로 시중에 나올 상황이 되자, 그때까지는 인기가 없었던 추곡수매가 농민들에게 이로운 제도로 새롭게 주목받게 되었다. 정부는 통일벼 재배를 권장하기 위해 1973년부터는 추곡수매를 할 때 통일벼를 우선 매입하고, 수매등급도 1등급 우대 적용한다고 발표하였다. 그 결과 1970년대 중후반의 추곡수매는 거의 전량 통일쌀로 충당되었다.[11] 국가는 통일벼 재배를 선택한 농민들에게 영농자금 융자나 농약 배급 등 농협을 통해 집행되는 각종 혜택을 받는 데 우선권을 주고, 가을에는 추곡수매로 통일쌀을 사들임으로써 일거에 상당한 양의 현금 수입을 보장해주었다. 사실상 증산정책에 협조적인 농민들이 국가를 파트

너로 삼아 통일벼를 계약재배하는 것과 마찬가지 상황이 된 것이다.

그러나 이와 같은 국가와의 계약재배를 모든 농민이 환영했던 것은 아니다. 국가와의 계약체제 외부에서 국가가 약속한 것보다 더 큰 경제적 이득을 얻을 수 있다면, 농민들은 여러 가지 정치적 부담을 지더라도 외부의 가능성을 선택하기도 했다. 일반벼, 즉 통일벼가 아닌 자포니카를 재배할 경우 눈에 보이는 수확량은 적지만 높은 시장가격을 기대할 수 있었고, 정부의 추곡수매만을 기다리지 않아도 자유롭게 수확물을 처분할 수 있었다. 특히 경제성장과 더불어 아키바레와 같은 고품질 쌀에 대한 소비자 수요가 점점 높아졌기 때문에, 시간이 흐를수록 국가가 제시하는 것보다 유리한 조건을 시장에서 맞출 수 있게 되었다. 더욱이 정부가 제시하는 추곡수매가격은, 비록 통일형 신품종에 대해 등급 우대를 적용한다고 해도 늘 생산비에 비해 모자라다는 논란에서 자유롭지 못했다.[12] 따라서 추곡수매 외의 판로를 확보할 수 있다면 굳이 정부의 추곡수매만을 바라보고 통일벼를 재배할 이유가 없게 된 것이다.

그런데 이런 선택을 하려면 '시장'이라는 것이 실제로 가까이 활용 가능한 선택지로 존재해야 한다. 다시 말해서, 농민들이 몸담고 있는 경제지리적 여건에 따라 국가와 시장 사이를 저울질할 수 있는지, 아니면 국가와 손을 잡는 것 말고는 선택의 여지가 없는지가 갈렸던 것이다. 호남 지역은 큰 소비시장이 주변에 없는 데다가 일제강점기 이래로 쌀의 품질이 낮게 평가되어왔기 때문에, 멀리 있는 시장보다는 가까이 있고 각종 우대 시책을 펴는 국가의 행정기구에 의존하는 것이 여러모로 합리적인 선택이었다. 이에 비해 경기 지역은 서울이라는 가장 큰 소비시장에 인접해 있었고, 기왕에 고급미의 생산지로 명성을 얻고 있었기 때문에, 일반벼를 억제하는 정부보다는 아키바레에 높은 값을 쳐주는 민간 도매상과 거래하는 편이 이익이었다. 경기도 지역의 미곡 도매상들은 아키바레 등 인기 품종을 "입도선매(立稻先賣)"하는 방식으로 사실상 사적 영역에서 계약재배를 시도하기도 했다.

남부지방의 농민들이라고 통일벼에 불만이 없는 것은 아니었다. 노풍(호남)이나 래경 또는 밀양23호(이상 영남) 등 새로 보급한 통일형 신품종이 문제를 일으켰을 때 그 손해를 온몸으로 떠안아야 했던 것도 남부지방의 농민들이었고, 이에 대한 불만도 적지 않았다. 그래도 앞서 본 통계에서 알수 있듯 이들은 통일벼와 깨끗하게 결별하지는 못했다. 크고 작은 문제가 끊이지 않았음에도 불구하고 취약한 지방의 시장경제를 감안하면 추곡수매의 틀을 벗어나는 선택은 쉽지 않았던 것이다. 국가기구의 관성과 비교할 수 있을 만큼 시장의 힘이 성숙하지 못했기 때문이다. 이에 비해 경기지역의 농민들은 상대적으로 선택의 폭이 넓었고, 그들은 점점 시장에서 원하는 아키바레를 선호하게 되었다.

'유신벼'의 실패와 통일형 신품종 북상의 좌절

전국적으로 통일벼를 선봉에 세워 녹색혁명의 바람을 일으키려는 정부의 입장에서는 경기도의 아키바레는 눈엣가시 같은 존재였다. 아키바레의 명성이 갈수록 높아지면서 신품종 재배에 협조적이었던 농민들조차도 자신들이 소비할 벼는 아키바레로 심는 일이 허다했다. 전국적 증산운동에 피로감을 느낀 농민들이 늘어난 1970년대 말에는 농촌지도 공무원들이 통일형 신품종을 심지 않는 농민에게 폭력을 행사하는 일이 잦아졌다. 이 때 문제의 발단이 된 품종은 어김없이 아키바레였고 문제가 일어난 지역은 대부분 경기도였다. 앞서 "강제농정" 논란을 통해 살펴보았듯, 통일벼 재배를 강권하던 읍사무소 직원이 이미 심은 아키바레 모를 뽑아버린 사건을 비롯하여, 경기도와 충청도 등 중부지방에서 아키바레 못자리를 공무원이 훼손하는 일이 여러 차례 보고되었다.

행정적 강제만으로는 농민의 선택을 바꾸는 데 한계가 있었기 때문에, 농촌진흥청은 경기도에서 아키바레를 대체할 수 있는 통일형 품종의 개발에도 많은 공을 들였다. 특히 통일(IR667)의 후예로 1974년 육성 완료된 '유신'(이리317호)은 "외형적인 미질과 식미가 종래 일반품종에 비해 손색이 없는 양질 내만식다수성" 품종으로 자랑스럽게 홍보되었다.[13] '양질'이란 밥맛이 좋다는 뜻이고, '내만식(耐晩植)'이란 보통 품종보다 늦게 심어도 정상적인 수확을 얻을 수 있다는 뜻으로, 이 문맥에서는 남부지방보다 추운 중부지방에서 재배가 가능하다는 뜻이다. 즉 '유신'은 기존의 '통일'의 한계였던 밥맛과 내랭성을 보완한 차세대 품종이었다. 농촌진흥청은 체제의 이름 '유신'을 내세울 만큼 이 품종에 거는 기대가 컸다. 전라북도의 농촌 공무원은 유신벼 시험단지의 대로변에 "통일벼로 통일, 유신벼로 유신"이라는 표어를 써 붙이고 충성 경쟁에 나서기도 했다.[14]

그러나 유신벼는 민간에 확대 재배를 개시한 1976년 곧바로 치명적 결점을 드러내었다. 앞서 다룬 바와 같이, 여름이 되자 질소 과다에 의해 일어나는 줄무늬잎마름병(紋枯病)이 경기도 지역의 유신벼를 강타하였다. 수확기가 가까워질수록 피해 지역도 늘어났는데, 전체 피해 면적 7,843헥타르 가운데 경기도가 6,229헥타르를 차지하여 유신을 집중 보급했던 경기도에 피해가 집중되었다.

농촌진흥청은 전체 유신 재배면적에 비하면 피해 면적은 극히 일부라는 점을 강조하고 유신벼를 계속 보급하겠다는 의사를 밝혔다.[15] 그러나 피해가 집중되었던 경기도는 농민들의 항의를 피하기 위해서 별도 보상대책을 마련하고, 1977년부터는 유신을 장려품종에서 제외하겠다고 공식 발표하였다.[16] 경기도에서 유신의 실패는 다른 지방에도 영향을 미쳤다. 유신의 재배면적은 1977년에는 23만3천8백 헥타르로 줄어들더니 1978년에는 10만 2천여 헥타르, 1979년에는 5만3천6백 헥타르 등 매년 절반 가까이 쪼그라들어서 채 5년을 채우지 못하고 한국의 논에서 사라지고 말았다. 자랑스럽게 내세웠던 품질도 기대에 미치지 못했다. 앞서 일기를 인용한 전라북도 창평의 최내우는 통일벼 장려정책에 비교적 협조적인 농민이었음에도 불구하고, 1977년 재배해본 유신벼에 대해 "며느리도 먹지 않으려" 했다며 그 품질을 낮게 평가했다.[17]

초헌법적 긴급조치가 횡행하던 1970년대 말의 엄혹한 상황에서, 비록 그것이 벼 품종의 이름이라 해도 "유신이 실패했다"는 식의 이야기가 보도될 수는 없었다. 따라서 유신벼의 실패는 전국적으로 회자되지 않고, 노풍 파동에 비하면 상대적으로 주목을 받지 못한 채 잊혀졌다. 그러나 1976년 마디썩음병의 피해가 집중되었던 경기도에서는 이야기가 달랐다. 유신의 성급한 보급과 그에 따른 피해를 경험했던 경기도 농민들은 통일형 신품종에 대해 더욱 회의적으로 돌아섰다. 통일벼는 북상의 기회를 놓친 직후인 1978년 노풍 파동을 기점으로 전국적으로도 퇴조하기 시작했고, 경기도에서 아키바레의 우위는 되돌릴 수 없이 확고해졌다.

이처럼 지역적 편차를 함께 고려하면, 통일벼의 기억도 지역에 따라 여러 가지 다른 모습을 하고 있음이 드러난다. 경기도에서 통일벼의 기억을 말한다면 그것은 사실상 "통일벼에 시달렸지만 살아남아 융성한 아키바레의 기억"일 것이다.

새롭게 창조된 경기미 신화:
아키바레에 대한 동경과 "임금님 쌀" 전설의 습합

유신체제가 무너지고 통일벼의 생산과 소비를 강제하는 정부 정책이 철폐되자 생산자뿐 아니라 소비자도 빠르게 움직였다. 1970년대를 거치며 소득 수준이 크게 높아진 대도시 소비자를 중심으로 '경기미'에 대한 수요가 폭발적으로 늘어났다. 1979년에 이미 부유층이 무공해 쌀을 기준 수매가의 두 배 가까운 가격에 계약재배하여 먹는다는 이야기가 언론에 개탄조로 보도되기도 했다.[18] 1983년에는 통일쌀이 대부분인 정부미 가격은 떨어지는데도 일반미 가격은 겨우내 30퍼센트 가까이 급등하는 '일반미 파동'이 일어나기도 했다. 정부는 정부미 소비 촉진을 위해 공무원 봉급의 일부를 '정부미 쿠폰'으로 지급하기도 하고, 음식점에서 정부미 사용을 강제하기도 했다. 일반미 선호는 곧 아키바레 선호였고, 아키바레는 경기도에서 특히 널리 재배되고 있었으므로, 일반미 선호는 이내 경기미에 대한 역사적 기록들과 접목되어 '경기미 열풍'으로 진화해나갔다. '경기미 열풍'은 1980년대 중반 미군부대 상점의 칼로스(Calrose) 유출과 더불어 상류층의 사치를 상징하는 사건으로 언론의 지탄을 받기도 했다. 하지만 일단 불붙은 고품질 쌀에 대한 소비자의 욕망은 쉽게 가라앉지 않았다. 일부 양곡상들은 이를 악용하여 호남산 아키바레를 싸게 매입한 뒤 평택·이천·여주 등지에서 소분하여 '경기특미'로 둔갑시켜 서울에서 팔아 막대한 이익을 거두었다.[19]

홍미로운 것은 '경기미 열풍'이 단순히 1970~80년대 당시 아키바레라는 품종이 다른 품종에 비해 우수했기 때문에 생겨난 것이 아니라는 점이다. 경기미를 찾는 소비자들과 파는 상인들은 "경기도는 조선시대부터 임금님께 진상하는 쌀의 산지"라는 역사적 기록에서 비롯된 광휘를 아키바레에 덧씌웠다. 이천과 여주 지역의 이른바 '자채(紫彩)쌀'이 조선시대에 왕궁에 진상된 것은 사실이지만, 품종을 따지면 이들 재래종 쌀은 일제가 1920년대에 재래종 종자를 수집했을 때에도 이미 사라져 전하지 않고 있었다. 근대 생물학에서 말하는 품종의 개념을 받아들이기 전에 붙인 이름이므로, '자채'라는 이름이 특별한 유전적 형질을 공유하는 벼의 집단을 말하는 것인지, 아니면 그냥 벼의 특정한 성질을 묘사하는 말에 불과한 것인지조차도 알 수 없다. 즉 '자채쌀'이라는 이름만으로는 우리가 "옛날에 임금님께 진상된 쌀"에 대해 얻을 수 있는 정보는 사실상 거의 없다.

이에 비해 일본 아이치(愛知)현에서 1950년대 중반 개발되어 1969년 한국에 도입된 아키바레는 이미 실전된 한국 재래종 벼와는 물론 아무 관계가 없다. 그럼에도 불구하고 "임금님께 진상한 경기미"라는 이름으로 아키바레가 입지를 넓혀가는 것에 대해서 소비자들이나 미곡상 어느 쪽도 문제를 제기하지 않았다. 통일벼를 앞세운 강제농정의 강권 시기에 정부가 기어이 뿌리 뽑으려 했고 반대로 농민들은 정부의 탄압에도 불구하고 기어이 재배하려 했다는 사실은, 그 자체로 아키바레가 뛰어난 벼임을 보증해주는 훈장으로 여겨졌다. 아키바레는 이와 같은 가까운 과거의 기억에다 조선시대 진상미의 생산지인 경기도에서 생산되었다는 먼 과거의 기억을 버무려 자신의 자산으로 삼았다. 통일벼의 기억은 '경기도의 아키바레'가 전국 소비자들에게 일종의 원(原)브랜드로 자리 잡는 밑거름이 된 것이다. 따라서 한국 최초의 브랜드쌀이 1995년 "임금님쌀"이라는 이름으로 상표를 등록한 경기도 이천산 아키바레였다는 사실은 우연이 아니다. 오늘날에도 아키바레와 그것을 개량한 '새추청'은 가정용 쌀 소매시장에서 가장 인기 있는 품종 가운데 하나다.[20]

"정부미"의 낙인과 호남미의 분투

경기미의 인기가 오르는 만큼 호남미는 통일쌀과 같은 것으로 인식되어 그 인기가 떨어졌다. 1970년대 호남 지방은 통일벼 재배에 앞장섰고 실질적으로 증산을 선도했지만, 동시에 통일벼가 시장에서 받았던 낮은 평가를 그대로 물려받았다.

사실 호남은 한반도에서 으뜸가는 곡창지대였지만, 호남의 쌀은 예로부터 질적으로는 높은 평가를 받지 못했다. 역사적으로 호남은 쌀의 수요보다 공급이 많은 지역이었으므로 호남미는 서울을 비롯한 다른 지역으로 원거리 수송되는 일이 잦았다. 근대 이전에는 수확 후 처리와 보관 및 운송기술이 발달하지 않았기 때문에, 원거리로 유통되는 쌀은 산지에서 바로 소비하는 쌀보다 품질이 떨어질 수밖에 없었다. 일제강점기에는 조선총독부가 산미증식계획을 추진하면서 호남은 품질은 떨어지지만 값싼 쌀을 한반도와 일본 전역에 공급하는 기지라는 인식이 자리 잡게 되었다. 군산항의 번성에서도 알 수 있듯 호남미의 상당량이 일본으로 반출되었고, 이렇게 일본 시장에 들어간 '조선미'는 저가미 시장을 형성하여 일본 도시의 쌀값이 오르지 않도록 하는 역할을 맡았다. 품질보다는 가격이 조선미를 대하는 일차적인 기준이었으므로 조선미, 그중에서도 주력이었던 호남미의 품질에 대한 인식은 상당히 낮게 형성되었다. 이 밖에 해방 후에도 1960년대까지 호남 지역의 수확 후 처리기술이 낙후되어 젖은 쌀이 팔려 나갔던 것도 호남미에 대한 인식이 개선되지 않는 하나의 이유가 되었다.[21]

해방 후에도 호남미의 품질에 대한 인식은 크게 나아지지 않았다. 전국적으로 쌀의 품질보다는 우선 생산량을 늘리는 일이 급선무였으므로 쌀의 품질에 대한 이야기 자체가 뒷전으로 밀려나 있었다. 더욱이 일제강점기와 마찬가지로 호남미가 높은 생산량과 낮은 가격으로 쌀 시장을 지탱하는 역할을 계속 떠안아야 했기 때문에, 호남미의 시세가 전국 쌀 시세의 최저선을 알려주는 지표처럼 인식되기에 이르렀다. 물가 동향을 알리는 뉴스에는 쌀값을 가장 비싼 '경기미 상등'과 가장 싼 '호남미'로 나누어 보도하는 것이 보통이었다.[22] 그러다 보니 물가를 유지하기 위한 정부시책이 호남미 가격에 대한 통제로 이어지기도 했다. 호남에서는 이에 불만을 품고 호남미 가격을 올려 받기 위한 운동을 전개하기도 했다. 서울시내에서 소비되는 쌀의 절반이 호남미인데도 "무조건 호남미는 경기미보다도 한 가마당 1천환 내외를 싸게" 도매상에게 넘겨야 했고, 그 결과 "호남지방의 농민들에게 연간 400~500억이라는 경제적 손실을 가져오게" 되었던 것이다. 이를 개선하고자 전라남도 당국에서 "전남미 반출 동업조합"을 조직하고 서울 시내에 "전남미 판매 직매소" 등을 설치하기도 했다.[23] 그러나 1960년대가 되어도 상황은 개선되지 않아, "경기미가 좋다는 말에 호남미를 경기미에 섞어서 파는 행위는 거의 공공연한 사실"이라는 이야기가 신문 지상에 수시로 오르내렸다.[24]

통일벼는 호남미에 대한 이러한 기존의 인식을 더 악화시켰다. 앞서 지적했듯이 민간보다는 정부에 의존할 수밖에 없었던 호남의 경제지리적 여건도 호남 지방의 통일벼의 기억이 왜곡되는 또 하나의 이유가 되었다. 추곡수매를 통해 확보한 정부비축미는 쌀값 안정을 위해 최장 5년까지 보관하고, 이후 군경 등에서 단체급식으로 소비되거나 시중에 헐값으로 유통되었다. 즉 대도시 소비자들이 구입할 수 있었던 정부비축양곡, 속칭 '정부미'는 길게는 5년 묵은 통일쌀이었다. 통일쌀은 햅쌀로 먹어도 일반미만 못하다는 평가를 받고 있었으므로, 정부미는 더 낮은 품질이라는 평판을 면할 수 없었고 이윽고 궁핍의 상징과 같은 낱말이 되고 말았다.[25] 정부미가 되고 만 통일벼가 주로 호남에서 재배되었다는 사실은 호남미에 대한 편견과 결부되었다. 호남 지방은 한반도의 곡창이었음에도 불구하고 쌀의 품질에서는 줄곧 좋은 평가를 받지 못했는데 통일벼의 성쇠를 거치면서 그 편견은 더 심화되었다고 볼 수 있다.

도시 소비자들이 "호남미는 통일쌀"이라는 인식을 갖게 되면서, 1980년대 통일벼가 퇴장한 뒤에도 호남산 쌀은 시장에서 평가절하되는 의도치 않은 손해를 입어왔다. 실은 1980년대 강제농정이 철폐된 이후 호남은 경기도 다음으로 아키바레를 널리 재배하는 지역이기도 했다.[26] 하지만 호남미에 대한 편견 때문에 호남산 아키바레는 제값을 받지 못했다. 앞서 소개한 "가짜 경기미" 사건에서도 볼 수 있듯이, 원산지를 속여 파는 과정에서 호남 농민들에게 돌아갈 수 있었던 돈이 미곡상의 호주머니로 들어가는 일도 잦았다.

호남 지역의 농민들이 1990년대 초반까지도 통일벼를 계속 재배했던 것은 이와 같은 호남 지역판 '통일벼의 기억'을 염두에 두어야 온전히 이해할 수 있다. 통일벼가 남부지방에서 상대적으로 안정적인 다수확을 올려주기도 했지만, 멀리 있을 뿐 아니라 호남미의 가치를 인정해주지 않는 시장보다는 추곡수매라는 틀을 유지하는 국가에 의지할 수밖에 없었던 것이 호남 지역의 선택이기도 했다. 하지만 그 선택은 사람들의 인식 속에서 호남과 통일벼를 더 긴밀하게 묶음으로써 장차 또 다른 제약을 낳았던 것 또한 현실이다.

품종, 지역 그리고 브랜드

경기도 이천의 "임금님쌀"이 1995년 최초의 브랜드쌀로 선을 보인 이래 쌀의 브랜드화는 지배적인 흐름이 되어왔다. 특히 쌀 소비가 줄어드는 추세를 되돌리기 어려운 상황에서, 브랜드화를 통해 인지도를 높이면 부가가 치도 높일 수 있으리라는 기대가 크다.

그러나 너도나도 브랜드화에 뛰어드는 바람에 현재 전국의 브랜드쌀은 무려 2천 종이 넘어갔다. 소비자단체 등에서 "고품질 브랜드쌀"이나 "우수 브랜드쌀" 등을 선정하기는 하지만, 브랜드의 홍수 속에서 브랜드화를 통해 인지도를 높인다는 취지도 희미해져버리고 말았다.

이렇게 브랜드화가 어수선하게 진행되어온 이유 중 하나는 대부분의 브랜드가 역사적으로 타당성을 획득함으로써 자연스럽게 형성된 것이 아니라 특별한 근거나 연관성 없이 임의적으로 만들어낸 것이기 때문이다. 일본의 우수 브랜드는 고시히카리와 같은 품종명, 또는 니가타현 우오누마시와 같은 지역명이 포함되어 있는 경우가 많다. 즉 소비자가 브랜드명을 보면 품종이나 재배지역에 대한 대략적인 정보를 얻을 수 있고, 유명 품종이나 유명 지역인 경우 그에 따른 스토리텔링까지 기대할 수 있다. 그러나 한국의 브랜드쌀 가운데 품종이나 지역과의 연관성을 앞세운 경우는 많지 않다. 강원도의 "철원 오대쌀" 같은 것이 품종과 지역을 모두 브랜드에 담아낸 경우지만, 이와 같은 브랜드쌀은 오히려 예외라 할 만큼 소수에 불과하다. 경기도 이천의 "임금님쌀"이나 여주의 "대왕님쌀"은 조선시대 진상미라는 이야기의 힘에 기대고 있으며 간접적으로 지역을 내세우고 있다. 그러나 가장 인기 있고 높은 값을 받은 경기도의 브랜드쌀도 막상 품종에 대해서는 거의 소비자들에게 알려주는 바가 없다. 아키바레(추청)인지 새추청인지, 포장을 열심히 훑어보지 않는 한 알기 어렵다.

쌀 시장이 품종보다는 브랜드 위주로 재편된 현재, 시중에서 진행되는 브랜드화의 방향은 경기미와 호남미의 서로 다른 처지를 반영한다. 경기도산 브랜드쌀과 비교할 때 호남산 브랜드쌀은 정반대의 전략을 취한 것으로 보인다. 호남산 브랜드쌀은 호남산임을 전면에 내거는 경우가 드물

고, 산지에 대한 정보를 가급적 줄이거나 '땅끝마을'(해남산)과 같이 간접적인 정보만을 주는 경우가 많다. 대신 '히토메보레(ひとめぼれ)'와 같이 일본에서 이미 성공한 품종을 들여와서, 산지보다는 품종의 명성에 기대 브랜드화를 꾀하고 있다. 호남산 브랜드쌀 중 시장에 고가로 안착한 "한눈에 반한 쌀"은 전라남도 해남산이지만, 지역을 강조하기보다는 히토메보레라는 품종명의 뜻을 그대로 한글로 옮겨 브랜드 이름으로 내세우고 있다.

이에 비해 경기미는 일본의 브랜드 품종을 들여오는 경우에도 경기도산임을 강조하고 있다. 2007년 출시한 "농심 고시히카리 쌀밥"과 같은 제품은 즉석밥 시장에서 후발주자의 불리함을 극복하기 위해 '경기도산 고시히카리쌀'을 전면에 내세우는 승부수를 던졌다. 광고가 일본 품종을 지나치게 강조했다는 논란을 야기했음에도 불구하고, 농심 고시히카리 쌀밥은 "임금님쌀"의 고장인 경기도와 일본 최고의 인기 품종인 고시히카리라는 두 개의 브랜드에 힘입어 시장에 진입하는 데 성공했다.

호남미의 '탈지역형' 브랜드화 전략은 현재까지는 성공하고 있는 것으로 보인다. 2003년부터 농림부의 후원을 받아 한국소비자단체협의회가 브랜드쌀의 품질을 평가하고 있는데, 여기에서 호남미가 계속해서 좋은 평을 받은 것이다. 2003년에는 품질 상위 12개 브랜드 가운데 4개가 호남미, 3개가 경기미였지만 2004년에는 상위 12개 브랜드쌀 가운데 6개가 호남산이었다.[27] 물론 품질에서 높은 평가를 받았다는 것이 소비자에게 인기를 얻고 시장에서 제값을 받는 것으로 바로 이어지지는 않는다. 하지만 적어도 "호남미는 양은 많지만 품질은 낮다"는 인식이 바뀌어가고 있으며, 지역색을 흐리는 브랜드화가 그 계기를 마련해주고 있는 것으로 보인다.

앞으로 이에 대한 소비자의 선택을 추적하는 것은 향후 흥미로운 과제가 될 테지만, 통일벼 재배의 지역적 차이와 그에 따라 지역별로 다르게 구성된 통일벼의 기억이 오늘날까지도 농촌경제와 도시의 소비생활에 영향을 미치고 있다는 점은 주목할 만하다.

분식의 두 모습: 쌀의 열등한 대체품인가, 서구 문화의 총아인가

그런데 호남미와 경기미 모두 피해갈 수 없는, 더 강력한 도전이 있다. 쌀 소비가 꾸준히 감소하여 이제 쌀 생산 기반 붕괴를 염려해야 하는 상황이 된 것이다. 1980년대 초반을 기점으로 쌀 수요는 지속적으로 감소하였다. 1970년대 녹색혁명이 추진되던 시기에는 강력한 쌀 소비 억제정책이 전제되어 있었기 때문에, 쌀이 증산된 만큼 소비 억제를 느슨하게 해주면 곧바로 증산된 쌀이 소비되었다. 그런데 1인당 연간 쌀 소비량은 1982년 156.2킬로그램으로 최고점을 찍은 뒤, 이후 감소를 거듭하였다. 다시 말해 1980년대 초까지는 없어서 못 먹던 쌀을 양껏 먹고자 하는 욕구가 강했다면, 그 뒤에는 쌀에 대한 갈망을 풀었으니 다른 것을 먹고자 하는 욕구가 강해진 것이다. 이와 같은 욕구의 다변화는 국민소득의 성장과 더불어 그 속도가 빨라졌다. 1인당 연간 쌀 소비량은 1990년에는 119.6킬로그램, 2000년에는 93.6킬로그램으로 줄어들더니 2012년에는 70킬로그램을 밑도는 69.8킬로그램까지 떨어졌다. 가장 높았을 때의 절반을 밑돌 정도로 쌀 소비가 감소한 것이다.

이렇게 쌀이 한국인의 식생활에서 차지하는 위상이 흔들리는 가운데, 밀의 위상도 서서히 변화해왔다. 밀에 대한 기억은 크게 두 갈래로 형성되어나갔다. 한편으로는 쌀의 열등한 대체재로, 다른 한편으로는 쌀과 경쟁하는 것이 아니라 전혀 다른 범주인 "양식"으로 한국인의 식생활에서 자기 자리를 점해나갔다.

한반도에 자생 밀은 있었다. 뒷날 멕시코와 인도의 녹색혁명을 이끈 "난쟁이 밀"의 육종 재료로 노먼 볼로그가 이용한 반왜성 밀 "노린(農林)10호"는 일제강점기 수집된 한반도 "앉은뱅이 밀"의 유전자를 이어받은 것이기도 하다. 그러나 이런 역사에도 불구하고 한반도는 밀농사의 최적지는 아니다. 특히 중부이남 사람들에게 밀은 손쉽게 구하기 어려운 곡식이었다. 경상도 제사상에는 밀국수가 오르는데, 이는 밀이 그만큼 귀한 별미로 대접받았다는 뜻이기도 하다.

하지만 근대로 넘어오면서 한국인에게 밀은 진귀한 별미보다는 쌀의 부족을 가리기 위한 값싼 대체제라는 새로운 의미를 갖게 되었다. 미국으로부터 다량의 밀가루 원조를 받게 되면서, 한국 정부는 쌀 부족과 가격 변동을 값싸게 수입한 밀가루로 해결하려고 하였다. 그런데 문제는 한국인이 밀가루 음식에 익숙하지 않다는 점이었다. 지금까지 주식으로는 먹어오지 않았던 것을 어떻게 익숙하게 할 것인가? 서양식 빵을 보급하는 방법도 있었으나, 빵은 식사로서의 "밥"에 대한 한국인의 기대와는 거리가 있는 음식이었고, 끼니보다는 간식으로 받아들여졌다. 이를 극복하기 위해 정부는 연예인을 앞세운 지면이나 영상광고를 통해 국수나 빵으로 한 끼를 해결할 수 있다는 것을 되풀이하여 선전했다. 그리고 국무회의에서는 각 동·읍에 "분식센터"를 한 곳 이상 설치하여, 만두와 칼국수 등 한국인이 거부감 없이 먹을 수 있는 분식 식단을 개발하여 권장하고 판매할 것을 결정하기도 했다. 또 '분식의 날'을 정하여 일반 식당에서는 수요일과 토요일에는 분식만을 팔게 하기도 하였다.

이와 같은 분식 권장의 결과 한국인이 식사로 인정하는 분식 메뉴가 하나둘씩 생겨나게 되었다. 면류를 많이 취급하는 중국음식점은 분식 권장 정책의 혜택을 입은 업종으로 볼 수 있다. 특히 한국인의 입맛에 맞게 변형된 짜장면은 분식 장려정책과 맞물려 저렴한 한 끼 식사의 입지를 확고히 하였다. 또한 인스턴트라면도 이 시기 한국 시장에 선을 보여 큰 인기를 끌었다. 삼양식품이 1963년 일본 묘조(明星)식품의 라면 기계 두 대를 들여와 국내에서 처음으로 라면 생산을 시작했다. 이윽고 일본식 닭고기 스프에서 벗어나 쇠고기 스프에 매운 맛을 더해 한국인의 입맛에 맞춘 라면을 생산하여 큰 인기를 끌었다. 한국 소비자들은 처음에는 라면을 낯설게 여겨 꺼렸다고 하나, 삼양식품이 길거리 시식회를 여는 등 적극적인 홍보에 나서 차츰 라면을 식사 대용품으로 받아들이게 되었다.

그러나 꾸준한 국가의 장려에도 불구하고, 분식집은 식생활 개선이라는 원대한 목표를 이루지 못했다. 오늘날 분식집이라고 하면 그저 싸게 한 끼 식사를 해결하는 곳을 뜻하게 되었다. 심지어 분식집의 메뉴에서 분식이 주인공도 아니다. 분식집 메뉴에는 라면과 함께 된장찌개 백반이나 순두부 백반과 같은 싸고 간단히 먹을 수 있는 밥과 반찬 종류가 나란히 적혀 있다. 이처럼 한식화된 분식으로 한식을 개선하려는 시도는 성공하지 못했다. 한식의 틀 안에서 분식은 밥의 열등한 대체재를 넘어서지 못했기 때문이다.

밀가루 음식의 위상이 올라간 것은 이와는 전혀 다른 경로를 통해서다. 즉 쌀로 만드는 한국음식에서 쌀만 밀가루로 바꾸면 열등한 대체재가 되지만, 처음부터 밀가루로 만들게 되어 있는 서양 음식은 밥의 열등한 대체재가 아니라 전혀 다른 범주의 음식, 즉 서양 문화로, 배워야 할 것으로 받아들여졌다. 1980년대 말 햄버거와 피자 프랜차이즈가 대도시의 젊은이와 어린이를 중심으로 조금씩 사업을 확장하기 시작했고, 스파게티를 필두로 파스타도 1990년대부터는 조금씩 세력을 넓혀갔다. 한국의 피자는 1980년대 초반까지는 미군부대 주변이나 고급 이탈리아식당 등에서 제한적으로 소비되는 특이한 음식으로 인식되었으나, 1985년 미국의 다국적 프랜차이즈 피자헛(Pizza Hut)이 이태원에 점포를 열면서 한국에 본격적으로 진출하기 시작했다. 이후 1988 서울올림픽과 이듬해의 해외여행 자유화 등을 계기로 서양식 요리에 대한 인식이 넓어지면서 피자와 파스타 등은 빠른 속도로 대중화되었다. 1990년대 말이 되면 파스타나 피자는 완전히 한국의 외식시장에 뿌리를 내리게 되었다. 이들은 처음부터 밥 대신 먹는 것이 아니라 밥을 제쳐두고 먹어봐야 하는 우월한 서구 문화의 일부로서 들어왔다. 따라서 칼국수나 만두가 밥보다 비싼 일이 용납되지 않았던데 비해 햄버거 세트나 파스타는 손쉽게 밥보다 높은 값을 받고 팔릴 수 있었다.

한국인에게 여전히 낯선 음식이었던 빵도 차츰 저변을 넓혀갔다. 서울의 빵집 상미당(1945년 설립)은 1959년 삼립산업제과주식회사로 기업의 틀을 갖춘 뒤, 1964년부터 크림빵을 양산하여 큰 호응을 얻었다. 이에 따라 1966년에는 외국에서 제빵기기를 도입하여 빵 양산 전문업체로 기반을 다지고, 전국적인 유통망을 갖추게 되었다. 1972년에는 자회사로 한국인터내셔날식품(주)을 설립하여 고급 빵 시장을 개척하기 시작했는데, 이 회사는 1977년 샤니로 이름을 바꾸어 삼립과 함께 국내 빵 시장을 양분하였다. 고급 빵을 찾는 수요의 확대에 부응하여, 샤니는 1980년대 "파리크라상"(1986)과 "파리바게트"(1988) 등의 브랜드를 신설하여 기존의 양산 빵과 차별화된 프랜차이즈 제과점의 시대를 열었다. 비슷한 시기 "크라운베이커리"(1988 설립, 2013 폐업)도 빵과 케이크 시장의 고급화를 함께 이끌었다.

그 결과 밀의 1인당 연간 소비량은 1970년 13.8킬로그램에서 2011년에는 35킬로그램까지 증가하여 쌀의 절반에 육박했다. 게다가 1970년대 중반 이후로 밀, 육류, 과채, 낙농품 등의 소비가 크게 증가한 결과, 최근의 통계에 따르면 더 이상 한국인의 유일한 주식이라고 하기 어려울 정도로 쌀이 식생활에서 차지하는 비중이 줄어들었다.

맺음말

쌀이 바꾼 사람

"하얀 이밥이 독이 됩니다" 대 "한국인의 대표 에너지, 쌀"

1935년 《동아일보》 기사는 "하얀 이밥이 독이 됩니다"라는 자극적인 제목을 뽑았다.[1] 하지만 "하얀 이밥이 독"이 된다는 주장은 악의적인 왜곡에 가깝다. 이는 전쟁 준비를 위해 쌀의 수탈을 강화하던 일제가 각기병에 대한 의학 지식을 교묘히 비틀어 마치 보리나 밀이 쌀보다 몸에 좋다는 식으로 선전한 것이었다. 이 선전이 1960~70년대 한국에 다시 나타났음은 앞에서 말한 바 있다. 이처럼 일제강점기 말부터 뒤로는 한국전쟁까지 이어지는 굶주림의 경험은 한국 민중들에게 쌀에 대한 염원을 강하게 각인시켰고, 혼분식에 대한 원초적 기억을 형성하기도 했다.

한편, 2000년대의 공익광고는 정반대의 메시지를 전한다. "한국인의 대표 에너지, 쌀"이라는 제목의 공익광고는 아침식사를 거르고 나선 학생과 직장인들의 피곤한 모습을 보여주고, 뒤이어 김이 모락모락 피어오르는 윤기 어린 흰쌀밥을 보여주면서 아침식사를, 그것도 빵이나 시리얼 같은 것이 아니라 흰쌀밥으로 든든히 먹고 하루를 시작할 것을 권하고 있다. 물론 아침식사가 영양학적으로 중요하다는 것은 사실이지만, "독"이 된다던 흰쌀밥을 몇 십 년 만에 건강한 아침식사의 대표 이미지로 내세우게 된 곡

〈그림 20〉 정덕근, "하얀 이밥은 독이 됩니다", 《동아일보》 1935년 3월 12일. 쌀이 모자라던 시절, 흰쌀밥을 먹는 것은 이기적인 일로 도덕적 지탄을 받았을 뿐 아니라 건강을 해치는 일이라는 경고의 대상이 되기도 했다.

〈그림 21〉 공익광고 "대한민국 대표 에너지, 쌀"(2005). 하루 생활에 필요한 에너지를 얻기 위해 아침에 밥을 먹고 나갈 것을 권하는 광고인데, 이 광고가 보여주는 밥은 불과 20년 전까지만 해도 사회적 지탄의 대상이 되고 방송에 나오지 않았었던 순수한 흰쌀밥이다.

절은 한번쯤 생각해볼 만한 일이다.

한국의 쌀은 한국인이 바랐던 것의 결정체

지금까지 살펴보았듯, 근현대 한국 사회에서 쌀이란 인간이 수동적으로 거두어 먹는 자연물이 아니다. 농사는 자연을 무대로 그 한계 안에서 이루어지는 활동이지만, 인간의 지혜와 노동을 고도로 짜임새 있게 담아낸 인공적 활동이기도 하다. 어떤 벼를 어떤 곳에 심을 것인가, 그렇게 길러낸 벼를 어떻게 먹을 것인가, 더 잘 먹기 위해 지금 재배하는 벼를 어떤 방향으로 바꾸어나갈 것인가 등, 우리 입에 들어오는 쌀밥의 이면에는 수많은 궁리와 노력이 숨어 있다.

한국인의 주식이 쌀이라지만, 한국인의 벼 품종에 대한 관심은 높은 편은 아니다. 밀을 주식으로 하는 이들은 밀의 종류에 따라 다양한 제분법과 조리법을 고안해냈고, 거꾸로 빵이나 과자나 국수 등 만들고자 하는 음식의 종류에 적합하도록 품종을 개량했다. 그 결과 오늘날 밀가루로 음식을 하는 이들은 고도로 세분화된 품종과 밀가루의 집합 안에서 다양한 선택을 할 수 있게 되었다. 한편 쌀을 주로 낱알 그대로 먹는 아시아 사람들은 선택의 폭이 다소 줄어드는데, 인디카와 자포니카가 사정이 조금 다르다. 인디카 쌀은 향기가 맛의 중요한 부분을 차지하기 때문에, 인디카 쌀을 소비하는 동남아시아 시장에서는 향기의 유무와 강도에 따라서 쌀 시장이 세분화되어 있다. 이에 비해 자포니카 쌀은 대체로 향기가 없고 찰기와 씹는 조직감 등에 따라 소비자의 선호가 갈린다.

그중에서도 한국 시장에서 아직 품종에 따른 소비가 정착되지 않은 것은 어째서일까? 지금까지 살펴본 품종의 역사가 그에 대한 실마리가 될지도 모른다. 한국에서 벼의 근대적 육종은 식민지 시기 일본인 과학자들의 손으로 시작되었다. 당연하게도 품종개량의 목표는 양을 최대한 늘리는 것이었고, 그렇게 증산된 쌀은 대부분 일본으로 빠져나갔다. 당시 사람들도 "밥맛 좋은 쌀"을 원하기는 했으나, 일단은 매 끼니 쌀밥을 먹는 것부터가 쉬운 일이 아니었으므로 품질에 대한 고민은 뒷전으로 밀릴 수밖에 없었다.

해방 후에도 쌀의 공급이 수요를 밑도는 상황이 나아지지 않았기 때문에 품종개량의 목표는 여전히 최소 필요량을 확보하는 데 맞춰져 있었다. 비료 감수성을 높이는 것이건 병충해 저항성을 높이는 것이건 추위를 잘 견디게 하는 것이건, 궁극적으로는 생산량의 확보를 위한 것이었다. 국가는 생산량을 높이기 위해 신품종을 비롯해 각종 기술을 개발하고 보급했지만, 농민들이 기대했던 만큼 협조하지 않는 경우에는 농민을 국가의 뜻에 맞추어 움직이게 하기 위해 각종 수단을 동원했다. 효과적인 기술을 동원하고 농민의 이해와 국가의 이해가 일치하는 경우에는 이러한 노력들이 하나의 초점으로 모여서 눈에 띄는 성과를 낼 수 있었지만, 동원한 기술이 적절치 않거나 농민의 이해와 국가의 이해가 엇갈린다면 농민과 국가 사이에는 긴장과 충돌이 일어나기도 했다. 1973년에서 1977년까지의 통일벼 보급은 앞의 사례에 해당하는 것으로 볼 수 있다. 획기적 다수확품종으로 설계된 통일벼는 여러 조건이 맞을 경우 농민과 국가가 모두 원하던 풍성한 수확을 보장할 수 있었고, 국가는 추곡수매를 통해 농민에게 만족할만한 보상을 되돌려줄 수 있었다. 그러나 1978년 이후로는 농민과 국가의 이해가 엇갈리게 되었다. 농민들은 통일벼의 불안정성과 낮은 시장성 때문에 더 이상 재배하기를 원치 않았고, 국가는 농민들에게 가장 큰 보상이었던 추곡수매를 전과 같은 규모로 더 이상 유지할 여력이 없었다. 한때 환영받았던 통일벼가 원망의 대상이 된 것은 이처럼 당사자들의 이해관계와 그들을 둘러싼 조건이 바뀌었기 때문이다.

통일벼를 앞세운 녹색혁명의 시대가 지나가자, 쌀의 품종에 따라 품질을 따져 생산하고 소비할 수 있는 여지가 열린 듯했다. 그러나 통일벼 일변도의 농정에 대한 반작용으로 "정부미 대 일반미"라는 새로운 구도가 형성되었고, 그에 따라 일반미 안의 다양한 품종의 차이가 부각될 기회가 사라져버렸다. 통일벼 재배가 종식된 지도 20년이 지났지만, 아키바레나 고시히카리와 같은 소수의 인기 품종을 제외하고는 대다수의 자포니카 품종은 아직도 소비자들에게는 그저 "일반미"일 뿐이다.

그리고 오늘날의 쌀 시장은 브랜드는 많지만 품종은 보이지 않는 형태로 재편되어가고 있다. 경기도의 "임금님쌀"처럼 역사를 통해 형성된 브랜드를 제외하면 브랜드쌀은 지자체의 홍보 수단처럼 인식되는 경우가 많고, 품종이나 지역과의 정합적인 연관성을 확보한 브랜드는 많지 않다. 지역에 따라 고유한 품종을 재배하는 것이 아니라 몇 가지의 인기 품종이 전국을 과점하고 있는 현실에서는, 품종이 브랜드와 결합하는 일은 앞으로도 쉽게 보기 힘들 듯하다. 이처럼 지역 특색을 반영한 품종보다는 전국 규모의 인기 품종에 의해 쌀 시장이 주도되어나가는 것 또한 이 책을 통해 살펴본 역사의 귀결일 것이다. 전면적인 신품종 보급을 통해 전국적인 증산을 꾀했던 것이 1920년대부터 1980년대까지 되풀이되어온 한국의 벼 품종의 역사이기 때문이다.

쌀은 우리에게 무엇이 될 것인가?
우리는 쌀에게 무엇이 될 것인가?

쌀 소비가 줄어드는 추세는 앞으로도 당분간 되돌릴 수 없을 듯하다. 이와 같은 식생활의 변화 앞에서 쌀에 대한 우리의 기억도 새롭게 구성되는 것이 불가피할 것이다. 이미 공익광고 등에서는 쌀의 영양학적 가치를 홍보하고 쌀밥을 많이 먹을 것을 권장하는 이야기가 넘치고 있다. 이런 서사에는 '신토불이'로 대표되는 쌀에 대한 민족주의적 기억이 가득 담겨 있는데, 사실 이러한 민족주의적 기억과 애착은 현실에 존재하는 것이라기보다는 그것을 갖지 못한 젊은 세대에게 새롭게 만들어 주입되고 있는 것에 가깝다. 한편, 불과 30년 전에만 해도 백미의 해로움을 강조하고 혼식과 분식의 영양학적 장점에 대해 홍보하는 서사들이 지배적이었다. 그 서사의 영향을 받으며 성장한 이들이 갖고 있는 밥에 대한 기억은 "한국인의 대표 에너지, 쌀"과 같은 공익광고에서 순백의 갓 지은 밥을 서슴없이 보여주는 것과도 국지적으로 충돌한다.

"한국의 녹색혁명"을 통해 만성적인 쌀 부족을 벗어난 오늘날 한국 사회의 모습은 쌀이 모자랐던 시절 흰쌀밥을 배불리 먹는 것이 소원이었던 사람들이 상상했던 것과는 사뭇 다를 것이다. 1970년대에 흰쌀밥만 찾는 것은 사치일 뿐 아니라 주변 사람들과 국가 시책을 생각지 않는 이기적인 행위였으며, 자신의 건강을 망치는 어리석은 짓이었다. 그런데 오늘날은 남아도는 쌀을 처리할 방법을 찾기 위해 정부 관계자들이 머리를 싸매고, 논을 놀려두고 벼농사를 짓지 않으면 국가에서 보상을 해주며, 대중매체에서는 쌀의 영양을 강조하며 쌀을 많이 먹자고 연일 광고를 하고 있다. 앞으로 쌀에 대해, 밥에 대해 어떤 기억들이 새롭게 구성될 것인지는 계속해서 주시해야 할 것이다.

사람이 쌀을 만들고, 쌀은 다시 사람을 만든다. 쌀은 인간의 외부에 자연으로서 존재하는 것이 아니라, 인류 사회에 깊이 스며들어 있는 구성 요소이다. 따라서 쌀의 역사에 대해 이해하는 것은 그것을 만들어왔으며 또한 그것에 의해 만들어질 우리 자신을 이해하는 것이기도 하다.

〈주석〉

머리말 사람이 바꾼 쌀

1. Susan McCouch et al., "Genetic Structure and Diversity in Oryza sativa L," *Genetics* 169 (March 2005), pp. 1631–1638.
2. D. S. Brar and G. S. Khush, "Cytogenetic Manipulation and Germplasm Enhancement of Rice (Oryza sativa L.)," Ram J. Singh and Prem P. Jauhar eds., *Genetic Resources, Chromosome Engineering, and Crop Improvement*: Cereals, Volume 2 (CRC Press, 2006), pp. 118–123.
3. 키 작은 벼를 개발하여 벼의 녹색혁명에 중요한 역할을 했던 타이완의 육종학자 장테츠(張德慈 또는 T. T. Chang, 1927~2006)도 이 논쟁에 가담하여, 자포니카를 "시니카(Sinica)"로 바꾸고 제3의 아종 "자바니카(Javanica)"를 더하여 벼의 아종을 인디카, 시니카, 자바니카로 분류할 것을 제안하기도 했다. 허문회, "벼의 계통분류와 동북아시아로의 전파", 許文會 外, 『벼의 遺傳과 育種』, 서울大學校 出版部, 1986, 제11장, 426–427쪽.

제1장 농학의 제국, 제국의 농학(1905~1945)

1. 손정목, "세계 최대 화학공업도시 흥남의 형성, 발전과 종말", 『일제강점기 도시화 과정 연구』, 일지사, 1996, 577–579쪽.
2. 위의 글, 627쪽의 표 참조.
3. 姜在彦 編, 「朝鮮における日窒コンツェルン」, 東京: 不二出版, 1985, 254–258쪽.
4. 「化學工業」 1951년 1월호 32–33쪽에 실린 白石宗城의 글, 손정목, 앞의 글, 573쪽에서 재인용.

5. 위의 글, 577-579쪽 참조.

6. 藤島宇内, 「朝鮮における企業犯罪」, 「朝日ヂャーナル」 1972년 8월 18일호, 20-22쪽의 내용을 위의 글, 605쪽에서 인용한 것을 재인용.

7. 長野春利, 「『哀號!哀號!』の叫びと公害は一本の系」, 『潮』 1971년 9월호, 234쪽의 내용을 위의 글, 606쪽에서 인용한 것을 재인용. 참고로 여기서 "'아이고! 아이고!' 소리와 '공해'는 한 뿌리"라는 제목은, 조선인 수탈로 악명이 높았던 일질이 미나마타 공장에서의 수은 폐수 방류로 다시 한번 악명을 떨치게 되었음을 가리킨다. 유명한 '미나마타병'의 근원지가 바로 미나마타(水俣)현에 있는 일질 소유의 공장이었다.

8. 姜在彦, 앞의 책, 301-308쪽 참조.

9. 鎌田正二, 『北鮮の日本人苦難記: 日窒興南工場の最後』, 時事通信社, 1970, 414-416.

10. 렴태기, 『조선민주주의인민공화국 화학공업사(1)』, 69-76쪽에는 미국의 파괴행위와 그에 맞서 공장을 사수한 노동자들의 영웅담이 상세히 소개되어 있다.

11. 흥남 비료공장이 비날론 공장 건설을 통해 새로운 정체성을 얻는 과정에 대해서는 다음의 논문을 참조: 김태호, "리승기의 북한에서의 '비날론' 연구와 공업화―식민지 유산의 전유 과정을 중심으로", 『한국과학사학회지』 23, 2001, 111-132쪽.

12. 오카다 데쓰, 정순분 옮김, 『돈가스의 탄생: 튀김옷을 입은 일본근대사』, 뿌리와이파리, 2006.

13. 藤原辰史, "牛乳神話の形成―1960年代の食文化", 富永茂樹 編, 『転換点を求めて』, 世界思想社, 2009, 79-95쪽. 한편 삿포로농학교에서 식물학 등 과학 과목을 가르치던 미국인 교수 클라크(William Smith Clark)는 "소년들이여, 야망을 가져라(Boys, be ambitious)"라는 말로 일본 청년들의 가슴을 흔들어놓았다. 이 말은 뒷날 삿포로농학교를 계승한 홋카이도대학의 표어가 되었고, 어째서인지 한국인들에게도 널리 알려진 경구 중 하나가 되었다.

14. "리쿠우132호"를 육성할 당시의 온실 작업에 대한 회고가 藤原辰史, "稲も亦大和民族なり―水稲品種の『共榮圏』", 池田浩士 編, 『大東亞共榮圏の文化建設』, 人文書院, 2007, 206-207쪽에 소개되어 있다.

15. 쇼나이평야(庄内平野)는 일본 북부 야마가타현 북서부 해안의 평야지대를 일컫는다. 여름에는 산악지대를 넘어오면서 수분을 잃은 남동계절풍의 영향으로 고온 건조한 날씨가 지속되고, 겨울에는 시베리아기단의 영향으로 많은 눈이 내린다. 이런 기후 때문에 예로부터 곡창지대로 유명했다고 하며, 오늘날에도 일본의 주요 농업지대, 특히 벼의 주산지 중 하나다.

16. 가메노오는 이후 교배친으로도 애용되어, 많은 우량품종의 조상이 되기도 하였다. 오늘날 일본의 최고 인기 쌀 "고시히카리"와 "사사니시키"를 비롯하여, 일본 동북부 지방에서 재배하는 "양질, 양식미(良食味)" 쌀의 주요 품종은 대부분 가메노오를 조상으로 두고 있다. 菅洋[스게 히로시], 『稲—品種改良の系譜』, 東京: 法政大学出版局, 1998, 149-152쪽.

17. 위의 책, 121쪽. 신리키는 이후 정부 주도의 육종체제가 자리 잡은 뒤 각지 농사시험장에서 교배친으로도 널리 이용되었다. 그리고 신리키의 조생종인 "와세신리키(早神力)"는 뒤에서 다루듯 한반도에 널리 보급되어 초창기 일본 도입종의 보급을 선도했다.

18. 위의 책, 특히 第三章 "稲を創った人々—歷史への窓 · 庄内平野の民間育種"을 참조.

19. 일본에 멘델의 법칙을 처음으로 소개한 이는 삿포로(札幌)농학교의 호시노 유조(星野勇三)로, 1902년의 일이라고 한다. 藤原, "稲も亦大和民族なり", 208쪽.

20. 지방 시험장의 재래종 순계분리(純系分離) 사업은 1909(메이지42)년부터 1917(다이쇼6)년 사이에 착수되었다. 菅, 『稲』, 254쪽.

21. 위의 책, 156-158쪽. 가토는 뒷날 한반도의 권업모범장 장장으로 일하며(1926~1934) 한국 농업에도 큰 영향을 미쳤다.

22. 위의 책, 254쪽.

23. 이들이 대부분 중소농이었다는 점도 특기할 만하다. 예컨대 가메노오를 선발한 야마가타현의 농부 아베 가메지(安部亀治)는 논 10아르, 밭 70~80아르를 경작하던 소작농이었다. 藤原, "稲も亦大和民族なり", 209쪽.

24. 후지하라는 이처럼 농민이 농업기술의 주도권을 잃게 된 것이 1930년대 이후 농민이 국가 주도의 증산운동에 일방적으로 동원되는 "강권적인 농사"의 단초가 되었다고 비판적으로 평가하고 있다. 첨단과학을 동원한 육종기술이 지주-소작 관계를 비롯한 일본 사회 내부의 구조적 문제를 해결하는 데는 전혀 도움이 되지 않았다는 것이다. 특히 국가는 준국가조직인 농회(農会)를 통해 농민에게 내비성/다수확품종을 강요하였는데, 농회의 농사순회지도에는 경찰관이 곧잘 동행하여 "사아벨 농정"이라는 비판도 일었다. 위의 글, 195쪽.

25. 데라오는 일본에서 국가 주도로 만들어낸 최초의 성공적인 벼 품종으로 일컬어지는 "리쿠우(陸羽)132호"를 개발하여 이름을 얻은 저명한 농학자다.

26. 아홉 개의 권역은 효고현, 니가타현, 구마모토현, 미야자키현, 사이타마현, 기후현, 시마네현, 고치현, 홋카이도현이다. 藤原, "稲も亦大和民族なり", 218쪽.

27. 菅, 『稲』, 251-259쪽.

28. 위의 책, 254-255쪽.

29. 藤原, "稲も亦大和民族なり", 209-222쪽.

30. 朴來敬·林茂相, "韓國의 벼농사와 品種의 變遷", 허문회 외, 『벼의 유전과 육종』(서울 대학교출판부, 1986), 제10장, 382쪽.

31. 藤原辰史, "蓬萊米による「綠の革命」—磯永吉と台湾", 『稲の大東亜共栄圏—帝国日本 の「綠の革命」』, 吉川弘文館, 2012, 111-158쪽.

32. 박성래, 『한국사에도 과학이 있는가』, 교보문고, 1998, 241-242쪽; 김연희, 『한국 근 대과학 형성사』, 들녘, 2016, 124쪽.

33. 金度亨, "勸業模範場의 식민지 농업지배", 『한국근현대사연구』 제3집(1995), 139-206 쪽.

34. 朴來敬·林茂相, "韓國의 벼농사와 品種의 變遷", 앞의 글, 375-376쪽.

35. 金寅煥, 『韓國의 綠色革命: 벼 新品種의 開發과 普及』, 농촌진흥청, 1978, 19쪽.

36. 조동지는 무망(無芒: 이삭에 까끄라기가 없는) 다수확품종으로서 쌀알에 광택이 있 고 밥맛이 좋으며, 성숙기가 빠르고 또 짚은 새끼를 꼬는 데 적합하여 경기도와 충청 도 일원의 농가에서 큰 환영을 받았다고 한다. 李台宗, "朝鮮在來水稻品種同知の起 源(雜錄)", 『朝鮮總督府勸業模範場彙報』 2 , 1926, 4쪽; 永井威三朗·中川泰雄, "朝鮮 に於ける水稻の主要品種とその分布狀況", 『朝鮮總督府勸業模範場彙報』 5(1), 1930, 25-36쪽.

37. 勸業模範場, 『朝鮮稻品種一覽』, 수필본(手筆本); 박래경·임무상, "한국의 벼농사와 품종의 변천", 376-379쪽. 예를 들어 석산조는 1933년까지 『통계연보』에 수록될 만 큼 널리 재배되었다. 이에 대해 박래경 등은 더 많은 재래종이 더 널리 재배되었을 가능성을 제시하면서, "품종별 통계에…… 일부만 수록된 것은 일인들의 편견에 기 인한 것이 아닌가" 추측하고 있다.

38. 우대형, "일제하 조선에서의 미곡기술정책의 전개—이식에서 육종으로", 『한국근현 대사연구』 38, 2006, 4쪽. 스콧(James C. Scott)은 "전형적인 농민 생산자라면, 큰 벌 이는 되지만 모험적인 것을 시도하기보다는 자기를 파멸시킬지 모를 실패를 피하 는 쪽을 선택한다"고 갈파하면서 이 "안전 제일"원칙을 상세히 설명하고 있다. 제임 스 스콧, 김춘동 옮김, 『농민의 도덕경제: 동남아시아의 반란과 생계』, 아카넷, 2004 [James C. Scott, *The Moral Economy of the Peasant: Rebellion and Subsistence in Southeast Asia* (New Haven: Yale University Press, 1976)] 제1장 참조. 울긴(Wolgin)도 전통적 농민의 "목적함수"는 이윤 극대화가 아니라 경제적 생존임을 지적하고 있다. 즉 낮

은 생산력과 구조적 수탈에 시달리는 전통사회의 농민의 경우 안정적으로 생존을 유지하는 것이 가장 중요한 과제이고, 이는 더 많은 잉여를 축적하기 위해 농민의 증산을 독려하는 국가권력과 충돌할 가능성이 높다는 것이다. J. Wolgin, "Resource Allocation and Risk: A Case Study of Smallholder Agriculture in Kenya", *American Journal of Agricultural Economics* 54 (1975) 참조.

39. 소순열·이두순, "일제하 수도작 기술체계의 변화와 성격", 『농업사연구』 2(2), 2003, 96-100쪽.

40. 永井威三朗[나가이 이사부로], 「朝鮮に於ける米の品種」, 『朝鮮』 221 (1933. 10), 25쪽. 우대형, "일제하 조선에서의 미곡기술정책의 전개", 3-4쪽에서 재인용.

41. 김도형, "권업모범장의 식민지 농업지배", 185쪽.

42. 우대형, "일제하 조선에서의 미곡기술정책의 전개", 92쪽.

43. 盛永俊太郎[모리나가 슌타로], "育種の発展―稲における", 農業発達史調査会 編, 『日本農業発達史』 第九巻, 東京: 中央公論社, 1956, 173쪽.

44. 小早川九朗, 『朝鮮農業発達史―政策編』, 友邦協會, 1960, 221쪽. 우대형, 위의 글, 4쪽에서 재인용.

45. 藤田強[후지타 츠요시], 「水稲品種の変遷」, 『殖銀調査月報』 1940. 6, 4쪽. 우대형, "일제하 조선에서의 미곡기술정책의 전개", 4쪽에서 재인용.

46. 이에 대해 이이누마 지로(飯沼二郎)는 "원래 국립대학[제국대학] 출신의 일본인 농학자들은 일본의 농민을 멸시하는 경향이 강했는데, 그것이 일본인 일반의 조선인 멸시에 의해 한층 강화되어, 조선의 재래기술을 존중하려는 의식이 전혀 결여되어 있었다"고 비판하고 있다. 飯沼二郎, "高橋昇―朝鮮の農民に学んだ農学者", 『青丘』 1991. 9, 「特集·隣人愛の日本人」.

47. 소순열·이두순, "일제하 수도작 기술체계의 변화와 성격", 100쪽.

48. "쌀 파동" 또는 "쌀 소동"이란, 1917년 소비에트 혁명 후 일본이 시베리아 침략을 계획하자 그 정보를 입수한 미곡상이 시장에서 쌀을 매점하여 쌀값이 폭등하여 발발한 대중적 저항을 말한다. 暉峻衆三[테루오카 슈조] 編, 『日本の農業150年: 1850-2000年』, 東京: 有斐閣ブックス, 2003, 第4章 참조.

49. 加藤茂苞, "産米の増殖に就いて", 『朝鮮農会報』 1(1), 1927, 46쪽; 우대형, "일제하 조선에서의 미곡기술정책의 전개", 97쪽에서 재인용.

50. 朝鮮總督府農事試驗場, 『朝鮮總督府農事試驗場二拾五周年記念誌』上卷, 1931, 38쪽; 藤原, "稲も亦大和民族なり", 211쪽에서 재인용.

51. "朝鮮に於ける水稲陸羽132号栽培狀況", 『朝鮮總督府農事試驗場彙報』 6(3), 1932. 9., 240쪽; 藤原, "稲も亦大和民族なり", 212쪽에서 재인용. 한편 리쿠우132호가 다른 품종보다 좋은 성적을 올리려면 질소비료 사용량을 3배 이상으로 늘려야 한다. 즉 1920년대 후반 이후 차세대 품종의 도입은 일본 비료 기업의 한반도 진출과 떼어 생각할 수 없는 것이기도 하다.

52. "농업기술의 발전과정 및 전망", 『농업과학기술대전』 제1권, 수원: 농촌진흥청, 2002, 제3장, 79쪽.

53. 우대형, "일제하 조선에서의 미곡기술정책의 전개", 164쪽.

54. 위의 글, 100-101쪽.

55. 박래경·임무상, "한국의 벼농사와 품종의 변천", 384-387쪽. 한편 "팔굉"을 비롯하여 1930년대 중반 이후 육성된 품종들에 하나같이 군국주의적 색채가 짙은 이름이 붙었다는 것도 흥미롭다.

56. 소순열·이두순, "일제하 수도작 기술체계의 변화와 성격", 86쪽, 92-93쪽.

57. 嵐嘉一[아라시 카이치], 『朝鮮における日本の農業試驗研究の成果』, 農林統計協会, 1976, 114-115쪽.

58. 홍금수, "일제시대 신품종 벼의 도입과 보급", 58쪽.

59. 임무상, "수도작 기술", 98쪽.

60. 박섭도 1910년대에 비해 1920년대에는 완만하게, 1930년대에는 급격하게 농업생산성이 향상된다는 것을 보이고 있다. 박섭, "1912-1940년의 한국농업생산통계", 『경제학연구』 47(4), 1999, 83-99쪽.

61. 朝鮮總督府農林局, 『朝鮮米穀要覽』 각 호.

62. 면미는 밀가루와 메밀가루를 기계에 압축해 쌀알처럼 가공한 것을 말한다. 김환표, 『쌀밥 전쟁: 아주 낯선 쌀의 역사』, 인물과사상사, 2006, 37쪽.

63. 소순열·이두순, "일제하 수도작 기술체계의 변화와 성격", 97-99쪽.

제2장 되찾은 땅, 새로 짓는 벼(1945~1960)

1. 이호철, "임시토지수득세 부과", 한국농촌경제연구원 편찬, 『농정반세기 증언: 한국농정50년사 별책』, 농림부, 1999, 58-59쪽; 66쪽.

2. 김환표, 『쌀밥 전쟁』, 90쪽.

3. 강만길, 『한국자본주의의 역사』, 역사비평사, 2000, 288쪽.

4. 이호철, "미국 잉여 농산물 도입", 『농정반세기 증언』, 99-100쪽.

5. 김인환, 『한국의 녹색혁명: 벼 신품종의 개발과 보급』, 수원: 농촌진흥청, 1978, 15-16 쪽.

6. 대한화학회 편, 『우리화학계의 선구자: 제1편 안동혁 선생』, 자유아카데미, 2003.

7. 신동완, "농사교도법의 제정과 농사원 발족", 한국농촌경제연구원 편찬, 『농정반세기 증언: 한국농정50년사 별책』, 서울: 농림부, 1999, 105-106쪽.

8. 위의 글, 106쪽.

9. 신동완, 107-108쪽.

10. 한국농촌경제연구원 편찬, 『한국농정50년사』 제1권, 서울: 농림부, 1999, 701-702쪽. 한편 이 밖에도 메이시 보고서에는 "농업협동조합을 집중 육성할 것", "비료 공장을 설립할 것" 등의 건의 사항도 담겨 있었다. 신동완, "농사교도법의 제정과 농사원 발족", 109쪽.

11. 위의 글, 110-111쪽.

12. 『한국농정50년사』 제1권, 705-706쪽.

13. 김동희, "농촌지도체계 일원화와 농촌진흥청 발족", 『농정반세기 증언』, 210-214쪽.

14. 『농업과학기술대전』 총론 "제4장 농업기술 개발과 보급조직", 286-287쪽.

15. 박래경·임무상, "한국의 벼농사와 품종의 변천", 394-397쪽, 384-387쪽.

16. 이은웅·김광호·권용웅, "한국수도품종의 형태변이에 관한 연구—제2보 한국수도품종의 변천에 따른 외부형태 및 수량구성요소의 변이", 『한국작물학회지』 7(1), 1969, 71-78쪽.

17. 이은웅 외, "한국수도품종의 형태변이에 관한 연구—제2보", 71쪽.

18. 박래경·임무상, "한국의 벼농사와 품종의 변천", 388-389쪽.

19. 배성호, "수도육종에 있어서의 당면과제", 『한국작물학회지』 6(1), 1-2쪽.

20. 박래경·임무상, "한국의 벼농사와 품종의 변천", 405쪽.

21. 위의 글, 397쪽.

22. 고시히카리는 취약한 도열병저항성 등 여러 가지 단점이 많았지만, 오직 맛으로 인정받은 끝에 전후 일본의 벼농사를 지배하는 품종이 되었다. 酒井義昭[사카이 요시아키], 『コシヒカリ物語: 日本一うまい米の誕生』, 中央公論新社, 1997 참조.

1. "평화를 위한 원자력"의 국제정치적 의미에 대해서는 Ira Chernus, *Eisenhower's Atoms for Peace,* Texas A&M University Press, 2002; Kenneth Alan Osgood, *Total Cold War: Eisenhower's Secret Propaganda Battle at Home and Abroad,* University of Kansas, 2006 등을 참조. "평화를 위한 원자력"의 동기는 정치적인 것이었다. 미국은 소련의 핵무장이 실현되어 핵무기를 독점할 수 없게 되자, 더 이상의 핵무기 경쟁을 막으면서도 자신을 소련과 구별하기 위해 "평화"라는 의제를 선점하고 나선 것이다. 또한 원자력 기술을 선점한 미국이 원자력 발전 설비 기술 등을 다른 나라로 수출함으로써 냉전 시기의 체제 경쟁에서 우위를 차지할 수 있도록 길을 열어준 것이기도 하다.

2. "이사야서" 2장 4절.

3. 샤르바티 소노라는 볼로그(Norman Borlaug)가 개발하여 멕시코에서 "녹색혁명"의 주인공이 된 "소노라64"의 개량종이다. 소노라64는 붉은 빛이 돌아 인도인들이 외면했는데, 스와미나탄은 전리 방사선(ionizing radiation)을 쪼여 이를 호박색(amber)으로 바꾸었다. 샤르바티 소노라는 색깔뿐 아니라 단백질 함량도 높아 큰 성공을 거두었고, 방사선 육종의 성공 사례로 꼽혔다. Jacob Darwin Hamblin, "Let There Be Light ⋯ and Bread: the United Nations, the Developing World, and Atomic Energy's Green Revolution," *History and Technology* 25(1), 2009, p. 37.

4. FAO의 유전학자 실로우(Ronald Silow)는 IAEA가 원조 수혜국 국민에게 필요한 기술보다는 자신들의 이름을 높일 수 있는 기술을 보급하고 그 결과를 선전하는 데 골몰한다고 비판했다. 실로우는 결국 IAEA와 알력을 일으킨 끝에 조직에서 밀려나고 말았다. 실로우와 FAO, IAEA 사이의 논쟁에 대해서는 Hamblin, 위의 글 참조.

5. 權臣漢, "核技術의 農學的 利用 現況과 展望(I)", 『원자력학회지』 10(3), 1978, 182쪽; 185쪽. 참고로 SH30-21은 인디카 품종으로, 방사선 육종으로 만들어낸 최초의 실용 자포니카 품종은 일본의 "레이메이(レイメイ, 1966)"다. 이 품종은 한국에도 도입되었는데, 내랭성이 강화된 것이 특징이라서 중북부 산간지방에 주로 재배되었다.

6. "원자력硏 설립 50주년—(2) 기반 조성기(1970년대)", 《대전일보》, 2009. 2. 8. 한편 원자력연구소는 방사선 및 방사성동위원소를 이용한 기초과학 부문 및 응용과학 부문에 대한 연구에 주력함으로써 1966년 한국과학기술연구소가 설립될 때까지 한국의 대표적인 종합 과학기술연구소의 역할을 담당했다. 방사선의학연구소는 1962년 11월 설치된 원자력원 산하 방사선의학연구실이 1963년 12월 독립해 태어났다. 방사선의

학연구소에서는 암을 비롯한 각종 악성종양에 관한 연구, 암환자의 치료 및 암의 조기진단사업 등을 중점적으로 수행했다.

7. 송성수, "한국 과학기술활동의 성장과 과학기술자사회의 특징: 시론적 고찰", 『과학기술정책』14(1), 2004, 3쪽.

8. "학회 소개: 학회 연혁", 한국육종학회 홈페이지 (http://www.breeding.or.kr/sub01/sub04.html); "학회 소개: 학회 연혁", 한국식물생명공학회 홈페이지(http://www.kspbt.or.kr). 2017년 3월 1일 접속.

9. 방사선농학연구소, 『연구연보』의 각 호 참조.

10. 한창렬·원종락·최광태, "방사선에 의한 수도(水稻)의 단백질육종", 『한국육종학회지』 4(2), 1972, 113-122쪽. 한창렬의 연구 업적은 『연구논문일람』(미출간원고, c. 1975, 서울대학교 농학도서관 향산문고 소장)에 정리되어 있다. 한편 고단백 육종에 한창렬이 관심을 보인 것은 당시 이 주제가 국제적인 관심을 모으고 있었기 때문으로 보인다. 이른바 "제3세계"의 인구와 영양 문제에 대해 연구하던 국제기구들은 한정된 자원으로 제3세계 사람들의 영양 상태를 개선하기 위해서는 육식을 권장하는 것보다는 기존 곡물의 단백질 함량을 높이는 쪽으로 품종을 개량할 것을 권고했고, 1950~60년대에 이에 호응하여 라이신(lysine) 함량이 높은 밀과 옥수수 등이 개발되었다.

11. "방사선동위원소를 이용한 농업증산", 『1971년도 연구계획서』, 방사선농학연구소, 360쪽.

12. 이정행·박래경·이수관, "방사선에 의한 수도신계통 「밀양 10호」 선발에 관한 연구", 『한국육종학회지』 4(2), 1972, 123-131쪽.

13. 권신한, "핵기술의 농학적이용 현황과 전망(I)", 181-182쪽.

14. 단간다수성 품종 TN1(Taichung Native 1)을 개발하여 유명해진 IRRI의 대만 출신 육종학자 장테츠(T. T. Chang)는 IAEA와 협력하여 추진하는 방사선 육종 연구 사업의 성공 가능성에 대해 상당히 회의적인 보고서를 쓰기도 했다. T. T. Chang, "Hybridization versus Mutation in Rice Breeding", Folder 188, Box 19, Series 242D, Record Group 1.3, Rockefeller Foundation Archives, Rockefeller Archive Center, Sleepy Hollow, New York. 실제로 돌연변이 육종이 최근 다시 이용되고 있는 것은, 약품 처리 등으로 특정한 형질에 대해 돌연변이를 유발하는 것이 가능해졌기 때문이다. 고희종, 김태호·김효민과의 인터뷰, 2007. 5. 25.

15. "필리핀 원자로연구소"는 "필리핀 원자력연구소(Philippines Atomic Research Center)"

의 오기로 보인다. 현재 필리핀의 원자력 연구는 PNRI (Philippine Nuclear Research Institute)에서 담당하고 있다. http://www.pnri.dost.gov.ph/index.php 참조. 2017. 3. 1 접속.

16. "原子쌀 開發: 比서 品種改良에 成功", 《조선일보》, 1970. 6. 19, 4면.

17. "[램프 안팎] 「원자쌀」 만들어낸 필리핀 발렌시아박사 내한: 6개월간 쌀 품종개량 도 우려", 《조선일보》, 1970. 7. 4, 7면.

18. "食味와 耐病性 강한 「원자쌀」: 파르크-8 시험재배 하러온 발렌시아박사, 한국에 적 용될진 아직 미지수", 《조선일보》, 1970. 7. 7, 5면.

19. 논문들은 『연구연보』(원자력청 방사선농학연구실) 등의 한국 매체에 실리기도 했 으며, IAEA에 보고서 형태로 제출되기도 했다. 한국 토양에 대한 연구는 모두 8편 으로, 1972~73년 사이 대부분 심상칠과 공동 연구의 형태로 발표되었다. 한편 벼의 품종개량에 대해서는 발표된 논문이 없다. 논문 목록을 포함하여 발렌시아의 약력 과 연구 이력 등에 대해서는 필리핀의 "Scientists Database," Science and Technology Information Institute Web Database System (http://webdb.stii.dost.gov.ph/scidetails. jsp?sci_id=000461) 참조. 2009년 2월 25일 접속.

20. 필리핀에서 방사선 조사로 육성한 품종 가운데 PARC-1과 PARC-2는 실용화되었 다. 그러나 PARC-8에 대한 자료는 찾을 수 없는 것으로 보아 이 품종은 실용화되지 못한 것으로 보인다. Florencio-I. S. Medina III, Etsuo Amano, and Shigemitsu Tano eds., *FNCA [Forum for Nuclear Cooperation in Asia] Mutation Breeding Manual* (Tokyo: Japan Atomic Industrial Forum, 2005) 참조. FNCA 홈페이지(http://www.fnca.mext. go.jp/english/mb/mbm/e_mbm.html)에서 열람 가능. 2017. 3. 15 접속.

21. 나다의 후속 품종인 "기자(Giza)171"(Nahda/Calady 40)과 "기자172"(Nahda/ Kinmaze)는 1977년부터 보급되었으며, 1982년 현재 두 품종을 합하면 이집트 벼 재배의 90퍼센트 이상을 차지했다. Tantavi Badawi, "Rice Research Accomplishment in Egypt," *Cahiers Options Méditerranéennes* 24(2) (1997), pp. 105-116; Dana G. Dalrymple, *Development and Spread of High-yielding Rice Varieties in Developing Countries*, Washington D.C.: AID, 1986, p. 68.

22. "식량 자급(실록 박정희 시대: 18)", 《중앙일보》, 1997. 9. 11, 5면. 다만 1965년도 국정 감사 회의록을 살펴보면, 의원들이 질의 과정에서 "중앙정보부가 벼농사에도 신경을 쓴다니 좋은 일"이라는 취지의 이야기를 하고 있지만 김형욱이 직접 나다에 대해 언 급하지는 않고 있다. 이로 미루어보아 김형욱의 자랑은 질의에 앞서 업무보고를 할

때 있었던 것으로 보인다. 대한민국 국회, 『제6대 국회 1965년도 국정감사 내무위원회 회의록』, 10쪽 참조.

23. "식량 자급(실록 박정희 시대: 18)", 《중앙일보》, 1997. 9. 11.

24. 이완주, 『라이스 워』, 북스캔, 2009, 88쪽. 김광호는 1978년 건국대학교 교수가 되었고 2007년 정년을 맞았다.

25. "식량 자급(실록 박정희 시대: 18)", 《중앙일보》, 1997. 9. 11.

26. 1965년의 시험재배 성과에 대해서는 선유정, "과학이 정치를 만나다: 허문회의 'IR667'에서 박정희의 통일벼로", 『한국과학사학회지』 30권 2호, 2008, 420-421쪽 참조.

27. 이러한 비판적 견해는 당시 많은 농학자들이 공유한 것으로 보인다. 호남작물시험장에서 활동한 조정익도 희농1호의 시험재배에 대해 다음과 같이 신랄하게 비판하고 있었다. "일부 무정견한 외부세력에 의해서 1965년 熙農1호, 1968년 Calady-40 등의 전국단위 대형시험사업은 퍽 인상적이었으나 결과는 없었다." 조정익, "1960년대 수도육종과 녹조근정훈장", 『호남농업시험장 70년 뒤안길』, 익산: 호남농업시험장, 2000, 360쪽(강조는 지은이). 한편 "칼라디40"은 미국 캘리포니아에서 개발된 열대성 자포니카 품종이다.

28. "희농 1호. 李台現 교수 試作, 첫 수확대회, 농촌진흥청선 재배에 실패―보급에 문제점 많아", 《조선일보》, 1965. 10. 27, 3면.

29. "心農法 설명 청취. 朴대통령, 李台現 교수로부터", 《조선일보》, 1965. 11. 18, 1면 등. 단, "心農法"은 "심경(深耕)농법"을 기자가 오인하여 붙인 이름일 가능성도 있다.

30. "식량 자급(실록 박정희 시대: 18)", 《중앙일보》, 1997. 9. 11.

31. "농촌진흥청장 李台現씨 임명", 《조선일보》, 1966. 3. 27, 1면.

32. 대한민국 국회, 『제6대 국회 1966년도 국정감사 농림위원회 회의록(1966년 11월 9일)』, 6쪽. 한자는 지은이가 인용하면서 한글로 바꿈.

33. 위 문서, 17-19쪽. 이태현이 공개한 시험 성적은 박찬이 거론한 인천 모 대학의 시험 성적(8~8.6석, 1석당 144kg으로 환산하면 1152~1238.40kg)의 절반 정도밖에 되지 않는 것이다. 그런데 박찬이 인용한 수치는 비현실적으로 높은 것이다. 현미 기준으로 인용한 수치라면, 대개 도정했을 때 25퍼센트가 감쇄된다고 간주하므로 이태현이 인용한 실적은 대략 당시의 권장품종과 비슷한 수준(백미 기준 400kg 상회)으로 보인다. 이태현의 숨기는 듯한 답변 태도에 대해서는 농림위원장 대리인 김중한(金重漢) 의원(공화)도 이상하게 여겨 힐책하였다.

34. 위 문서, 23쪽.

35. "식량 자급(실록 박정희 시대: 18)", 《중앙일보》, 1997. 9. 11.

36. 대한민국 국회, 『제6대 국회 1967년도 국정감사 농림위원회 회의록(1967년 10월 29일)』.

37. "식량 자급(실록 박정희 시대: 18)," 《중앙일보》, 1997. 9. 11.

38. Robert F. Chandler, Jr., *An Adventure in Applied Science: A History of the International Rice Research Institute*, Manila: IRRI, 1992, pp. 52-53.

39. Nick Cullather, "Miracles of Modernization: The Green Revolution and the Apotheosis of Technology," *Diplomatic History* 28 (2), April 2004, pp. 231-236.

40. 이러한 생각은 연구소 내에서도 논란을 불러일으켰다. 하지만 연구소 수뇌부는 "최적 조건에서 좋은 수확을 내는 벼"와 "어디에 심어도 잘 자라는 벼"라는 두 가지 대립하는 구상 가운데 후자의 손을 들어주었다. Pamela Anderson Lee, Robert S. Anderson, and Edwin Levy, *Rice Science and Development Politics: Research Strategies and IRRI's Technologies Confront Asian Diversity (1950-1980)*, Oxford University Press, 1991, pp. 64-65. IR8의 높은 적응성은 IRRI가 그것을 "열대 벼의 T형 포드"라고 추억하는 데서도 드러난다. IRRI, *IR8 and Beyond*, Los Baños: IRRI, 1977, p. 1.

41. Cullather, "Miracles of Modernization," pp. 238-239.

42. 자세한 내용은 제4장 참조.

43. Chandler, *An Adventure in Applied Science*, p. 111.

44. Napoleon G. Rama, "Miracle Rice—Instant Increase," *Philippines Free Press* 6 August 1966; Cullather, "Miracles of Modernization," p. 243에서 재인용.

45. 1968년 미국 중앙정보국(CIA) 보고서에 따르면, IR8이 널리 재배되고 있지만 필리핀의 쌀 소비량에 비해 생산량은 여전히 10퍼센트 정도 부족했으며, 이는 IR8의 재배 전과 거의 달라지지 않은 상황이었다. Cullather, "Miracles of Modernization," p. 245 참조. IR8의 증산효과가 "수수했다(modest)"는 것은 IRRI에서도 인정하는 부분이다. Long Range Planning Committee, "Long Range Planning Committee Report," Los Baños: IRRI, 1979, p. 3; Lee et al., p. 69에서 재인용.

46. "比에 2배 증수 벼 종자: 2종 새로 공인", 《조선일보》, 1966. 11. 30, 3면.

47. 정근식은 작물시험장에서 재직 중 두 차례(1964. 2~4, 1965. 1~1966. 1) IRRI에서 연수했다. IRRI 부소장 워트만(Sterling D. Wortman)이 연구소 소개를 위해 한국을 방문했을 때 도열병 못자리 검정 시험 현장을 안내했는데, "IRRI에서도 좋은 방법으로

시험하고 있으니 연수할 것을 권유 받아" 첫 번째 연수를 떠나게 되었다고 회상하고 있다. 정근식, "한국과 IRRI의 초기 연구 협력", 『국제미작연구소의 단상』, 수원: 농촌진흥청, 2001, 12쪽.

48. "우리나라서 개발한 奇蹟의 볍씨 IR667", 《조선일보》, 1970. 6. 19, 4면.

49. 이는 벼 외의 작물에도 적용되는 이야기다. 예컨대 우장춘의 일생을 다룬 TV 다큐멘터리에서 결국 그의 인생을 평가하는 한 낱말로 뽑은 것이 다름 아닌 "독립"이었음은 의미심장하다. 김기용 연출, "씨앗의 독립—우장춘", KBS 인물현대사 제33화 (KBS 1TV, 2004. 2. 27 방영). http://www.kbs.co.kr/end_program/1tv/sisa/manhistory/vod/1310000_968.html 참조(2008. 11. 5 접속).

50. 박석홍, "1989년 농업연구기관상 및 1990년 농업연구상 수상 유감(有感)", 『호남농업시험장 70년 뒤안길』, 367쪽.

51. 같은 글, 367쪽.

52 菊池文雄, "韓国におけるイネ育種", 『育種学雑誌』 23(5), 1973, 271-272쪽; 菊池文雄, "韓国におけるイネ育種—その2", 『育種学雑誌』 25(1), 1975, 80-81쪽; 櫛淵欽也, "韓国の水稲育種(第三報)", 『育種学雑誌』 26(1), 1976, 62-66쪽. 인용한 부분의 번역은 지은이.

53. 櫛淵欽也, "韓国の水稲育種(第三報)", 65쪽. 번역은 지은이.

54. 太田保夫, "韓国における米穀自給達成に果した統一系新品種の役割", 『農業および園芸』 52(8), 1977, 1003쪽. 번역과 강조는 지은이.

55. Geun Sik Chung and Mun Hue Heu, "Improvement of Tongil-Type Rice Cultivars from Indica/Japonica Hybridization in Korea" 등 외국 독자를 상대로 한 글에서도 허문회 등은 "Tongil-type"이라는 용어를 계속 사용하고 있다.

56. 허문회, "벼의 계통분류와 동북아시아로의 전파", 428-429쪽.

제4장 "통일벼로 통일하고 유신벼로 유신하자"

1. 김인환, 앞의 책, 49-50쪽

2. "'未熟品種'에 겹친 天災", 《조선일보》, 1972. 10. 11, 4면.

3. "통일벼 피해 1억5천만원 보상: 농휴기 생산에 79억원 투입", 《조선일보》, 1972. 11. 18. 1면.

4. "농림부 통일벼 재배 자유화: 자연조건 무시로 부작용 많아",《조선일보》, 1973. 1. 25, 4면. 한편 김인환은 1972년의 냉해를 보고 허문회(직접 이름을 언급하지는 않고 있으나 "통일벼 육성에 가장 깊이 관여한 대학교수"로 지칭)가 급격한 확대보급의 부작용을 우려했다고 언급하고 있어 흥미롭다. 대학의 농학자와 농촌진흥청의 행정가의 입장 차이를 엿볼 수 있는 대목이다. 김인환,『한국의 녹색혁명』, 103-105쪽.

5. 김인환,『한국의 녹색혁명』, 120-121쪽.

6. 전세창, "다수확 신품종 보급",『농정반세기 증언』, 372쪽.

7. 沈永根, "統一벼와 綠色革命",《조선일보》, 1974. 5. 22, 2면. 다만 이 말은 해방 후에 국한된 이야기로 보인다. 식민지시기인 1937년에는 긴보즈가 전체 논의 30퍼센트를 웃도는 50만 헥타르에 재배된 일도 있기 때문이다(1935년의 총 벼 재배 면적은 165만6천 헥타르였다).

8. 김인환,『한국의 녹색혁명』, 116-119쪽. 이와 같은 소문은 이 책에 실린 경남 거창군의 농촌지도사 김영선의 수기(1977년 11월)에 실려 있다.

9. "통일벼 段當생산량 감소: 작년보다 8kg… 지도 소홀",《조선일보》, 1974. 12. 11, 2면.

10. 김인환,『한국의 녹색혁명』, 136쪽.

11. "쌀 절약 호소에서 강제로",《중앙일보》, 1974. 12. 6, 6면.

12 하지만 소비자들은 7분도 쌀을 사다가 집에서 다시 찧어 먹기 위해 돌절구까지 동원했다. 이 때문에 돌절구 수요가 급증하여 일시적인 품귀 현상을 빚기도 했다. 김환표,『쌀밥 전쟁』, 154-157쪽.

13 김인환,『한국의 녹색혁명』, 123-125쪽.

14. 임구빈. "르뽀: 「統一」벼에서 「魯豊」까지",『신동아』 1978년 11월호, 189쪽.

15. 김인환,『한국의 녹색혁명』, 167쪽.

16. 당시 새마을운동에 대한 평가에서는 농민의 자발적 참여가 강조되었지만, 사실 자발적으로 참여할 수 있었던 것은 하루 이틀 노동력을 무상 공급해도 생계에 지장이 없는 중소농 이상의 계층이었다. 이에 비해 하루하루의 노임이 큰 의미를 지닌 빈농층은 새마을 사업 참여를 부담스러워했다는 증언들이 있다. 한국정신문화연구원 편,『근대화전략과 새마을운동』, 백산서당, 2001 참조.

17. 김인환,『한국의 녹색혁명』, 205쪽.

18. 안성진, "韓國農村社會의 葛藤樣相에 관한 研究 : 카톨릭 농민운동의 사례", 서울대학교 대학원 인류학과 석사학위논문, 1986, 특히 제3절을 참조. 한편 4-H클럽 운동 등 농촌 단체의 성과를 강조하는 쪽에서는 1970년대 증산왕의 절반 이상이 4-H 회

원이었음을 강조하기도 한다. "농업인력 및 경영체 육성", 『한국농정 50년사』 제4장.

19. 김영미, 『그들의 새마을운동』, 푸른역사, 2009, 159-162쪽.

20. 임구빈, "통일벼에서 노풍까지", 188-189쪽.

21. 도별 증산왕의 논농사 면적은 경기 0.9, 강원 0.8, 충북 0.5, 충남 1.8, 전남 0.3, 경북 0.5, 경남 0.8헥타르 등이었다. 특히 충북, 전남, 경북 증산왕은 경지 규모상 영세농으로 분류할 수 있다. 『새마을 소득증대 표준영농교본 32: 성공사례(식량증산편)』, 농촌진흥청, 1976에 실린 수기들을 참조.

22. 정순기, "과학 영농으로 이룩한 보람", 위의 책, 45-51쪽.

23. 심영근, "통일벼와 녹색혁명", 《조선일보》, 1974. 5. 22.

24. 전세창, "다수확 신품종 보급", 『농정반세기 증언』, 372쪽.

25. 김종덕, "찰 농군의 별명을 듣기까지", 『성공사례(식량증산편)』, 24-31쪽. 산업화 시기의 군대 경험이 농촌의 세대교체에 중요한 역할을 했음은 다른 연구자들도 지적하고 있다. 김영미, 『그들의 새마을운동』, 155-156쪽 참조.

26. 김인환, 『한국의 녹색혁명』, 88쪽.

27. 김사중, "협동으로 이룬 갯벌의 꿈", 『성공사례(식량증산편)』, 88-89쪽에 계약서의 내용이 전재되어 있다.

28. "통일벼 재배 전 농지 50%로─崔珏圭농수산 보고, 농지 98만 정보 확정, 밀 증산연구", 《조선일보》, 1976. 1. 30, 1면.

29. 김인환, 『한국의 녹색혁명』, 51쪽.

30. 趙守衍·田炳泰·崔海椿, "實用品種에 導入되고 있는 有用形質", 허문회 외, 『벼의 유전과 육종』, 296-305쪽 참조. 1977년의 IRRI 자료에 따르면, 쌀을 주식으로 삼는 나라 가운데 아밀로스 함량이 20퍼센트 미만인 품종이 재배 품종의 대다수를 차지하는 나라는 일본과 한국, 그리고 식민지시기 일본으로부터 자포니카를 받아들인 대만뿐이다. 같은 글, 300쪽의 "그림 7-4. 각국 품종의 amylose 함량분포(IRRI, 1977)" 참조.

31. 최현옥, "한국 수도육종의 최근의 진보", 237쪽.

32. G. S. Khush and P. S. Virk, *IR Varieties and Their Impact*, IRRI, 2005, pp. 46-48.

33. 박래경·임무상, "한국의 벼농사와 품종의 변천", 『벼의 유전과 육종』, 385-386쪽.

34. 김인환, 『한국의 녹색혁명』, 80쪽.

35. 위의 책, 51-52쪽. 김인환은 일선 연구자들의 회의론과 소극적 태도에도 불구하고 자신이 독려한 결과 이와 같은 성과를 얻어냈다는 점을 강조하고 있다. 이 밖에도 이

책 곳곳에서 김인환은 회의적인 결론에 기울기 쉬운 연구자들에 대한 거리감을 숨기지 않고 있다. 이는 상아탑의 연구자들이 아무리 비판해도 자신은 결국 "한국의 녹색혁명"을 완수하고야 말았다는 자신감을 반영하며, 동시에 통일벼의 개발과 보급 과정에서 행정가와 연구자들 사이에 적지 않은 갈등이 있었음을 간접적으로 입증하고 있다. 이에 대해서는 결론(제7장)에서 더 다루고자 한다.

36. 崔鉉玉·裵聖浩·朴來敬·李鍾薰·趙在衍·林茂相, "水稻 早熟 多收性 新品種 '무生統一'", 『농사시험연구보고』 19(작물), 1977, 1-8쪽; 鄭奎鎔·鄭根植·李壽寬·田炳泰·郭龍鎬·文憲八, "水稻 早熟 多收性 新品種 '嶺南무生'", 『농사시험연구보고』 17(작물), 1975, 7-16쪽.

37. 1978년 『신동아』의 기사는 조생계통 선발에서 성과를 내지 못한 호남작물시험장이 "유신"의 개발로 이를 만회했다고 주장하고 있다. 임구빈, "르뽀: 統一벼에서 노풍까지", 『신동아』 1978년 11월호, 190쪽.

38. 朴魯豊·朴錫洪·趙守衍·申鉉卓·梁報甲·崔泳根·咸泳秀·金鍾昊·趙正翼, "水稻 早熟 多收性 新品種 '湖南무生'", 『농사시험연구보고』 22(작물), 1980, 56-62쪽.

39. 김인환, 『한국의 녹색혁명』, 53쪽.

40. 咸泳秀·趙正翼·金鍾昊·趙守衍·申鉉卓·梁報甲·宋南顯·崔泳根, "水稻 良質多收性 新品種 '維新'", 『농사시험연구보고』 18(작물), 1976, 35-44쪽.

41. 김인환, 『한국의 녹색혁명』, 155쪽; 박래경·임무상, "한국의 벼농사와 품종의 변천", 422쪽.

42. 김인환, 『한국의 녹색혁명』, 153쪽.

43. 6대 이상의 계통분리를 거치는 동안 많은 변화가 나타나기 때문에, 같은 교배조합으로부터 여러 품종이 나오는 일은 드물지 않다.

44. 여기서 처음 언급되는 품종들에 대해 간단히 소개하면 다음과 같다. "타이충유129호(Taichung Yu 129)"는 대만에서 개발된 자포니카 품종이다. "IR1325"와 "수원233호"는 같은 품종인데, 앞서 [표 4-7](표 넘버 확인)에 수록되어 있는 IR262와 자포니카 교배 실험에서 파생된 계통으로 "진흥/IR262-43-8-11//IR781-495" 조합이다. "수원228호"는 IR781과 같은 품종(IR8//통일)이다. "IR1539"(Mudgo/IR8//IR661-1[IR24의 자매 계통])과 "IR946"(H105/DGWG//H-4)은 각각 "Mudgo"와 "H105"에서 벼멸구 저항성 인자를 도입한 내충성 품종이다. "KR93"(호요쿠/Mudgo//IR667-142-2-2-3)은 벼멸구 저항성 인도 품종 Mudgo를 부분적으로 이어받으면서 일본 품종 "호요쿠"와 "통일"의 자매 계통을 아울러 교배하였다.

45. "벼 내만식 양질다수성 신품종 이리 327호 육성", 『1976년도 농사시험연구사업연
    보』, 수원: 농촌진흥청, 1977, 38-40쪽.

46. 농촌진흥청, 『RDA-IRRI 국제기술협력 40년』, 수원: 농촌진흥청, 2001, 59-60쪽.

47. 호화온도는 밥알이 부풀어 오르며 풀기가 생기기 시작하는 온도를 말한다. 호화온
    도가 높은 쌀은 밥이 쉽게 부풀지 않아 밥 짓는 데 시간이 많이 걸리며, 지나치게 오
    래 조리하면 죽처럼 풀어져버리기 쉽다. 따라서 조리하기에 불편하므로 소비자들이
    좋은 쌀로 평가하지 않는다. 일반적으로 자포니카 품종들은 호화온도가 낮은 반면,
    인디카 품종들의 호화온도는 낮거나 중간 정도에 걸쳐 있다. 조수연 외, "실용품종에
    도입되고 있는 유용형질", 300-301쪽. 통일형 신품종은 호화온도를 낮추는 방향으
    로 꾸준히 개량되어왔다.

48. "朴대통령, 연두순시서의 지시내용: 쌀등 신품종연구 학자에 푸짐한 상금 주라. 농
    촌주택은 지붕만 간 것 아닌 문화주택으로", 《조선일보》 1977. 1. 22, 1면. 반면, 박정
    희는 "희농1호"의 실패 이후 어떤 품종에도 자기 이름은 붙이지 않았다. 그런데 다
    음 장에서 보듯, 노풍과 래경은 모두 1978년 도열병으로 큰 실패를 맛본 뒤 농민에게
    외면당하고 말았다. 박정희건 개발자이건, 한국에서 사람 이름을 따서 이름 지은 품
    종들이 모두 실패하고 말았다는 사실은 흥미롭다. 이를 의식해서인지 이후 사람 이
    름을 따서 이름 붙인 품종은 찾아볼 수 없다.

49. "벼 내만식 양질다수성 신품종 이리 327호 육성"; 박래경, 이수관, 전병태, 문헌팔,
    곽용호, "수도 내병 양질 다수성 신품종 '來敬'", 『작물시험연구보고』 19(作物), 1977,
    25-32쪽. 두 곳 작물시험장에서 각각 하나씩 장장(場長)의 이름을 따 품종 이름을
    짓게 된 것은 작물시험장의 바람에 따른 것이 아니고 정부의 지시에 의한 것이었다고
    한다. 래경은 노풍에 비해서는 매우 소규모로 시험재배 중이었음에도 불구하고 대등
    하게 각 시험장장의 이름을 붙인 것은 정부의 정치적 안배에 따른 것으로 보인다.

50. 한편 이는 다른 품종을 부각시킴으로써 1976년 유신의 실패를 덮어버리기 위한 정
    치적 술수라고도 볼 수 있다.

51. 허문회, "수도육종면에서 본 증산기술의 현황과 전망", 『한국작물학회지』 15 , 1974,
    38쪽.

52. 허문회·서학수, "水稻 高蛋白 系統育成을 爲한 基礎的 硏究 I. 系統育成을 爲한 粗蛋
    白質 分析法의 比較", 『한국작물학회지』 12, 1972, 1-6쪽; 허문회·박순직, "水稻 高蛋
    白 系統育成을 爲한 基礎의硏究 II. 成熟期間中의 잎·줄기·현미 內의 蛋白質含量의
    變異", 『한국작물학회지』 13, 1973, 69-72쪽; 허문회·김광호·서학수, "水稻 高蛋白 系

統育成을 爲한 基礎的研究 III. 窒素, 燐酸, 加里의 施用이 米粒內 蛋白質 含量에 미치는 影響", 『한국작물학회지』 15, 1974, 123-128쪽; 허문회·문헌팔, "水稻 高蛋白系統 育成을 爲한 基礎的研究 IV. 短日 및 高溫處理가 쌀의 Amylose 및 粗蛋白質 含量에 미치는 影響", 『한국작물학회지』 15, 1974, 129-134쪽; 문헌팔·허문회, "수도 고단백계통 육성을 위한 기초적 연구 V. 파종 및 수확시기가 쌀의 Amylose 및 단백질함량에 미치는 영향", 『한국작물학회지』 19, 1975, 14-20쪽; 허문회·서학수, "수도 고단백계통 육성을 위한 기초적 연구 VI. 미립내 단백질과 Amylose 함량의 재배시기 및 년차에 따른 변이", 『한국작물학회지』 20, 1975, 142-147쪽.

53. 시각적 요인은 주로 쌀알의 투명도에 관련된 것이다. 대체로 쌀알 안의 흰 부분(心白과 腹白)이 없는 것이 보관과 조리 과정에서 부스러지지 않으므로 소비자들도 이를 선호한다. 허문회·김홍열, "wx-Carrier Technique를 이용한 맑은 쌀의 선발에 관한 연구", 『한국작물학회지』 29(1), 1984, 2쪽.

54. M. H. Heu, "A High Yield Glutinous Rice 'wx126' [多收性 찰벼 wx126의 育成]", 『한국작물학회지』 19, 1975, 1-6쪽. 한편 이것은 통일형 후계 품종 가운데 유일하게 육성기관이 "서울대 농대"로 기록되어 있는 품종이기도 하다. 박래경·임무상, "한국의 벼농사와 품종의 변천", 385쪽.

55. Heu, "A High Yield Glutinous Rice 'wx126'", p. 1.

56. IRRI, *Parentage of IRRI Crosses*. 선유정도 이러한 가능성을 언급한 바 있다. 선유정, "허문회의 육종연구와 박정희의 통일벼", 한국과학사학회 추계 학술대회 발표문 (2005).

57. Heu, "A High Yield Glutinous Rice 'wx126'", pp. 2-3.

58. Ibid., p. 4.

59. 박래경·임무상, "한국의 벼농사와 품종의 변천", 422-423쪽.

60. 이 경우 미질을 전해주는 메벼를 아밀로스 회복자(amylose restorer)라고 한다.

61. 허문회, "수도의 내병·내충·내냉성 품종 육성에 관한 연구 II. Semi-dwarf 초형 찰벼 계통을 Carrier로 쓰는 육종체계", 『한국육종학회지』 9권 1호, 1977, 1-9쪽; 박순직·최진룡, "육종방법의 발전", 『벼의 유전과 육종』 제6장, 243-248쪽.

62. 김인환, 『한국의 녹색혁명』, 54쪽.

63. 김인환, 『한국의 녹색혁명』, 157쪽.

64. 유신, 조생통일, 통일찰은 1975년 새로이 장려품종으로 지정되었다. "3개 새 볍씨 보급확대. 통일벼보다 增收 가능", 《조선일보》, 1975. 3. 26, 2면.

65. 이 구호는 유신벼가 재배되기 시작한 1975년, 전북 완주군 농촌지도소의 남정식(南廷植) 소장과 백영기(白映基) 작물계장이 만들어 전주-군산간 대로변의 유신 단지에 내건 것이다. 김인환, 『한국의 녹색혁명』, 140쪽.

66. 김인환, 『한국의 녹색혁명』, 151-153쪽.

67. 위의 책, 153쪽.

68. 위의 책, 145쪽.

69. 위의 책, 141-142쪽.

70. 위의 책, 153쪽; 허문회·최승윤·정후섭·조용섭, "벼멸구에 저항성인 찰벼계통 wx318, wx319", 『한국육종학회지』 7권 3호, 1975, 147쪽.

71. 농민이 교육을 통해 "관행"을 버려야 잘살 수 있게 된다는 것은 박정희의 지론이기도 했으며, 새마을운동에서도 거듭 강조되었다. 박정희는 1968년 12월 5일 중앙부처 장관 및 시장·도지사 연석회의에서 "농촌이 잘 사느냐 못 사느냐, 즉 농어민소득의 증대여부는 농민이 전통적 의식과 영농방법을 버리고, 개발을 지향하며, 새로운 영농방법과 기술을 어떻게 습득하고 생활화하느냐에 달려 있는 것이다"라고 발언하기도 하였다. 농림부 농정국, 『한국 농업의 오늘과 내일』, 농림부, 1973, 42쪽.

72. 김인환, 『한국의 녹색혁명』, 153쪽.

73. 위의 책, 155-159쪽.

74. "(해설) 기상이변 극복한 「땀의 결실」 사상최대 풍작이룬 올 벼농사. 단보당 423kg… 일본 능가 통일벼 재배확대—기술보급도 주효", 《조선일보》, 1976. 9. 29, 2면.

75. 이는 1963년 북한이 쌀 지원을 제안했던 것에 대한 응수의 성격이 짙다. 박정희 정권 초기인 1963년, "쌀 위기"로 박정권이 곤경에 처하자 북한은 정치선전의 일환으로 쌀 지원을 제안한 바 있다. 김환표, 『쌀밥 전쟁』, 162-163쪽.

76. 임구빈, "통일벼에서 노풍까지", 191-192쪽.

77. 김인환, 『한국의 녹색혁명』, 163-164쪽.

78. 임구빈, "통일벼에서 노풍까지", 191쪽. 한편 전 농촌진흥청장 이태현은 경기도의 마디썩음병 피해가 지도 당국이 올바른 재배기술을 가르쳐주지 않았기 때문이라고 주장하기도 했다. 이태현은 자신이 수원에서 유신을 직접 재배한 결과, 통풍이 잘 되도록 포기 사이에 충분한 공간을 확보하고 강력 분무기로 농약을 침투 살포한 결과 큰 피해 없이 700kg/10a 이상을 수확할 수 있었다고 주장했다. 같은 기사, 191쪽.

79. 김인환, 『한국의 녹색혁명』, 164쪽.

80. 위의 책, 161-162쪽. 한편 『신동아』의 1978년 기사에서는 사실은 그것이 급성 흰빛잎

마름병이었으며, 결국은 "지금은 밀양 계통은 물론 다수성 신품종계통에도 번지고 있어 수입병해가 돼버렸다"고 주장하고 있다. 기사의 사실 여부를 떠나 당시 농민과 대중이 "통일벼"가 생태적으로 불안정하다고 느끼고 있었음을 보여주는 하나의 사례로서 주목할 만하다. 임구빈, "통일벼에서 노풍까지", 192쪽.

81. 위의 글, 191쪽.

82. 김인환, 『한국의 녹색혁명』, 168-169쪽. 통일형 품종은 내랭성이 취약했으므로 못자리도 비닐로 보온해주어야 정상적인 육묘가 가능했다. 농촌진흥청은 남부지방에까지 보온묘판을 보급하기 위해 집중적인 교육을 실시했다.

83. 위의 책, 169쪽.

84. 위의 책, 170-171쪽; 181-182쪽.

85. 김환표, 『쌀밥 전쟁』, 163-165쪽.

86. 채수인, "「식량자급의 주역」 통일벼가 사라진다",《서울신문》, 1990. 11. 26. 한편 정부는 원래 정식으로 수출하기를 원했으나, 다국적 곡물기업들이 생산비보다 낮은 가격으로 수출하는 것에 대해 이의를 제기하여 부득이 차관 형식을 택했다고 한다. 임무상, 김태호와의 인터뷰, 2009. 6. 10. 쌀 수출 재개의 정치적 의미는 컸겠으나 한국의 쌀 생산비가 국제 쌀 시세에 비해 높았기 때문에 경제적 의의가 있는 수출은 아니었다.

87. 1964년 3월 13일은 농촌진흥청 대강당에서 열린 "식량증산연찬대회"에서 박정희가 "범국민적인 일대 증산운동"을 지시한 날로, 김인환은 이날을 기념하여 3월 13일에 간판을 제막했다.

88. 김인환, 『한국의 녹색혁명』, 173-177쪽; "쌀 4천만섬 돌파기념 「녹색혁명성취탑」제막. 14개 새품종 개발 보급",《조선일보》, 1978. 5. 11, 2면.

89. "(인터뷰) 동탑산업훈장 받은 H M 비첼박사. 13년간 한국 育種기술 지도",《조선일보》, 1978. 5. 11, 2면. 이 영향으로 1977년 맥류연구소(소장 배성호)가 문을 열기도 했다. 그러나 맥류의 국제 시장가격이 워낙 낮았고, 한국에서 밀의 생산성이 현저히 떨어져서 맥류 자급의 목표는 달성하지 못했다.

90. 안성진, "韓國農村社會의 葛藤樣相에 관한 研究: 카톨릭 농민운동의 사례", 제3절을 참조.

1. 조석곤, "1980년대 자유주의 농정에 대한 평가", 『농촌경제』 27권 3호, 2004, 61쪽. 한편 백현기는 1977년 5월의 농업정책개발세미나에서 농업에 대한 비교우위론이 처음으로 제기되었다고 회고한다. 백현기, "1978년 고추 수입", 한국농촌경제연구원 편찬, 『농정반세기 증언』, 농림부, 1999, 446쪽.

2. 김인환은 1978년 《조선일보》와 가진 인터뷰에서 "쌀 자급을 이룩한 이제 우리의 할 일은 밀, 옥수수를 하루빨리 자급시키는 등 밭작물의 획기적 증산으로 제2의 녹색혁명을 이룩하는 것"이라면서, 현재 개발 중인 밀과 옥수수 품종이 보급되면 1983년이면 밭작물의 자급이 가능할 것이라고 기염을 토했다. 金文純, "인터뷰: 오늘로 농촌진흥청장 10년, 녹색혁명의 주역 金寅煥박사", 《조선일보》, 1978. 5. 12, 2면.

3. 주요한 원인은 경제성장과 함께 식단이 다양해지면서 육류와 낙농 수요가 늘어난 것이다. 또 식생활의 서구화로 밀 수요가 늘어난 것도 부분적인 요인이었다(이는 1980년대 중반 이후 더 중요한 요인이 되었다). 축산 사료용 곡물을 대량으로 수입하면서 식량(곡물)자급률은 1960년대 초 약 90퍼센트에서 1970년대 말 75퍼센트 수준까지 내려갔으며, 이 추세는 더욱 빨라졌다. 김인환, 『한국의 녹색혁명』, 농촌진흥청, 1986, 16-17쪽. 2016년 현재 한국의 식량자급률은 20퍼센트대 초반에 머물러 있다.

4. 조석곤, "1980년대 자유주의 농정에 대한 평가", 62쪽.

5. 한국가톨릭농민회, 『한국가톨릭농민회 30년사』, 한국가톨릭농민회, 1999, 53쪽.

6. 조석곤, "1980년대 자유주의 농정에 대한 평가", 62쪽.

7. 『한국가톨릭농민회 30년사』, 63쪽. 고추 파동의 전말에 대한 자세한 소개는 백현기, "1978년 고추 수입", 443-453쪽을 참조.

8. "[사설]離農에 대처하는 農政", 《동아일보》, 1979. 5. 15, 4면; 『한국가톨릭농민회 30년사』, 53-54쪽.

9. "통일벼 재배면적 농가별 배정키로", 《조선일보》, 1977. 1. 19, 2면.

10. "수확기 농촌을 가다 (1)추곡수매—수매가 낮아 '풍년 속 기근', 제한 수매, 검사 기준 까다로와 골탕", 《동아일보》, 1978. 11. 6, 2면.

11. 심지어 지도공무원들이 마을로 영농 지도를 나가기 전에, 신품종 할당량을 채우지 못하면 사직하겠다는 의미로 사직서를 써놓고 나가는 일도 있었다고. 한다. 강명원(경기도 이천시 장호원읍 나래리)의 구술, 김영미, 『그들의 새마을운동』, 푸른역사, 2009, 222쪽.

12. 물의를 빚은 것은 경기도의 화성, 시흥, 고양, 김포 네 개 군과 부천시였다. 화성군은 통일벼 식재면적 6,509정보를 9,624정보로, 시흥군은 1,793정보를 2,502정보로, 고양군은 1,512정보를 2,729정보로, 김포군은 1,662정보를 2,501정보로, 부천시는 153정보를 263정보로 각각 늘려서 보고했다. 경기도는 이들의 허위 보고를 토대로 가을철 수매량을 지난해보다 높게 책정했는데, 가을철 실제 수매량이 목표량에 크게 미달하자 자체 감사를 벌여 일선의 허위 보고를 적발하였다. "통일벼 재배면적 허위 보고, 추곡 위장수매—김포 등 5개 시군 할당량 못 채워, 타지서 사들여 수납도⋯ 경기도, 해당 시장 군수 경고 읍면장 문책 방침", 《동아일보》 1978. 1. 31, 7면; "[사설] 범죄적 허위보고의 근절", 《동아일보》, 1978. 2. 1, 4면.

13. "(뉴스찾아 생활따라) 신품종 볍씨, 정부권장 안간힘 농민 선택에 신중⋯ 지사, 군수 등 친서 공세에 '수확차 적고 영농비 많다'", 《조선일보》, 1980. 3. 20, 4면.

14. "민주농정 실시하라"(강제농정에 대한 성명서: 한국가톨릭농민회, 1980. 3. 27), 『한국가톨릭농민회 30년사』, 261-264쪽; "민주농정 실현을 위한 전국 농민에게 보내는 호소문"(성명서, 1980. 4. 11), 같은 책, 265-267쪽.

15. 강명원의 구술, 김영미, 『그들의 새마을운동』, 223쪽.

16. "통일벼 재배강권, 읍직원이 심은 모 뽑아버려(김포)", 《동아일보》, 1977. 6. 21, 7면. 《동아일보》는 다음 날 사설에서 "관료적 작풍"이라며 이를 강하게 비판했다. "[사설] 근절되어야 할 관료적 작풍", 《동아일보》 1977. 6. 22, 2면.

17. 못자리 파종을 한 직후에는 통일벼와 자포니카의 모를 구별하기 어려우나, 모를 낼 정도로 자라면 육안으로 식별이 가능하다. 따라서 지도 공무원과 농민의 마찰은 모내기 직전 집중적으로 일어났다. 그런데 모내기철에 모판을 훼손하는 것은 사실상 한 해 농사를 망치는 것과 다름없었으므로, 농민의 반발도 자연히 격심하였다. 강기갑, 김태호와의 인터뷰, 2009. 6. 5.

18. 『한국가톨릭농민회 30년사』, 67쪽.

19. "당국 권장 신품종 안 심었다고 일반볍씨 묘판 짓밟아: 농가마다 돌며 제초제까지 뿌려", 《조선일보》, 1978. 5. 9, 7면.

20. 김순권, "농작물에 있어서 유전적 취약성문제", 『한국육종학회지』 8(2), 1976, 85쪽; 87쪽.

21. 위의 글, 88쪽. 예컨대 1976년 당시 재배되는 주요 벼 품종 가운데 아키바레를 제외한 네 품종("통일", 영남조생, 조생통일, 밀양23호)은 서로 유전적 근친성이 있는 품종이었으며, 특히 "통일", 영남조생, 조생통일 세 품종은 사실상 유전적으로 동일했다.

22. T는 필리핀 품종 타두칸(Taducan), C는 중국계 품종(China), N은 일본계 품종 (Nihon)에 잘 걸리는 도열병이라는 데서 각각 유래되었다.

23. 文憲八·沈載旭, "주요 형태적 생리적 실용형질의 유전", 『벼의 유전과 육종』 제5장, 190-191쪽; 趙守衍·田炳泰·崔海春, "실용품종에 도입되고 있는 유용형질", 같은 책 제7장, 271-273쪽.

24. 문헌팔·심재욱, "주요 형태적 생리적 실용형질의 유전", 190-191쪽; 조수연 외, "실용 품종에 도입되고 있는 유용형질", 271-273쪽.

25. 최현옥·배성호·정근식·이한식·이주열·김달수·박래경·허훈, "수도내도열병성 신 품종 '關玉'", 『작물시험연구보고』 10(1), 1967, 13-20쪽.

26. 최현옥, "한국 수도육종의 최근의 진보", 『한국육종학회지』 10(3), 1978, 219쪽.

27. 박래경·임무상, "한국의 벼농사와 품종의 변천", 403쪽.

28. 권신한·오정행·함영수·김종호, "통일품종의 도열병 저항성에 관한 유전학적 연구", 『한국육종학회지』 7(3), 1975, 153-157쪽.

29. 최현옥, "한국 수도육종의 최근의 진보", 220쪽.

30. 허문회, "수도육종면에서 본 증산기술의 현황과 전망", 『한국작물학회지』 15, 1974, 42쪽.

31. 실제로 김인환은 "원칙론만을 주장하는" 상아탑의 학자들이 섣불리 부정적 전망을 내놓아 현장에서 열심히 일하는 행정가들의 사기를 떨어뜨린다는 생각을 갖고 있었 다. 김인환, 『한국의 녹색혁명』, 141-142쪽; 161-163쪽.

32. 최현옥, "한국 수도육종의 최근의 진보", 220쪽; 230쪽.

33. "(경제칵테일) 10년 전의 큰 가뭄 연상시킬 정도—모내기조차 못할 지경", 《조선일 보》, 1978. 5. 9, 2면.

34. 송춘종(당시 전라남도 농업기술원장)의 회고. 이완주, 『라이스 워』, 199-200쪽에서 재인용.

35. 박순직·최진룡, "육종방법의 발전", 『벼의 유전과 육종』 제6장, 221쪽.

36. 전세창, "다수확 신품종 보급", 376-377쪽.

37. 이 통계 수치를 얼마나 신뢰할 것인지도 비판적으로 검토할 필요가 있다. 이완주는 이듬해 350만 석이나 되는 쌀을 외국으로부터 수입했던 것으로 미루어보아 4천25만 석이라는 수치는 "민심을 수습하기 위한 가공의 숫자일 뿐"이라고 해석한다. 이완주, 『라이스 워』, 202쪽.

38. P. Crill, Y. S. Ham [함영수], and H. M. Beachell, "The Rice Blast Disease in Korea and

Its Control with Race Prediction and Gene Rotation,"『한국육종학회지』13(2), 1981, 108쪽.

39. 전세창, "다수확 신품종 보급", 378쪽.

40. "일반통일벼 재배 줄여: 「밀양23호」등 개량종 늘리기로",《조선일보》, 1977. 11. 22, 2 면.

41. 전세창, "다수확 신품종 보급", 376쪽.

42. "재배 권장 신품종 벼「魯豊」·「來敬」병충해 크게 번져. 피해 농민들 보상을 요구… 도열병 작년보다 82배, 벼멸구는 2.5배 많아"《조선일보》, 1978. 8. 30, 7면; 임구빈, "통일벼에서 노풍까지", 192-193쪽.

43. "벼 병충해 면적 98퍼센트가 신품종 목도열병: 8월말 '魯豊'만 80퍼센트… 총 발생 지, 작년의 54배, 來敬… 식부면적 21퍼센트에 번져",《조선일보》, 1978. 9. 2, 7면.

44. "16~20만 섬 감수 예상, 張농수산「방제」밖엔 다른 방법 없다",《조선일보》, 1978. 9. 2, 7면.

45. "'벼 신품종 병충해 많은 것은 농민들 관리 소홀'─농촌진흥청장",《조선일보》, 1978. 9. 1, 7면.

46. 김인환,『한국의 녹색혁명』, 106쪽.

47. 위의 책, 105쪽.

48. "[聞外聞]魯豊 벼 피해 예상보다 크다─신민당",《조선일보》, 1978. 9. 5, 2면.

49. "[사설]노풍 피해의 철저한 구명을",《동아일보》, 1978. 9. 21, 4면; "[사설]魯豊의 책임 은 누가 지는가",《동아일보》, 1978. 9. 26, 4면 등.

50. "「魯豊」피해 정밀 조사, 월내 보상대책 마련─張농수산",《조선일보》, 1978. 9. 12, 1면; "魯豊 피해 보상키로, 실태 조사 중",《조선일보》, 1978. 9. 22, 2면.

51. "「노풍」피해… 3등급 분류 보상─張농수산",《조선일보》, 1978. 9. 26, 1면; "張 농수 산, 노풍 보상 최선… 권장품종 다양화",《동아일보》, 1978. 9. 26, 1면.

52. "'결함 노풍' 권장 추궁: 농수산위… '병충해 방제공사' 설립 촉구",《조선일보》, 1978. 9. 26, 1면.

53. "[의정 녹음]25일 국회농수산위: 노풍 피해 숫자 사실보다 적다 / 억울한 농민 없도 록 보상대책",《조선일보》, 1978. 9. 26, 3면

54. "박대통령, 새마을 유공자와 점심 들며 환담: 느타리버섯 재배에 과학자 파견 지도, 노풍 피해 정확히 조사원인 밝히도록",《조선일보》, 1978. 10. 12, 7면.

55. "추곡 매입가 한가마 3만원, 정부발표: 작년보다 15.4퍼센트 인상. 신품종만 천백만

섬 사들여. 연내 6백50만 섬-79년 1월 4백50만 섬", 《조선일보》, 1978. 10. 21, 1면.

56. 최준명, "[해설] 「원가」 애매… 인상폭엔 농정의 고민 엿보여", 《조선일보》, 1978. 10. 21, 1면.

57. "노풍 등급 높여 수매—장농수산 밝혀, 추곡수매 등외품제 신설", 《한국일보》, 1978. 11. 9, 1면; "한 등급씩 올려 수매, 정부 여당 노풍벼 피해보상 대책 강구" 《서울신문》, 1978. 11. 9, 1면; "노풍벼 피해 보상 1등급 올려 매입: 정부—여당 검토", 《조선일보》, 1978. 11. 9, 1면.

58. "[사설] 노풍벼 피해의 교훈", 《동아일보》, 1978. 11. 10, 4면.

59. "노풍 피해 보상 시작. 등급 따라 양곡 지원—농자금 상환연기", 《조선일보》, 1978. 12. 24, 2면.

60. 『한국가톨릭농민회 30년사』, 267쪽.

61. "흉작의 「노풍」… 탈곡기마저 외면. 수수료 적다 소유자들 기피… 태질로 벼 타작", 《조선일보》, 1978. 10. 12, 7면.

62. 『한국가톨릭농민회 30년사』, 68-69쪽; 267쪽.

63. 전북 완주군의 경우, 일선 행정기관에서 1차 조사를 할 때는 대부분 피해율을 90퍼센트 이상으로 조사해 갔으나, 상급 기관의 재조정 과정에서 20~30퍼센트를 삭감하고 대부분 60퍼센트 이하로 상부에 보고하여 농민의 항의를 받기도 하였다. 위의 책, 69-71쪽.

64. 위의 책, 68-69쪽.

65. "노풍 병해조사 이중피해—벼 못베게 해 수확적기 놓쳐, 피해상황 엇갈려 보상 못 받기도", 《동아일보》, 1978. 9. 26, 7면.

66. "노풍 피해 정당하게 보상하라"(성명서, 1979년 2월), 『한국가톨릭농민회 30년사』, 269쪽.

67. "[뉴스찾아 생활따라]신품종 볍씨, 정부권장 안간힘 농민 선택에 신중… 지사, 군수 등 친서 공세에 '수확차 적고 영농비 많다'", 《조선일보》, 1980. 3. 20, 4면.

68. "[초점]「親政」벗어나는 「경제 개각」: 성장 후유에 대처. 외교—안보 고려 崔총리 주력 남겨, 南德祐팀은 물가-노풍 등 인책", 《조선일보》, 1978. 12. 23, 3면.

69. "[경제칵테일]「신품종 벼의 노래」보급… 魯豊피해자들 반응-걱정", 《조선일보》, 1979. 3. 3, 2면.

70. 밀양15호는 미질이 좋은 노린(農林)6호와 바이러스 저항성을 지닌 "미네유타카" 두 자포니카 품종을 교배하여 1974년 육성, 1975년 장려품종으로 지정되었다. 1980년

에 "낙동(洛東)벼"로 이름이 바뀌었다. 밥맛은 그다지 좋지 않으나 줄무늬잎마름병에 강하여 남부 평야지역에서 널리 재배되었다. 정규용·박래경·정근식·이수관·전병태·진영대, "벼 줄무늬잎마름병 저항, 다수성 신품종 '밀양15호'", 『농사시험연구보고』17(作物), 1975, 17-24쪽.

71. 전세창, "다수확 신품종 보급", 378쪽.

72. "벼이삭 枯死 전국에 白穗현상: 신품종 쭉정이만 남아… 감수 50퍼센트예상, 6만ha 피해… 농약으론 못막아", 《조선일보》, 1979. 8. 21, 7면.

73. 박래경·임무상, "한국의 벼농사와 품종의 변천", 403-404쪽.

74. "벼이삭 마른농가엔 생계비 도와주기로", 《조선일보》, 1979. 8. 22, 2면. 농작물재해지원기준이란 다음과 같다. (1) 1정보 미만의 영세소농에 대해서는 50퍼센트 이상 피해의 경우 직접보조(현금, 무상양곡공급, 영농자재 지원) 30퍼센트, 간접보조(취로사업, 대출금 상환연기, 양곡외상) 70퍼센트를 제공한다. (2) 1정보 이상의 농가에는 수확이 전혀 없는 경우 피해액의 60퍼센트를 직·간접 각각 50퍼센트의 비중으로, 50퍼센트 이상 피해에 대해서는 피해액의 30퍼센트를 간접적으로 지원한다.

75. 전세창, "다수확 신품종 보급", 378쪽.

76. 위의 글, 378쪽.

77. "수익 낮은 신품종 벼 「일반」보다 영농비 더 들어… 시중가격도 싸", 《조선일보》, 1980. 6. 7, 2면.

78. "[경제칵테일]농수산부 벼 신품종재배 계속강행… 증산 상금도 27억 확보, 對농민 宣撫작전 병행", 《조선일보》, 1980. 4. 19, 2면.

79. "모내기 일손 차별 지원─충북지방, 신품종우선 일반벼 혜택 없어", 《동아일보》, 1980. 6. 2, 7면.

80. "[뉴스찾아 생활따라]신품종 볍씨, 정부권장 안간힘 농민 선택에 신중… 지사, 군수 등 친서 공세에 '수확차 적고 영농비 많다'", 《조선일보》, 1980. 3. 20, 4면.

81. "[경제칵테일]신품종볍씨 강권은 농민 권익 무시", 《조선일보》, 1980. 4. 12, 2면.

82. "[경제칵테일]농수산부 벼 신품종재배 계속강행… 증산 상금도 27억 확보, 對농민 宣撫작전병행", 《조선일보》, 1980. 4. 19, 2면.

83. "수익 낮은 신품종 벼 「일반」보다 영농비 더 들어… 시중가격도 싸", 《조선일보》, 1980. 6. 7, 2면.

84. "농민이 바라는 농정을─무리한 신품종권장 없었으면", 《동아일보》, 1980. 6. 2, 4면.

85. 밀양30호(통일/IR946//IR1317/IR1539///YR675)는 1976 육성, 1977 장려품종으로

지정되었다. "통일"과 IR946을 교배한 F1을 IR1317과 IR1539를 교배한 F1과 다시 교배하고, 이것을 다시 밀양21호(YR675))와 교배하여 육성한 품종이다. IR계통이 모두 다수성 품종이며, IR946과 IR1539가 벼멸구저항성을 지닌 품종이므로 밀양30호도 다수성이자 병충해 저항성을 지닌다. 도열병·흰빛잎마름병·줄무늬잎마름병에 강하고 벼멸구·흰등멸구·애멸구 등 주요 충해에도 저항성을 가지고 있다. 탈립성은 중간이고 까락이 없으며 벼알은 복백이 있는 소립종이지만 밥맛은 좋지 않은 편이다. 박래경·이수관·전병태·문헌팔·곽용호·진영대, "수도 병해 및 벼멸구 저항 다수성 신품종 '밀양30호'",『작물시험연구보고』19(作物), 1977, 33-40쪽 참조.

86. "冷夏진기록… 무더위 없이 여름이 갔다. 관상대 생긴 이후 최저 기온(광주, 제주)",《동아일보》, 1980. 9. 5, 7면.

87. 농수산부,『1978-1980 농작물재해백서』(1985).

88. "남부 호우… 벼농사 큰 타격. 논 3만6천정보 침수, 전남선 백50만섬 감수 예상",《동아일보》, 1980. 9. 1, 7면; "충청 춘천 안동에 대형 우박 농작물에 큰 피해",《동아일보》, 1980. 9. 3, 7면; "대추알크기 우박—여주, 원주, 괴산 일대… 벼이삭 부러지고 유리창도 깨져",《동아일보》, 1980. 9. 8, 7면.

89. 전세창, "다수확 신품종 보급", 378-379쪽.

90. "식량수급 걱정없다—정농수산장관 발표 '올 추곡 평년작 약간 밑돌듯', 외곡 등 6백만 섬 확보. 보리 재고 4백만섬… 혼식권장",《동아일보》, 1980. 9. 11, 2면; "[로비] 농수산통계 영달위한 허구 벗어나야… '벼 평년작 3880만섬도 실제보다 높게 잡힌 것' 실토",《동아일보》1980. 9. 15, 2면.

91. "냉해농가에 정부미 대여, 무이자로 82년까지 현물상환—대상 내달 초 선정, 한 집 3~8월분 한사람 하루 5백g씩",《동아일보》, 1980. 10. 14, 1면.

92. 박동규, "1980년 대흉작과 쌀 수입",『농정반세기 증언』, 457쪽; "전국 쌀값 계속 올라… 한가마 5만5천원, 일부 가수요로 품귀",《동아일보》, 1980. 9. 4, 7면; "정부미 방출 확대—값 안정위해 읍단위까지",《동아일보》, 1980. 9. 6, 2면; "정부미값 10.4퍼센트 인상… 소비자가 80kg 한가마 41,600원. 혼합곡 10kg 3천7백원. 보리쌀 76.5kg 만5천백40원 / 일반미값 자극… 인상악순환 우려",《동아일보》, 1980. 9. 29, 2면; "일반미값도 올라—한가마 6만5천원… 買占 단속",《동아일보》, 1980. 9. 30, 2면; "곡물값 크게 올라—일반미 최고 13 보리쌀 38.5퍼센트",《동아일보》, 1980. 10. 6, 2면 등.

93. 박동규, "1980년 대흉작과 쌀 수입", 454-455쪽.

94.『한국가톨릭농민회 30년사』, 259-269쪽.

95. 위의 책, 69-80쪽.

96. 한계생산비란 한계농가의 단보(10a)당 생산비를 말한다. 한계농가란 생산성이 최저 수준에 머무르는 농가를 말하며, 단보당 생산비 규모가 많이 들어가는 쪽으로 20퍼센트의 농가로 정의한다.

97. 『한국가톨릭농민회 30년사』, 64-66쪽; 김태호, 강기갑과의 인터뷰, 2009. 6. 5.

98. "민주농정 실시하라", 『한국가톨릭농민회 30년사』, 261-264쪽.

99. 위의 책, 85-86쪽.

100. "민주농정 실현을 위한 결의문"(한국가톨릭농민회의 성명서, 1980. 4. 11), 위의 책, 264-265쪽; "(경제칵테일) 신품종볍씨 강권은 농민 권익 무시", 《조선일보》, 1980. 4. 12, 2면.

101. 모심과 살림 연구소, 『스무살 한살림 세상을 껴안다: 한살림 20년 발자취』, 그물코, 2006 참조.

102. "관 주도 농사 지양토록—전대통령, 벼베기작업서 지시", 《동아일보》, 1980. 9. 30, 7면.

103. 전세창, "다수확 신품종 보급", 379쪽.

104. 임무상, 김태호와의 인터뷰, 2009. 6. 10.

105. 최해춘, 김태호와의 인터뷰, 2009. 6. 10.

106. 임무상, 김태호와의 인터뷰, 2009. 6. 10.

107. 도열병과 냉해가 닥치기 전에도, 1970년대 후반부터 단간다수성 유전자(sd-1)를 자 포니카에 옮기는 연구가 진행되고 있었다. 오늘날 재배되는 "일품벼"는 이 시기의 연구 성과를 반영하여 단간다수성 인자를 도입한 자포니카 "삼남벼"의 후손이다. 최해춘, 김태호와의 인터뷰, 2009. 6. 10.

108. 허문회·박래경·조수연, "수도종자 갱신의 현황과 문제점", 『한국육종학회지』 17(3), 1985, 209쪽.

109. 위의 글, 209쪽.

110. 채수인, 「「식량자급의 주역」 통일벼가 사라진다", 《대한매일》, 1990. 11. 26, 5면.

111. "내년부터 통일계 볍씨 공급 중단: 일반미 중심으로 생산 유도", 《서울신문》, 1990. 11. 16.

112. "올 통일벼 재배 배정받은 농가, 일반벼로 바꿔도 같은양 수매", 《서울신문》, 1991. 4. 9.

113. 전세창, "다수확 신품종 보급", 379쪽.

114. "올 쌀 생산 3,657만 섬 예상: 최근 7년 평균치보다 80만 섬 많아",《서울신문》, 1992. 9. 25. 이해의 수확량은 바로 전해인 1991년보다는 2.1퍼센트(80만 섬) 줄어든 것이다.

115. "[국정탐방]양정의 현주소: 농림수산부의 미곡정책",《서울신문》, 1992. 10. 12.

116. 전세창, 앞의 글, 379쪽.

117. 일품벼 육종에 참여한 농촌진흥청 최해춘의 회고에 따르면, "도쿄TV"와 함께 일본 각자의 쌀 유통업자 대표와 언론인 등이 농촌진흥청을 방문하여, 일본인 19명과 농촌진흥청 연구진 17명이 참여하여 식미평가를 했다. 그 결과 일품벼가 고시히카리와 아키타코마치 등을 큰 점수차로 제치고 1위를 차지했다. 이 이야기는 『닛케이(日經)상품정보』 4월 17일자 "코시히카리를 능가하는 맛 좋은 쌀이 한국에!"라는 제목으로 보도되었다. 이완주,『라이스 워』, 214-216쪽.

118. 이완주,『라이스 워』, 216-217쪽.

119. 위의 책, 216-217쪽.

120. 허문회의 회고, 이완주,『라이스 워』, 82쪽.

121. "퇴역 통일벼, 중국 등서 '황금품종' 인기",《서울신문》, 1992. 5. 31.

122. Makoto Sakai, Shuichi Iida, Hideo Maeda, Yoshihiro Sunohara, Hiroshi Nemoto and Tokio Imbe, "New Rice Varieties for Whole Crop Silage Use in Japan". *Breeding Science* 53, 2003, pp. 271-275; 春原嘉弘 外, "飼料用水稻新品種「クサノホシ」の育成", 『近中四農研報』 2, 2003, 99-113쪽. 坂井真 外, "飼料用水稻新品種「クサホナミ」の育成", 『作物研究所研究報告』 4, 2003, 1-15쪽 등. "사료용 벼"란 알곡을 수확하는 것이 아니라 알곡이 익기 전에 베어서 줄기와 잎까지 모두 사료로 이용하기 위해 기르는 벼를 말한다. 일본 농학자들이 사료용 벼를 연구하게 된 것은 쌀 생산 과잉으로 정부가 휴경을 유도해야 하는 논 면적이 늘어났기 때문이다. 한편 고희종은 통일형 품종을 굳이 "사료용 쌀"이라고 이름 붙인 저변에는 통일형 품종의 성취를 인정하기 꺼려하는 일본인들의 생각이 반영되어 있다고 해석하고 있다. 고희종, 김태호·김효민과의 인터뷰, 2007. 5. 25.

123. 김병철, "10년 연구 기적의 쌀 개발",《서울신문》, 1992. 8. 15.

124. 이완주,『라이스 워』, 216-217쪽.

125. 근년의 논의 가운데 아시아에 관련된 것으로는 Lisa Yoneyama, *Hiroshima Traces: Time, Space, and the Dialectics of Memory,* University of California Press, 1999; Takashi Fujitani, Geoffrey Miles White, and Lisa Yoneyama eds., *Perilous Memories: The Asia-*

Pacific War(s), Duke University Press, 2001 등이 있다.

126. 金寅煥, 『韓國의 綠色革命: 벼 新品種의 開發과 普及』, 水原: 農村振興廳, 1978; In Hwan Kim, *The Green Revolution in Korea: Development and Dissemination of New Rice Varieties*, Seoul : Association for Potash Research, 1978.

127. 전세창, "다수확 신품종 보급", 380쪽.

128. 특별취재팀, "[실록 박정희시대] 18. 식량 자급", 《중앙일보》, 1997. 9. 11, 5면. 1970년대 증산체제를 회고하면서 현재의 북한 식량난을 떠올리는 것은 당시 활동했던 사람들에게는 일반적인 태도이기도 하다. 행정가는 아니지만 박래경도 2003년 인터넷신문 《사이언스타임즈》와 가진 인터뷰에서 "가끔 북한에 먹을 것이 없어 기아에 허덕이는 아이들의 뉴스를 접할 때마다 새삼 옛 생각이 많이 난다"고 술회하기도 했다. "[내 서랍 속 이야기] 우리나라 녹색혁명의 유래를 아나?—박래경 前 한국작물학회 회장", 《사이언스타임즈》, 2003. 8. 26, http://www.sciencetimes.co.kr/?news=%EC%9A%B0%EB%A6%AC%EB%82%98%EB%9D%BC-%EB%85%B9%EC%83%89%ED%98%81%EB%AA%85%EC%9D%98-%EC%9C%A0%EB%9E%98%EB%A5%BC-%EC%95%84%EB%82%98&s=%EB%85%B9%EC%83%89%ED%98%81%EB%AA%85 (2017. 3. 1 접속).

129. "(한국경제반세기) "기적의 볍씨"… 녹색혁명" ①-②, http://www.516.co.kr/board/view.asp?idx=5688&cPage=2&catecode=TA&cates=M ; http://www.516.co.kr/board/view.asp?idx=5689&cPage=2&catecode=TA&cates=M (2005. 11. 30 접속).

130. 김성수, 김태호와의 인터뷰, 2009. 6. 3.

131. 김인환, 『한국의 녹색혁명』, 141-142쪽.

132. 위의 책, 161-163쪽.

133. 崔圭永, "[이 사람(4)] 「통일벼 아버지」崔鉉玉박사, 볍씨 두알에 한평생… 뒷바라지로 퇴직도 못해", 《조선일보》1980. 1. 21, 3면.

134. 허문회의 회고, 이완주, 『라이스 워』, 64쪽.

135. 허문회, "통일벼 품종 개발", 『농정반세기증언』, 337쪽.

136. "세계의 관심 부른 새볍씨 개량, 국제 전문가들 한국 농업연구관 격찬: 「통일벼」… 최다 수확 품종, 내년 FAO총회 주제로", 《조선일보》, 1975. 10. 17, 3면.

137. 위의 기사.

138. 김인환, 『한국의 녹색혁명』, 24-25쪽.

139. 허문회, "통일벼 품종 개발", 346쪽.

140. 실제로 허문회는 당시의 농업행정에 대해서는 "좀 지나치다고 할 수 있을만치 완벽하였다"고 평가하는 등 다소 비판적인 태도를 취하기도 한다. 위의 글, 348쪽.

141. 특별취재팀, 《중앙일보》, "[실록 박정희시대] 18. 식량 자급."

142. 위의 기사.

143. "민주농정 실시하라"(한국가톨릭농민회 성명서, 1980. 3. 27), 『한국가톨릭농민회 30년사』, 262-263쪽.

144. 『새마을 소득증대 표준영농교본 32. 성공사례(식량증산편)』, 농촌진흥청, 1976; 『새마을 소득증대 표준영농교본 39. 성공사례』, 농촌진흥청, 1977.

145. "'벼 신품종 병충해 많은것은 농민들 관리 소홀'—농촌진흥청장", 《조선일보》, 1978. 9. 1, 7면.

146. "민주농정 실시하라"(한국가톨릭농민회 성명서, 1980. 3. 27), 『한국가톨릭농민회 30년사』, 261쪽; 강기갑, 김태호와의 인터뷰, 2009. 6. 5.

147. 농약의 부작용에 대한 문제의식은 1980년대에 들어서야 공개적으로 표현된 것으로 보인다. "농약禍로 죽어가는 농촌 심벌—익충 크게 줄었다: 해충만 번성… 곤충계 천적질서 깨져", 《동아일보》, 1980. 10. 4, 7면. 서해성은 통일형 품종이 보급되던 1970년대 들어 농약의 사용이 급증했고, 그에 따라 전에 없던 약화(藥禍) 사고도 많이 늘어났다고 기억한다. 서해성, 김태호와의 인터뷰, 2009. 6. 5.

148. 전세창, "다수확 신품종 보급", 372쪽. 1975년까지 전국 87곳의 읍·면 농촌지도소 지소 청사가 농민들의 지원에 힘입어 신축되었다.

149. 유병용 등은 경기도 고양시 세 개 마을의 주민들과 인터뷰를 한 결과, 상품경제권에 성공적으로 편입한 도시 근교의 농촌 마을에서 새마을운동이 가장 부진했으며, 그 이유는 새마을운동에 참여하지 않고도 소득을 높일 수 있는 다른 길이 이미 있었기 때문이라고 주장한다. 한국정신문화연구원 편(유병용, 최봉대, 오유석), 『근대화전략과 새마을운동』, 백산서당, 2001.

제6장 양, 질 그리고 꿈: 식량을 둘러싼 다양한 기대들과 식생활의 변화

1. 국사편찬위원회, 「식량식생활연표(1912미곡년도에서 1945미곡년도까지 미곡 수급상황)」, 국사편찬위원회 한국사데이터베이스, http://db.history.go.kr/id/

ch_009_1912_12_31_0020 (검색일 2016. 5. 15).

2. 정덕근(鄭德根), "건강한 몸과 음식물(3): 하얀 이밥은 독이 됩니다", 《동아일보》, 1935. 3. 12 석간.

3. 「대통령 긴급명령 제13호(통화에 관한 특별조치 목적)」, 1953년 2월 15일.

4. 총무처 의정국 의사과, 「미곡 소비절약에 관한 범국민운동지침(제2041호)」, 1962, 건번호 118-1, 철번호 BA0084342, 국가기록원.

5. 총무처 의정국 의사과, 「약탁주제조에 있어 쌀사용 금지안(제1110호)」, 1966, 건번호 19-1, 철번호 BA0084479, 국가기록원.

6. 총무처 의정국 의사과, 「절미운동 실시계획(제71회)」, 1968, 건번호 37-1, 철번호 BA0084548, 국가기록원.

7. 황교익, "한식 세계화? '스텐 공기(스테인리스 스틸)' 아닌 우리의 밥그릇부터 찾자", 《조선일보》, 2013년 11월 16일.

8. 1978년 연말 농수산부의 조사에 따르면, 전국의 도열병 피해 면적 154,272헥타르 가운데 전라남도가 47,874헥타르로 수위를 차지했다. "노풍 피해 보상 시작. 등급 따라 양곡 지원—농자금 상환연기", 《조선일보》, 1978. 12. 24.

9. 각각 1976. 10. 4와 1978. 5. 12, 그리고 1978. 4. 5의 일기. 문만용, "일기로 본 박정희 시대의 '농촌 과학화'", 『지역사회연구』 21, 2013, 36쪽에서 재인용. 현행 맞춤법에 맞지 않는 표현은 글쓴이가 고침.

10. 위의 글, 37쪽.

11. "경제칵테일: 보유미는 '오로지 통일'", 《조선일보》, 1973. 11. 16.

12. 한국가톨릭농민회에서는 추곡수매가격을 현실에 맞게 올리기 위해 1975년부터 "쌀 생산비 조사활동"을 펼치기도 했다. 한국가톨릭농민회, 『한국가톨릭농민회 30년사: 1966-1996』, 대전, 한국가톨릭농민회, 1999, 206-220쪽.

13. 김인환, 『한국의 녹색혁명: 벼 신품종의 개발과 보급』, 농촌진흥청, 1978, 53쪽.

14. 위의 책, 151-153쪽.

15. 위의 책, 163-164쪽.

16. 임구빈, 「통일벼에서 노풍까지」, 『신동아』 1978. 11, 191쪽.

17. 1977. 9. 6의 일기. 문만용, "일기로 본 박정희 시대의 '농촌 과학화'", 37쪽에서 재인용.

18. "농약 안 쓴 생산 주문: 일부 부유층서 재배 청탁 성행", 《조선일보》, 1979. 2. 6; 김환 표, 『쌀밥 전쟁』, 인물과사상사, 2006, 169-170쪽에서 재인용.

19. 위의 책, 188-189쪽.

20. 새추청은 추청(아키바레의 한국식 발음)에 도열병 저항성 인자를 보강하여 농촌진흥청에서 개발한 품종으로, 아키바레의 좋은 품질을 유지하면서도 도열병으로 인한 수확량 감소를 예방할 수 있어 널리 재배되고 있다. 아키바레를 모태로 하고 있으나 국내에서 개발된 품종이다.

21. 김만수(호남농업시험장 제2대 장장), 「1, 2대 및 5대 장장님들의 회고」, 『호남농업시험장 70년 뒤안길』, 익산: 호남농업시험장, 2000, 451-452쪽.

22. 예를 들어 "떨어지기 시작한 쌀값", 《동아일보》, 1955. 6. 6; 「주간물가동향」, 《동아일보》 1955. 12. 12 등.

23. "호남쌀값 앙양운동: 서울에 직매소 두고", 《동아일보》, 1959. 11. 28.

24. "[좌담회] 악덕 메이커를 고발한다", 《매일경제신문》, 1967. 1. 31.

25. 1980년대 중반 문화방송(MBC)에서 활동했던 코미디언 중 '정부미'(예명)는 빈한하고 힘없는 소시민 역할을 많이 맡기도 했다.

26. 농림부, 「벼 품종별 재배 면적」, 『1982년도 농림통계연보』, 농림부, 1983.

27. 조완제, "잘 키운 명품, 수입쌀 안 부러워", 『뉴스메이커』 608호, 2005. 1. 18.

맺음말 쌀이 바꾼 사람

1. 정덕근(鄭德根), "건강한 몸과 음식물(3) 하얀 이밥은 독이 됩니다", 《동아일보》, 1935년 3월 12일 석간 5면.

표 일람

도판 일람

1차 자료

곽병화, "Carboxin 처리와 엽내질소가 통일벼 적고현상에 미치는 영향", 『농사시험연구보고』 16(토비·작보·균이), 1974,.

權臣漢, "核技術의 農學的利用 現況과 展望(I)", 『원자력학회지』 10(3), 1978.

권신한·오정행·함영수·김종호, "통일품종의 도열병 저항성에 관한 유전학적 연구", 『한국육종학회지』 7(3), 1975.

金容權·金弘烈·南寧祐·朴淳直·許文會, "水稻品種間 交雜에 있어서 稈長의 遺傳分離—IX. 短稈 Japonica品種과 semi-dwarf(d-t) gene 檢定親과의 組合", 『한국작물학회지』 30(4), 1985.

金寅煥, 『韓國의 綠色革命: 벼 新品種의 開發과 普及』, 水原: 農村振興廳, 1978.

김광호·허문회, "수도품종간 교잡에 있어서의 稈長의 유전분리—V. Semi- Dwarf 품종간의 교잡", 『한국육종학회지』 9(2), 1977.

김순권, "농작물에 있어서 유전적 취약성문제", 『한국육종학회지』 8(2), 1976.

김용권·허문회, "水稻 품종간 교잡에 있어서 稈長의 유전분리—X. D10 유전자를 가진 왜성5호와 방농 2477-1", 『한국육종학회지』 18, 1986.

김호식 외, "추락의 원인과 그 대책에 관한 연구", 『원자력원 연구논문집』 2, 1962.

농림부 농정국, 『한국 농업의 오늘과 내일』, 농림부, 1973.

농수산부, 『1978-1980 농작물재해백서』, 1985.

농촌진흥청, "벼 내만식 양질다수성 신품종 이리 327호 육성", 『1976년도 농사시험연구사업연보』, 수원: 농촌진흥청, 1977.

농촌진흥청, 『새마을 소득증대 표준영농교본 32: 성공사례(식량증산편)』, 수원: 농촌진흥청, 1976.

농촌진흥청, 『새마을 소득증대 표준영농교본 39. 성공사례(식량증산편)』, 수원: 농촌진흥청, 1977.

대한민국 국회, 『제6대 국회 1965년도 국정감사 내무위원회 회의록』.

대한민국 국회, 『제6대 국회 1966년도 국정감사 농림위원회 회의록(1966년 11월 9일)』.

대한민국 국회, 『제6대 국회 1967년도 국정감사 농림위원회 회의록(1967년 10월 29일)』.

대한민국 국회, 『제8대 국회 농림위원회 국정감사 회의록: 농림부(1972년 10월 5일)』.

대한민국 국회, 『제8대 국회 농림위원회 국정감사 회의록: 농촌진흥청「수산청」산림청 (1972년 10월 6일)』.

柳達永·許文會·廉道義, "光波長, 照度, 光處理期間 및 Gibberellin 處理가 Zoysia japonica 種子發芽에 미치는 影響", 『서울大論文集生農系(B)』 19, 1968.

문헌팔·허문회, "수도 고단백계통 육성을 위한 기초적 연구―V. 파종 및 수확시기가 쌀의 Amylose 및 단백질함량에 미치는 영향", 『한국작물학회지』 19, 1975.

박노풍·박석홍·조수연·신현탁·양보갑·이선용·함영수·조정익·송남현, "수도 양질 다수성 신품종 '裡里326號'", 『작물시험연구보고』 20(作物), 1978.

朴魯豊·朴錫洪·趙守衍·申鉉卓·梁報甲·崔泳根·咸泳秀·金鍾昊·趙正翼, "水稻 早熟 多收性 新品種 '湖南早生'", 『농사시험연구보고』 22(작물), 1980.

박래경·이수관·전병태·문헌팔·곽용호, "수도 내병 양질 다수성 신품종 '來敬'", 『작물시험연구보고』 19(作物), 1977.

박래경·이수관·전병태·문헌팔·곽용호·진영대, "수도 병해 및 벼멸구 저항 다수성 신품종 '밀양30호'", 『작물시험연구보고』 19(作物), 1977.

방사선농학연구소, 『연구연보』, 방사선농학연구소.

방사선농학연구소, "방사선동위원소를 이용한 농업증산", 『1971년도 연구계획서』, 방사선농학연구소.

배성호, "수도육종에 있어서의 당면과제", 『한국작물학회지』 6(1), 1969.

서학수·허문회, "수도품종간 교잡에 있어서 稈長의 유전분리―VI. 수도품종 통일의 Semi-Dwarf 유전자 분석", 『한국육종학회지』 10(1), 1978.

손응용, "통일품종의 적고방지에 관한 전착제 개발시험", 『농사시험연구보고』 16(土肥·作保·菌茸), 1974.

이은웅·김광호·권용웅, "한국수도품종의 형태변이에 관한 연구―제2보 한국수도품종의 변천에 따른 외부형태 및 수량구성요소의 변이", 『한국작물학회지』 7(1), 1969.

이은웅·허문회, "추락의 원인과 그 대책에 관한 연구: IV. 추락 토양에서 Fe 및 Mn의 시용이 수도 수량구성요소에 미치는 영향", 『서울대학교논문집(농생계)』 15, 1964.

이은종·정봉조·김희규·유재당, "도열병에 대한 한국수도품종 및 육성계통의 진성저항성에 관한 연구", 『작물시험연구보고』 20(土肥, 作保, 菌茸), 1978.

이정행·박래경·이수관, "방사선에 의한 수도신계통 「밀양 10호」 선발에 관한 연구", 『한국육종학회지』 4(2), 1972.

作物試驗場, 『試驗硏究報告書(水稻編)』, 水原: 作物試驗場, 1969.

作物試驗場, 『試驗硏究報告書(水稻編)』, 水原: 作物試驗場, 1970.

정규용·박래경·정근식·이수관·전병태·진영대, "벼 줄무늬잎마름병 저항, 다수성 신품종 '밀양15호'", 『농사시험연구보고』 17(作物), 1975.

鄭奎鎔·鄭根植·李壽寬·田炳泰·郭龍鎬·文憲八, "水稻 早熟 多收性 新品種 '嶺南早生'", 『농사시험연구보고』 17(작물), 1975.

최현옥, "한국 수도육종의 최근의 진보", 『한국육종학회지』 10(3), 1978.

崔鉉玉·裵聖浩·朴來敬·李鍾薰·趙在衍·林茂相, "水稻 早熟 多收性 新品種 '早生統一'", 『농사시험연구보고』 19(작물), 1977.

최현옥·배성호·정근식·김종호·임무상·최상진·최해춘, "수도 양질 다수성 신품종 '수원 258호'", 『농사시험연구보고』 19(작물), 1977.

최현옥·배성호·정근식·이한식·이주열·김달수·박래경·허훈, "수도내도열병성 신품종 '關玉'", 『작물시험연구보고』 10(1), 1967.

최현옥·배성호·정근식·조재연·허문회·Henry M. Beachell, "水稻 短稈穗重型 新品種 '統一'", 『농사시험연구보고』, 1974.

최현옥·안수봉·허훈·오윤진·한상익, "수도 신품종 '통일'의 적고현상의 발생원인에 관한 실험적 고찰", 『농사시험연구보고』 17(작물), 1975.

표현구·이은웅·허문회, "추락의 원인과 그 대책에 관한 연구: II. 수도 품종의 추락답에서의 수량요소의 변이", 『서울대학교논문집(농생계)』 13, 1963.

표현구·이은웅·허문회, "추락의 원인과 그 대책에 관한 연구: III. 수도 품종들의 H2S 수용액에서의 근부저항성", 『서울대학교논문집(농생계)』 13, 1963.

한국가톨릭농민회, 『한국가톨릭농민회 30년사: 1966-1996』, 대전: 한국가톨릭농민회, 1999.

한창렬, 『연구논문일람』(미출간원고, c. 1975, 서울대학교 농학도서관 향산문고 소장).

한창렬·원종락·최광태, "방사선에 의한 수도의 단백질육종", 『한국육종학회지』 4(2), 1972.

咸泳秀·趙正翼·金鍾昊·趙守衍·申鉉卓·梁報甲·宋南顯·崔泳根, "水稻 良質多收性 新品種 '維新'", 『농사시험연구보고』 18(작물), 1976.

허문회, "水稻 遠綠品種間 雜種에 있어서의 生育日數와 不稔에 關한 硏究", 『한국작물학회지』 4, 1967.

허문회, "수도열대품종의 육종상 이용성에 관한 연구: 1. IRRI 계통 특성검정 연락 시험", 『용역연구보고서』 12, 수원: 서울대학교, 1967.

허문회, "수도육종면에서 본 증산기술의 현황과 전망", 『한국작물학회지』 15, 1974.

허문회, "수도의 내병·내충·내냉성 품종 육성에 관한 연구 II. Semi-dwarf 초형 찰벼 계통을 Carrier로 쓰는 육종체계", 『한국육종학회지』 9권 1호, 1977.

허문회, "韓國 水稻 品種의 熱勢地方에서의 生育相", 『서울대학교논문집(농생계)』 18, 1967.

허문회, "한국의 대두장려품종의 특성에 관한 연구: I. 개화일수와 결실일수", 『한국작물학회지』 1(1), 1963.

허문회, "한국의 대두장려품종의 특성에 관한 연구: II. 파종시기별로 본 실용형질간의 표현형상관 및 유전상관과 유전력", 『한국작물학회지』 2(2), 1964.

허문회, Henry M. Beachell, T.T. Chang. "水稻 品種間 交雜에 있어서의 草長의 遺傳 分離─1. Indica×Indica 組合", 『한국작물학회지』 5, 1969. (영문)

허문회·김광호·서학수, "水稻 高蛋白 系統育成을 爲한 基礎的硏究 III. 窒素, 燐酸, 加里의 施用이 米粒內 蛋白質 含量에 미치는 影響", 『한국작물학회지』 15, 1974.

허문회·김상진, "수도품종간 교잡에 있어서의 稈長의 유전분리─II. Japonica× Japonica 조합", 『한국육종학회지』 3(2), 1971.

허문회·김용권, "水稻 品種間 交雜에 있어서 稈長의 유전분리─VII. 劣性長稈 특성의 유전분리", 『한국육종학회지』 16(1), 1984.

허문회·김혜영, "화학품종과 저온처리가 작물근단세포의 Metaphase 출현빈도에 미치는 영향", 『한국작물학회지』 2(2), 1964.

허문회·김홍열, "wx-Carrier Technique를 이용한 맑은 쌀의 선발에 관한 연구", 『한국작물학회지』 29(1), 1984.

허문회·문헌팔, "水稻 高蛋白系統 育成을 爲한 基礎的硏究 IV. 短日 및 高溫處理가 쌀의 Amylose 및 粗蛋白質 含量에 미치는 影響", 『한국작물학회지』 15, 1974.

허문회·박래경·조수연, "수도종자 갱신의 현황과 문제점", 『한국육종학회지』 17(3), 1985.

허문회·박순재, "韓國東亞棉의 種分類에 關한 細胞學的硏究: 韓國東亞棉×G. arboreum

檢定種", 『서울大論文集生農系(B)』19, 1968.

허문회·박순직, "水稻 高蛋白 系統育成을 爲한 基礎的 硏究 II. 成熟期間中의 잎·줄기·현미 內의 蛋白質含量의 變異", 『한국작물학회지』 13, 1973.

許文會·朴淳直, "水稻品種間 交雜에 있어서의 稈長의 遺傳分離—III. Japonica× Indica 組合", 『한국육종학회지』 5(2), 1973.

허문회·서학수, "水稻 高蛋白 系統育成을 爲한 基礎的 硏究 I. 系統育成을 爲한 粗蛋白質 分析法의 比較", 『한국작물학회지』 12, 1972.

허문회·서학수, "수도 고단백계통 육성을 위한 기초적 연구 VI. 미립내 단백질과 Amylose 함량의 재배시기 및 년차에 따른 변이", 『한국작물학회지』 20, 1975.

허문회·서학수, "수도품종간 교잡에 있어서 稈長의 유전분리—IV. 비대응적 조합의 F2, F3, BC1F1 및 BC1F2 세대에서의 분리", 『한국육종학회지』 6(1), 1974.

허문회·채영암·김달수·조정익·김종호, "水稻 Japonica×Indica F2 집단에서의 稈長과 出穗日數에 관한 선발의 효율", 『한국육종학회지』 1, 1969.

허문회·채영암·박순재, "한국동아면의 종 분류에 관한 세포학적 연구: II. 한국동아면× G. herbaceum 檢定種", 『한국작물학회지』 7, 1969.

허문회·최승윤·정후섭·조용섭, "벼멸구에 저항성인 찰벼계통 wx318, wx319", 『한국육종학회지』 7권 3호, 1975.

허문회·최진룡, "Indica×Japonica 교잡에 있어서 미립의 Alkali 붕괴성의 유전," 『한국육종학회지』 5(1), 1973.

허훈·안수봉, "'통일'의 적고현상이 수도 생육에 미치는 영향", 『농사시험연구보고』 17(작물), 1975.

加藤茂苞·小坂博·原史六, "雜種植物の結実度より見たる稲品種の類縁に就いて", 『九州大学農学部学芸雑誌』 3, 1928.

香山俊秋, "日本型の外国稲と日本稲との交配による高度イモチ病耐病性品種の育成", 『育種学雑誌』 2(1), 1952.

櫛淵欽也, "韓国の水稲育種(第三報)", 『育種学雑誌』 26(1), 1976.

菊池文雄, "韓国におけるイネ育種", 『育種学雑誌』 23(5), 1973.

菊池文雄, "韓国におけるイネ育種—その2", 『育種学雑誌』 25(1), 1975.

北村英一, "稲の遠縁品種間雑種における細胞質不稔性に関する研究: I. フィリピン稲と日本稲との交雑による育成系統と日本稲との正逆交雑のF1の稔性", 『育種学雑誌』 12(2), 1962.

北村英一, "稲の遠縁品種間雑種における細胞質不稔性に関する研究: II. 細胞質的不稔性に関与する日本稲核内遺伝子の分析",『育種学雑誌』12(3), 1962.

水島宇三朗・近藤晃, "日本稲と外国稲との交雑による育種の基礎的研究: I. 日本品種×インド品種の雑種で観察される花青素着色形質の異常分離",『育種学雑誌』9(4), 1959.

坂井真 外, "飼料用水稲新品種「クサホナミ」の育成",『作物研究所研究報告』4, 2003.

佐本四郎, "水稲の多收品種育成よりみた主要形質の変遷",『北海道農業試験場報告』78, 1971.

春原嘉弘 外, "飼料用水稲新品種「クサノホシ」の育成",『近中四農研報』2, 2003.

柴田和博・斎藤滋・大内邦夫・久保田田鶴子, "水稲新品種「キタヒカリ」について",『北海道農業試験場研究報告』121, 1978.

嵐嘉一,『旧朝鮮における日本の農業試験研究の成果』, 農林総計協会, 1976.

太田保夫, "韓国における米穀自給達成に果した統一系新品種の役割",『農業および園芸』52(8), 1977.

磯永吉, "臺灣稲ノ育種學的研究 第十一章 子實",『臺灣總督府中央研究所農業部報告』37, 1928.

伊藤博・内山田博士・蓑嶋正夫, "水稲主流品種の変遷とその系譜的考察",『育種学雑誌』11(4), 1961.

Badawi, Tantavi, "Rice Research Accomplishment in Egypt", *Cahiers Options Méditerranéennes*, 24(2) (1997).

Beachell, Henry M. and J. E. Scott, "Breeding Rice for Desired Plant Type", *Proceedings of the Rice Technical Working Group* (Houston, TX: 1962).

Chang, T. T., "Hybridization versus Mutation in Rice Breeding", Folder 188, Box 19, Series 242D, Record Group 1.3, Rockefeller Foundation Archives, Rockefeller Archive Center, Sleepy Hollow, New York.

Chung, Geun Sik, and Mun Hue Heu, "Improvement of Tongil-Type Rice Cultivars from Indica/Japonica Hybridization in Korea", Y. P. S. Bajaj ed., *Rice: Biotechnology in Agriculture and Forestry* 14 (Springer, 1991).

Crill, P., Y. S. Ham, and H. M. Beachell, "The Rice Blast Disease in Korea and Its Control with Race Prediction and Gene Rotation", *Korean Journal of Breeding* [『한국육종학회지』] 13(2) (1981).

Dalrymple, Dana G., *Development and Spread of High-yielding Rice Varieties in Developing Countries* (Washington D.C.: AID, 1986).

Florencio-I. S. Medina III. Etsuo Amano, and Shigemitsu Tano eds., *Mutation Breeding Manual*, FNCA [Forum for Nuclear Cooperation in Asia] (Tokyo: Japan Atomic Industrial Forum, 2005).

Gaud, William S., "The Green Revolution: Accomplishments and Apprehensions," Speech to the Society for International Development, (March 8 1968.)

Heu, M. H., "A High Yield Glutinous Rice 'wx126' [多收性 찰벼 wx126의 育成]", *Journal of Korean Society for Crop Sciences* [『한국작물학회지』] 19 (1975).

Heu, M. H., T. T. Chang, and Henry M. Beachell, "The Inheritance of Culm Length, Panicle Length, Duration to Heading and Bacterial Leaf Blight Reaction in a Rice Cross Sigadis×Taichung (Native) 1", *Japanese Journal of Breeding* 18 (1968).

IRRI, "Breeders Determine Desired Plant Characteristics", IRRI Reporter 1 (January 1965).

IRRI, The IRRI Reporter, August 1976.

IRRI, IR8 and Beyond (Los Baños: IRRI, 1977).

IRRI, Parentage of IRRI Crosses: IR1-IR 50,000 (Los Baños, Philippines: IRRI, 1985).

IRRI, Rice Genetics and Cytogenetics (1963).

Jennings, Peter R., "Plant Type as a Rice Breeding Objective," *Crop Sciences* 4(1) (1964).

Jennings, Peter R., "Comparative F2 and F3 Fertility in Partially Sterile Rice Hybrids," *Crop Sciences* 6(4) (1966).

Jennings, Peter R., *Evaluation of Partial Sterility of Indica×Japonica Rice Hybrids* (IRRI Technical Bulletin 5) (Los Baños, Philippines: IRRI, 1966).

McClung, Colin, "IRRI's role in institutional cooperation in Asia," February 1972, folder 198, box 19, series 242D, record group 1.3, Rockefeller Foundation Archives, Rockefeller Archive Center, Sleepy Hollow, New York.

Murai, Masayuki, and Toshiro Kinoshita, "Chronological Change of Yield Ability and its Related Traits in Rice Varieties of Hokkaido", *SABRAO Journal of Breeding and Genetics* 35 (2) (2003).

Sakai, Makoto, Shuichi Iida, Hideo Maeda, Yoshihiro Sunohara, Hiroshi Nemoto and Tokio Imbe, "New Rice Varieties for Whole Crop Silage Use in Japan", *Breeding Science* 53 (2003).

2차 자료

강만길, 『한국 자본주의의 역사』, 역사비평사, 2000.

고려대학교 농과대학, 『벼품종 '통일'의 농업경영적 특성 및 경제성 분석에 관한 연구』, 과학기술처, 1972.

金度亨, "勸業模範場의 식민지 농업지배", 『한국근현대사연구』1995년 제3집, 1995.

金容燮, 『(증보판)韓國近現代農業史研究』, 서울: 지식산업사, 2000.

김근배, 『한국 근대 과학기술인력의 출현(서남동양학술총서 28)』, 문학과지성사, 2005.

김근배, "과학기술입국의 해부도", 『역사비평』85, 2008.

김영미, 『그들의 새마을운동』, 푸른역사, 2009.

김영식, "한국과학의 특성과 반성", 김영식·김근배 편, 『근현대 한국사회의 과학』, 창작과비평사, 1998.

김환표, 『쌀밥 전쟁: 아주 낯선 쌀의 역사』, 인물과사상사, 2006.

내무부, 『새마을운동 10년사』, 서울: 내무부, 1981.

농촌진흥청 편, 『농업과학기술대전』제1권, 수원: 농촌진흥청 농업경영정보관실, 2002.

농촌진흥청 편, 『RDA-IRRI 국제기술협력 40년』, 수원: 농촌진흥청, 2001.

농촌진흥청 편, "벼", 농업유전자원센터 사이버 농작물/품종백과. http://genebank.rda.go.kr/info/dic_detail.asp?cropListkey=108 (2008. 11. 25 접속).

마인섭, "1970년대 후반기의 민주화운동과 유신체제의 붕괴", 한국정신문화연구원 편, 『1970년대 후반기의 정치사회변동』, 백산서당, 1999.

모심과 살림 연구소, 『스무살 한살림 세상을 껴안다: 한살림 20년 발자취』, 그물코, 2006.

문만용, "KIST에서 대덕연구단지까지", 『역사비평』85, 2008.

박섭, "1912-1940년의 한국농업생산통계", 『경제학연구』47(4), 1999.

박태균, 『원형과 변용: 한국 경제개발계획의 기원』, 서울대학교출판부, 2007.

선유정, "과학이 정치를 만나다: 허문회의 'IR667'에서 박정희의 '통일벼'로", 『한국과학사학회지』30(2), 2008.

소순열·원용찬, 『전북의 시장경제사』, 신아, 2003.

소순열·이두순, "일제하 수도작 기술체계의 변화와 성격", 『농업사연구』2(2), 2003.

송성수, "한국 과학기술활동의 성장과 과학기술자사회의 특징: 시론적 고찰", 『과학기술정책』14(1), 2004.

안성진, "韓國農村社會의 葛藤樣相에 관한 硏究: 카톨릭 농민운동의 사례", 서울대학교 대학원 인류학과 석사학위논문, 1986.

오유석, "농촌근대화전략과 새마을운동", 유철규 엮음, 『한국자본주의 발전모델의 역사와 위기—산업화 이념의 재고찰과 대안의 모색(I)』, 함께읽는책, 2003.

우대형, "일제하 조선에서의 미곡기술정책의 전개—이식에서 육종으로", 『한국근현대사연구』 38, 2006.9.

禹大亨, 『韓國近代農業史의 構造: 韓國硏究叢書 第67輯』, 서울: 재단법인 한국연구원, 2001.

이두순, "일제하 수도품종보급정책의 성격에 관한 연구", 『농업정책연구』 17, 1990.

이영미, "1970년대 과학기술의 '문화적 동원': 새마을기술봉사단 사업의 전개와 성격", 서울대학교 대학원 협동과정 과학사 및 과학철학 전공 석사학위논문, 2009.

이완범, "제1차 경제개발5개년계획의 입안과 미국의 역할", 한국정신문화연구원 편, 『1960년대의 정치사회변동』, 백산서당, 1999.

이완주, 『라이스 워』, 북스캔, 2009.

李春寧, 『쌀과 文化(대학교양총서 36)』, 서울대학교출판부, 1991.

李春寧, 『韓國農學史(대우학술총서 인문사회과학 39)』, 민음사, 1989.

임무상, "수도작 기술", 『농업과학기술발달사(상) (한국농업근현대사 제6권)』, 수원: 농촌진흥청, 2008.

조석곤, "1980년대 자유주의 농정에 대한 평가", 『농촌경제』 27권 3호, 2004.

조석곤, "토지조사사업과 농지개혁이 토지생산성에 미친 효과에 관한 비교 분석", 『동향과전망』 71집, 2007 가을·겨울.

조석곤·황수철, "농업구조조정의 좌절과 소득정책으로의 전환: 1960년대 후반 농지법 제정 논의를 중심으로", 공제욱·조석곤 공편, 『1950-1960년대 한국형 발전모델의 원형과 그 변용과정: 내부동원형 성장모델의 후퇴와 외부의존형 성장모델의 형성』, 한울아카데미, 2005.

한국가톨릭농민회, 『한국가톨릭농민회 30년사: 1966-1996』, 대전: 한국가톨릭농민회, 1999.

한국농촌경제연구원 편찬, 『한국농정50년사』 제1권·제2권, 서울: 농림부, 1999.

한국정신문화연구원 편(유병용·최봉대·오유석), 『근대화전략과 새마을운동』, 백산서당, 2001.

한도현, "국가권력의 농민통제와 동원정책—새마을운동을 중심으로", 한국농어촌사회연구소 편, 『한국농업농민문제연구II』, 연구사, 1989.

許文會 外, 『벼의 遺傳과 育種』, 서울大學校 出版部, 1986.

현도환, "1960년대 농촌사회의 구조와 변화", 한국정신문화연구원 편, 『1960년대 사회변
　　화연구: 1963-1970』, 백산서당, 1999.

홍금수, "일제시대 신품종 벼의 도입과 보급", 『대한지리학회지』 38(1), 2003.

홍성욱, 『과학은 얼마나』, 서울대학교출판부, 2004.

盛永俊太郞, "育種の發展─稻における", 農業發達史調査会 編, 『日本農業發達史』第九卷,
　　中央公論社, 1956.

酒井義昭, 『コシヒカリ物語: 日本一うまい米の誕生』, 中央公論新社, 1997.

菅洋, 『稻─品種改良の系譜』, 東京: 法政大学出版局, 1998.

大貫惠美子, 『米の人類学: 日本人の自己認識』, 東京: 岩波書店, 1995. [한국어판: 오누키 에
　　미코 지음, 박동성 옮김, 『쌀의 인류학』, 小花, 2001]. 이 책의 영어판은 쌀과 관련된
　　천황제 제의(祭儀)를 다룬 일부 내용을 줄여서 간행되었다. [Ohnuki Emiko-Tierny,
　　Rice as Self: Japanese Identities through Time (Princeton University Press, 1994)].

飯沼二郞, "高橋昇─朝鮮の農民に学んだ農学者", 『靑丘』1991. 9.

暉峻衆三 編, 『日本の農業150年: 1850-2000年』, 東京: 有斐閣ブックス, 2003.

速水佑次郞, 『日本農業の成長科程』, 創文社, 1973.

藤原辰史, "稻も亦大和民族なり─水稻品種の『共榮圈』", 池田浩士 編, 『大東亞共榮圈の文
　　化建設』, 人文書院, 2007.

"A Tribute to Henry M. 'Hank' Beachell", Texas A&M University Agricultural Research
　　and Extension Center Newsletter 7 (7) (September 2006).

Anderson, Jock R. and Peter B. R. Hazell eds., *Variability in Grain Yields: Implications
　　for Agricultural Research and Policy in Developing Countries* (International Food Policy
　　Research Institute [printed by the Johns Hopkins University Press], 1989).

Bebbington, Anthony, "Modernization from Below: An Alternative Indigenous
　　Development?" *Economic Geography* 69(3) (Jul 1993).

Bickel, Lennard, Facing Starvation: Norman Borlaug and the Fight Against Hunger (Dutton
　　New York, 1974).

Bray, Francesca, *The Rice Economies: Technology and Development in Asian Societies* (University of California Press, 1994).

Burmeister, Larry L., *Research, Realpolitik, and Development in Korea: the State and the Green Revolution* (Boulder, CO: Westview Press, 1988).

Chandler, Robert F. Jr., *An Adventure in Applied Science: A History of the International Rice Research Institute* (Manila: IRRI, 1992).

Choi, Sung Mo, "Policy Implementation of the Green Revolution in Korea", *The Korean Journal of Policy Studies* 7 (1992).

Choi, Sung Mo, "A Variant Theory of Policy Implementation: Policy Content, Policy Context, and Implementation Style in Korea", Ph. D. dissertation, Ohio State University (1991).

Conway, Gordon, *The Doubly Green Revolution: Food for All in the Twenty-first Century* (Ithaca, NY: Cornell University Press, 1998).

Cullather, Nick, "Miracles of Modernization: The Green Revolution and the Apotheosis of Technology", *Diplomatic History* 28 (2) (April 2004).

Eckert, Carter J., *Offspring of Empire: The Koch'ang Kims and the Colonial Origins of Korean Capitalism, 1876-1945*, second edition (University of Washington Press, 1996).

Esteva, Gustavo, "Hosting the Otherness of the Other: The Case of the Green Revolution," in Frédérique Apffel-Marglin and Stephen A. Marglin eds., *Decolonizing Knowledge: From Development to Dialogue* (Oxford University Press, 1996.

Fitzgerald, Deborah, *Every Farm a Factory: The Industrial Ideal in American Agriculture* (New Haven: Yale University Press, 2003).

Furuta, Motoo, "A Survey of Village Conditions during the 1945 Famine in Vietnam", in Paul H. Kratoska ed., *Food Supplies and the Japanese Occupation in Southeast Asia* (London: MacMillan Press, 1998).

Gupta, Akhil, *Postcolonial Development: Agriculture in the Making of Modern India* (Durham, NC: Duke University Press, 1998).

Hamblin, Jacob Darwin, "Let There Be Light... and Bread: the United Nations, the Developing World, and Atomic Energy's Green Revolution", *History and Technology* 25(1) (2009).

Hesser, Leon, *The Man Who Fed the World: Nobel Peace Prize Laureate Norman Borlaug and His Battle to End World Hunger* (Dallas: Durban House, 2006).

Hughes, Thomas P., *Networks of power: electrification in Western society, 1880-1930*, 2nd edition (Baltimore: Johns Hopkins University Press, 1993).

Jasanoff, Sheila, *States of Knowledge: The Co-production of Science and Social Order* (Routledge, 2004).

Kaplan, Steven Laurence, *Provisioning Paris: Merchants and Millers in the Grain and Flour Trade During the Eighteenth Century* (Ithaca, NY: Cornell University Press, 1984).

Khush, Gurdev S. and Parminder S. Virk, *IR Varieties and Their Impact* (Los Baños, Philippines: IRRI, 2005).

Kim, Yun-Shik, "Net Benefits of the Adoption of Tong-il Rice in Korea", Doctoral Dissertation, University of California (Davis, CA: University of California, 2006).

Kim, Yun-Shik, and Daniel A. Sumner, "Green Revolution in the 1970s in Korea: from Introduction to Disappearance of High-Yielding Rice Variety (Tong-il)", *Journal of Rural Development* 29(4) (2007).

Latour, Bruno, Catherine Porter trs., *Aramis, or the Love of Technology* (Cambridge, MA: Harvard University Press, 1996).

Lee, Pamela Anderson, Robert S. Anderson, and Edwin Levy, *Rice Science and Development Politics: Research Strategies and IRRI's Technologies Confront Asian Diversity* (1950-1980) (Oxford University Press, 1991).

Marglin, Stephen A., "Farmers, Seedsmen, and Scientists: Systems of Agriculture and Systems of Knowledge", in Frédérique Apffel-Marglin and Stephen A. Marglin eds., *Decolonizing Knowledge: From Development to Dialogue* (Oxford University Press, 1996).

Perkins, John H., *Geopolitics and the Green Revolution: Wheat, Genes, and the Cold War* (Oxford: Oxford University Press, 1997).

Scott, James C., *The Moral Economy of the Peasant: Rebellion and Subsistence in Southeast Asia* (New Haven: Yale University Press, 1976) [한국어판: 김춘동 옮김, 『농민의 도덕경제』, 아카넷, 2004].

Scott, James C., *Seeing Like a State: How Certain Schemes to Improve the Human Condition Have Failed* (Yale University Press, 1999).

Scott, James C., *Weapons of the Weak: Everyday Forms of Peasant Resistance* (New Haven: Yale University Press, 1987).

Shiva, Vandana, *Biopiracy: The Plunder of Nature and Knowledge* (Cambridge, MA: South

End Press, 1997).

Shiva, Vandana, *Monocultures of the Mind: Perspectives on Biodiversity and Biotechnology* (Zed Books, 1993).

Shiva, Vandana, *Stolen Harvest: The Hijacking of the Global Food Supply* (South End Press, 2000).

Shiva, Vandana, *The Violence of the Green Revolution: Third World Agriculture, Ecology, and Politics* (London & New York: Zed Books, 1991).

Shiva, Vandana, *Water Wars: Privatization, Pollution, and Profit* (South End Press, 2002).

USDA, "Beaumont, Texas : Cultivar Pedigrees", Agricultural Research Service, United States Department of Agriculture, http://www.ars.usda.gov/Research/docs.htm?docid=7191 (accessed on 2008. 10. 31).

USDA, "Beaumont, Texas: Cultivar Attributes", Agricultural Research Service, United States Department of Agriculture, http://www.ars.usda.gov/Research/docs.htm?docid=7190 (accessed on 2008. 10. 31).

USDA, "Cultivar Attributes," United State Department of Agriculture Agricultural Research Service, http://www.ars.usda.gov/Research/docs.htm?docid=7190 (accessed on 2008. 10. 31).

Wolgin, Jerome M., "Resource Allocation and Risk: A Case Study of Smallholder Agriculture in Kenya", *American Journal of Agricultural Economics* 57(4), (1975).

Woo, Jung-en, *Race to the Swift: State and Finance in Korean Industrialization* (Columbia University Press, 1991).

Wright, Angus L., *The Death of Ramón González: The Modern Agricultural Dilemma Revised Edition* (University of Texas Press, 2005).

회고록, 서한 및 구술 자료

허문회(전 서울대학교 농업생명과학대학 교수, IR667 개발자), 김태호와의 인터뷰, 2008.
    12. 23

고희종(서울대학교 농업생명과학대학 교수, 작물육종학), 김태호·김효민과의 인터뷰,
    2007. 5. 25

고희종, 김태호와의 인터뷰, 2008. 1. 23

고희종, 김태호와의 인터뷰, 2008. 4. 2

임무상(전 영남농업시험장장), 김태호와의 인터뷰, 2009. 6. 10

최해춘(전 작물시험장 수도육종과장), 김태호와의 인터뷰, 2009. 6. 10

김성수(서울대학교 농업생명과학대학 교수, 농촌사회학), 김태호와의 인터뷰, 2009. 6. 3

강기갑(국회의원), 김태호와의 인터뷰, 2009. 6. 5.

서해성(한신대학교 외래교수)·한홍구(성공회대학교 교수, 한국사), 김태호와의 인터뷰,
    2009. 6. 5

농촌진흥청 편, 『국제미작연구소의 단상』, 수원: 농촌진흥청, 2001.

농촌진흥청 호남농업시험장 편, 『호남농업시험장 70년 뒤안길』, 익산: 호남농업시험장,
    2000.

한국농촌경제연구원 편찬, 『농정반세기증언: 한국농정50년사 별책』, 서울: 농림부, 1999.

신문·잡지 기사

"희농 1호, 李台現 교수 試作, 첫 수확대회, 농촌진흥청선 재배에 실패—보급에 문제점 많
    아", 《조선일보》, 1965. 10. 27, 3면.

"心農法 설명 청취, 朴대통령, 李台現 교수로부터", 《조선일보》, 1965. 11. 18, 1면.

"농촌진흥청장 李台現씨 임명", 《조선일보》, 1966. 3. 27, 1면.

"'기적의 쌀' 재배 성공: 벼 곱절 거둘 수 있다", 《서울신문》, 1969. 9. 6.

"原子쌀 開發: 比서 品種改良에 成功", 《조선일보》, 1970. 6. 19, 4면.

"우리나라서 개발한 奇蹟의 볍씨 IR667", 《조선일보》, 1970. 6. 19, 4면.

"[램프 안팎]「원자쌀」만들어낸 필리핀 발렌시아박사 내한: 6개월간 쌀 품종개량 도우려",
    《조선일보》, 1970. 7. 4, 7면.

"食味와 耐病性 강한 「원자쌀」: 파르크-8 시험재배 하러온 발렌시아박사, 한국에 적용될진 아직 미지수", 《조선일보》, 1970. 7. 7, 5면.

"'未熟品種'에 겹친 天災", 《조선일보》, 1972. 10. 11, 4면.

"통일벼 피해 1억5천만원 보상: 농휴기 생산에 79억원 투입", 《조선일보》, 1972. 11. 18, 1면.

"농림부 통일벼 재배 자유화: 자연조건 무시로 부작용 많아", 《조선일보》, 1973. 1. 25, 4면.

"[경제칵테일]保有米는 「오로지 統一」", 《조선일보》, 1973. 11. 16, 2면.

沈永根, "統一벼와 綠色革命", 《조선일보》, 1974. 5. 22, 2면.

"쌀 절약 호소에서 강제로", 《중앙일보》, 1974. 12. 6, 6면.

"통일벼 段當생산량 감소: 작년보다 8kg… 지도 소홀", 《조선일보》, 1974. 12. 11, 2면.

"3개 새 볍씨 보급확대. 통일벼보다 增收 가능", 《조선일보》, 1975년 3월 26일 2면.

"세계의 관심 부른 새볍씨 개량, 국제 전문가들 한국 농업연구관 격찬: 「통일벼」…최다 수확 품종, 내년 FAO총회 주제로", 《조선일보》, 1975. 10. 17, 3면.

"통일벼재배 전농지 50퍼센트로—崔珏圭농수산 보고, 농지 98만 정보 확정·밀 증산연구", 《조선일보》, 1976. 1. 30, 1면.

"[해설]기상이변 극복한 「땀의 결실」 사상최대 풍작이룬 올 벼농사. 단보당 423kg…일본 능가 통일벼 재배확대—기술보급도 주효", 《조선일보》, 1976. 9. 29, 2면.

"추곡, 12월분 앞당겨 매입. 농수산부 지시. 외상으로…연말에 지불, 시중 통일벼 쌀값 급락", 《조선일보》, 1976. 11. 25, 2면.

"새볍씨 開發… 78년부터 공급, 통일벼보다 收穫많고 밥맛 좋아", 《조선일보》, 1976. 11. 30, 2면.

"통일벼 볏짚 짧아 가마니 생산 부진", 《조선일보》, 1976. 12. 23, 6면.

"통일벼 재배면적 농가별 배정키로", 《조선일보》, 1977. 1. 19, 2면.

"朴대통령, 연두순시서의 지시내용: 쌀등 신품종연구 학자에 푸짐한 상금 주라. 농촌주택은 지붕만 간 것 아닌 문화주택으로", 《조선일보》, 1977. 1. 22, 1면.

"통일벼 재배강권, 읍·직원이 심은 모 뽑아버려(김포)", 《동아일보》, 1977. 6. 21, 7면.

"[사설]근절되어야 할 관료적 작풍", 《동아일보》, 1977. 6. 22, 2면.

"일반통일벼 재배 줄여: 「밀양23호」등 개량종 늘리기로", 《조선일보》, 1977. 11. 22, 2면.

"쌀 실수확 4,170만섬. 농수산부, 평년보다 1,087만섬 증산", 《조선일보》, 1977. 12. 6, 1면.

"쌀 잉여시대: 전환기맞은 양정. 끈질긴 「녹색혁명」의 결실. 미질 향상 등 과제로… 고미가 대신 새 증산 촉진제를", 《조선일보》, 1977. 12. 6, 2면.

"통일벼 재배면적 허위 보고, 추곡 위장수매—김포 등 5개 시군 할당량 못 채워, 타지서 사들여 수납도… 경기도, 해당 시장 군수 경고 읍면장 문책 방침", 《동아일보》, 1978. 1. 31, 7면.

"[사설] 범죄적 허위보고의 근절", 《동아일보》, 1978. 2. 1, 4면.

"당국 권장 신품종 안 심었다고 일반볍씨 묘판 짓밟아: 농가마다 돌며 제초제까지 뿌려", 《조선일보》, 1978. 5. 9, 7면.

"[경제칵테일]10년 전의 큰 가뭄 연상시킬 정도—모내기조차 못할 지경", 《조선일보》, 1978. 5. 9, 2면.

"농촌자금이 풍성하다: 올 들어 3,060억원 방출… 작년비 5배나", 《조선일보》, 1978. 5. 11, 1면.

"쌀 4천만섬 돌파기념 「녹색혁명성취탑」제막. 14개 새품종 개발 보급", 《조선일보》, 1978. 5. 11, 2면.

"[인터뷰]동탑산업훈장 받은 H M 비첼박사. 13년간 한국 育種기술 지도", 《조선일보》, 1978. 5. 11, 2면.

金文純, "인터뷰: 오늘로 농촌진흥청장 10년 녹색혁명의 주역 金寅煥박사", 《조선일보》, 1978. 5. 12, 2면.

"재배 권장 신품종 벼 「魯豊」·「來敬」병충해 크게 번져. 피해 농민들 보상을 요구… 도열병 작년보다 82배, 벼멸구는 2.5배 많아", 《조선일보》, 1978. 8. 30, 7면.

"'벼 신품종 병충해 많은 것은 농민들 관리 소홀'—농촌진흥청장", 《조선일보》, 1978. 9. 1, 7면.

"벼 병충해 면적 98퍼센트가 신품종 목도열병: 8월말 '魯豊'만 80퍼센트… 총 발생지, 작년의 54배, 來敬… 식부면적 21퍼센트에 번져", 《조선일보》, 1978. 9. 2, 7면.

"16-20만 섬 감수 예상, 張농수산 '방제'밖엔 다른 방법 없다", 《조선일보》, 1978. 9. 2, 7면.

"[聞外聞]魯豊 벼 피해 예상보다 크다—신민당", 《조선일보》, 1978. 9. 5, 2면.

"[사설]노풍 피해의 철저한 구명을", 《동아일보》, 1978. 9. 21, 4면.

"「魯豊」피해 정밀 조사, 월내 보상대책 마련—張농수산", 《조선일보》 1978. 9. 12, 1면.

"魯豊 피해 보상키로, 실태 조사 중", 《조선일보》, 1978. 9. 22, 2면.

"[사설]魯豊의 책임은 누가 지는가", 《동아일보》, 1978. 9. 26, 4면.

"「노풍」피해…3등급 분류 보상—張농수산", 《조선일보》, 1978. 9. 26, 1면.

"張 농수산, 노풍 보상 최선… 권장품종 다양화", 《동아일보》, 1978. 9. 26, 1면.

"'결함 노풍' 권장 추궁: 농수산위… '병충해 방제공사' 설립 촉구", 《조선일보》, 1978. 9.

26, 1면.

"[의정 녹음]25일 국회농수산위: 노풍 피해 숫자 사실보다 적다 / 억울한 농민 없도록 보상대책",《조선일보》, 1978. 9. 26, 3면.

"신품종 강권 안해",《경향신문》, 1978. 9. 26, 1면.

"새 볍씨 권장이유 추궁 / 벼 신품종 선택 재배 자유롭게",《한국일보》, 1978. 9. 26, 1면.

"노풍 병해조사 이중피해―벼 못베게 해 수확적기 놓쳐, 피해상황 엇갈려 보상 못 받기도",《동아일보》, 1978. 9. 26, 7면.

"박대통령, 새마을 유공자와 점심 들며 환담: 느타리버섯 재배에 과학자 파견 지도, 노풍 피해 정확히 조사원인 밝히도록",《조선일보》, 1978. 10. 12, 7면.

"흉작의 「노풍」… 탈곡기마저 외면. 수수료 적다 소유자들 기피… 태질로 벼 타작",《조선일보》, 1978. 10. 12, 7면.

"추곡 매입가 한가마 3만원, 정부발표: 작년보다 15.4퍼센트 인상. 신품종만 천백만 섬 사들여. 연내 6백50만 섬―79년 1월 4백50만 섬",《조선일보》, 1978. 10. 21, 1면.

최준명, "(해설) 「원가」 애매… 인상폭엔 농정의 고민 엿보여",《조선일보》, 1978. 10. 21, 1면.

임구빈. "르뽀: 「統一」벼에서 「魯豊」까지",『신동아』 1978년 11월호.

"수확기 농촌을 가다 (1)추곡수매―수매가 낮아 '풍년 속 기근', 제한 수매, 검사 기준 까다로와 골탕",《동아일보》, 1978. 11. 6, 2면.

"노풍 등급 높여 수매―장농수산 밝혀, 추곡수매 등외품제 신설",《한국일보》, 1978. 11. 9, 1면.

"한 등급씩 올려 수매, 정부 여당 노풍벼 피해보상 대책 강구",《서울신문》, 1978. 11. 9, 1면.

"노풍벼 피해 보상 1등급 올려 매입: 정부-여당 검토",《조선일보》, 1978. 11. 9, 1면.

"[사설] 노풍벼 피해의 교훈",《동아일보》, 1978. 11. 10, 4면.

"[초점] 「親政」벗어나는 「경제 개각」: 성장 후유에 대처. 외교-안보 고려 崔총리 주력 남겨, 南德祐팀은 물가-노풍 등 인책",《조선일보》, 1978. 12. 23, 3면.

"노풍 피해 보상 시작. 등급 따라 양곡 지원-농자금 상환연기",《조선일보》, 1978. 12. 24, 2면.

"농산물 魯豊소동에 전남에 조사반",《조선일보》, 1979. 2. 13, 7면.

"魯豊-주택개량 실태, 신민 두 조사반 파견",《조선일보》, 1979. 2. 17, 1면.

"[경제칵테일]「신품종 벼의 노래」보급… 魯豊피해자들 반응격정",《조선일보》, 1979. 3. 3, 2면.

"경남 창원군 '魯豊쇼크' 신품종 재배 꺼리자 재래종볍씨 강제 수거: 집마다 조사… 주인

없어도 거둬가, 농민 항의에 '파종 뒤 돌려주겠다'",《조선일보》, 1979. 4. 27, 7면.

"[사설]離農에 대처하는 農政",《동아일보》, 1979. 5. 15, 4면.

"벼이삭 枯死 전국에 白穗현상: 신품종 쭉정이만 남아… 감수 50퍼센트예상, 6만ha 피해… 농약으론 못막아",《조선일보》, 1979. 8. 21, 7면.

"벼이삭 마른농가엔 생계비 도와주기로",《조선일보》, 1979. 8. 22, 2면.

"항공방제잘못… 벼 枯死. 화성 등 백80만평 반점생기며 쭉정이로. 農振廳, 이슬 마르기 전 농도 짙은 농약 뿌려",《조선일보》, 1979. 8. 23, 7면.

"[뉴스찾아 생활따라]신품종 볍씨, 정부권장 안간힘 농민 선택에 신중… 지사, 군수 등 친서 공세에 '수확차 적고 영농비 많다'",《조선일보》, 1980. 3. 20, 4면.

"[경제칵테일]신품종볍씨 강권은 농민 권익 무시",《조선일보》, 1980. 4. 12, 2면.

"[경제칵테일]농수산부 벼 신품종재배 계속강행… 증산 상금도 27억 확보, 對농민 宣撫작전 병행",《조선일보》, 1980. 4. 19, 2면.

"모내기 일손 차별 지원—충북지방, 신품종우선 일반벼 혜택 없어",《동아일보》, 1980. 6. 2, 7면.

"농민이 바라는 농정을—무리한 신품종권장 없었으면",《동아일보》, 1980. 6. 2, 4면.

"수익 낮은 신품종 벼「일반」보다 영농비 더 들어… 시중가격도 싸",《조선일보》, 1980. 6. 7, 2면.

"남부 호우… 벼농사 큰 타격. 논 3만6천 정보 침수, 전남선 백50만 섬 감수 예상",《동아일보》, 1980. 9. 1, 7면.

"충청 춘천 안동에 대형 우박 농작물에 큰 피해",《동아일보》, 1980. 9. 3, 7면.

"전국 쌀값 계속 올라… 한가마 5만5천원, 일부 가수요로 품귀",《동아일보》, 1980. 9. 4, 7면.

"冷夏진기록… 무더위 없이 여름이 갔다. 관상대 생긴 이후 최저 기온(광주, 제주)",《동아일보》, 1980. 9. 5, 7면.

"정부미 방출 확대—값 안정위해 읍단위까지",《동아일보》, 1980. 9. 6, 2면.

"대추알크기 우박—여주, 원주, 괴산 일대… 벼이삭 부러지고 유리창도 깨져",《동아일보》, 1980. 9. 8, 7면.

"식량수급 걱정없다—정농수산장관 발표 '올 추곡 평년작 약간 밑돌듯', 외곡 등 6백만섬 확보. 보리 재고 4백만섬… 혼식권장",《동아일보》, 1980. 9. 11, 2면.

"정부미값 10.4퍼센트 인상… 소비자가 80kg 한가마 41,600원. 혼합곡 10kg 3천7백원. 보리쌀 76.5kg 만5천백40원 / 일반미값 자극… 인상악순환 우려",《동아일보》, 1980. 9. 29, 2면.

"일반미값도 올라─한가마 6만5천원··· 買占 단속", 《동아일보》, 1980. 9. 30, 2면.

"곡물값 크게 올라─일반미 최고 13 보리쌀 38.5퍼센트", 《동아일보》, 1980. 10. 6, 2면.

"농약禍로 죽어가는 농촌 심벌─익충 크게 줄었다: 해충만 번성··· 곤충계 천적질서 깨져", 《동아일보》, 1980. 10. 4, 7면.

"관 주도 농사 지양토록─전대통령, 벼베기작업서 지시", 《동아일보》, 1980. 9. 30, 7면.

崔圭永, "[이 사람(4)]「통일벼 아버지」崔鉉玉박사, 볍씨 두 알에 한평생··· 뒷바라지로 퇴직도 못해", 《조선일보》, 1980. 10. 21, 3면.

"통일벼 쌓여 적자가중", 《중앙일보》, 1990. 8. 29, 6면.

"내년부터 통일계 볍씨 공급 중단: 일반미 중심으로 생산 유도", 《서울신문》, 1990. 11. 16.

채수인, "「식량자급의 주역」통일벼가 사라진다", 《대한매일》, 1990. 11. 26, 5면.

"올 통일벼 재배 배정받은 농가, 일반벼로 바꿔도 같은양 수매", 《서울신문》, 1991. 4. 9.

"퇴역 통일벼, 중국 등서 '황금품종' 인기", 《서울신문》, 1992. 5. 31.

"통일벼 20년만에 사라졌다", 《동아일보》, 1992. 6. 16, 7면.

김병철. "10년 연구 기적의 쌀 개발", 《서울신문》, 1992. 8. 15.

"올 쌀 생산 3,657만 섬 예상: 최근 7년 평균치보다 80만 섬 많아", 《서울신문》, 1992. 9. 25.

"[국정탐방]양정의 현주소: 농림수산부의 미곡정책", 《서울신문》, 1992. 10. 12.

"[산그늘] 통일벼─쌀자급 주역 밥상서 '퇴장': 93년 생산중단 이어 재고도 연내 '바닥'··· 통일 등 비상시 대비 종자는 계속 보관", 《동아일보》, 1995. 5. 13, 경제 13면.

"좌초한 경제개발 수출로 돌파구(실록 박정희 시대: 16)", 《중앙일보》, 1997. 8. 28, 5면.

"식량 자급(실록 박정희 시대: 18)", 《중앙일보》, 1997. 9. 11, 5면.

강인선, "과학자들 93명이 뽑은 한국의 10大 과학자, 10大 성취", 『월간조선』 1999. 2.

"[내 서랍 속 이야기] 우리나라 녹색혁명의 유래를 아나?─박래경 前 한국작물학회 회장", 『사이언스타임즈』 2003. 8. 26.

강석진, "[씨줄날줄]쌀의 해", 《서울신문》, 2004. 1. 3.

"[조선일보 논픽션 대상]굶주림 해결한 통일벼, 잊혀질까봐···", 《조선일보》, 2008. 6. 5.

"원자력硏 설립 50주년─(2) 기반 조성기(1970년대)", 《대전일보》, 2009. 2. 8.

*영상자료

김기용 연출. "씨앗의 독립─우장춘", KBS 인물현대사 제33화 (KBS 1TV, 2004. 2. 27 방영).

Contents in English

Social History of Rice in Modern Korea

by Kim, Tae Ho

Assistant Professor

Korean Research Institute of Science, Technology and Civilization

Chonbuk National University